JINRONG FUWU CHUANGXIN
ANLI XUANBIAN

金融服务创新
案例选编

(2012—2014)

主编◎殷兴山　刘美频

中国金融出版社

责任编辑：张　铁
责任校对：张志文
责任印制：程　颖

图书在版编目（CIP）数据

金融服务创新案例选编（2012—2014）（Jinrong Fuwu Chuangxin Anli
Xuanbian：2012—2014）/殷兴山，刘美频主编 . —北京：中国金融出版
社，2015.1
　ISBN 978 - 7 - 5049 - 7788 - 5

　Ⅰ.①金…　Ⅱ.①殷…②刘…　Ⅲ.①农村金融—商业服务—研究—
湖北省　Ⅳ.①F832.35

中国版本图书馆 CIP 数据核字（2015）第 014890 号

出版
发行　**中国金融出版社**
社址　北京市丰台区益泽路 2 号
市场开发部　（010）63266347，63805472，63439533（传真）
网上书店　http：//www.chinafph.com
　　　　　　（010）63286832，63365686（传真）
读者服务部　（010）66070833，62568380
邮编　100071
经销　新华书店
印刷　利兴印刷有限公司
尺寸　169 毫米×239 毫米
印张　21.75
字数　330 千
版次　2015 年 1 月第 1 版
印次　2015 年 1 月第 1 次印刷
定价　48.00 元
ISBN 978 - 7 - 5049 - 7788 - 5/F.7348
如出现印装错误本社负责调换　联系电话(010)63263947

本 书 编 委 会

主　　　编：殷兴山　刘美频

副　主　编：赵以邗　胡俊明
　　　　　　周　翔　常　新

编委会成员：刘爱华　徐　军　龙　明　黄　锐
　　　　　　许　波　王晓羽　周远慧　乔　丹

金融服务创新的破与立

（代序一）

中国人民银行副行长　潘功胜

"苟日新，日日新，又日新"。创新是国家发展战略的核心，是金融发展的不竭动力。党的十八届三中全会明确提出要完善金融市场体系，鼓励金融服务创新，丰富金融市场层次和产品。为贯彻落实好党中央和国务院的相关精神，近几年人民银行相继出台了一系列关于推动金融加大创新力度支持现代农业、科技型企业、新型农业经营主体、小微企业等各类经济群体加快发展的指导性文件，要求金融部门面向经济社会、生产生活的真实需求，积极开展金融服务创新，不断增强金融供给和挖掘有效需求的能力，得到了各地政府和金融部门的积极响应。

湖北省在金融服务创新方面进行了积极的探索。为助推金融服务创新，湖北省委、省政府努力营造良好的政策制度环境和金融生态环境。人民银行武汉分行持续推进全省金融服务创新工作，引导各级地方政府和金融部门以服务实体经济和弱势群体为目标，精心搭建支持创新、鼓励创新的平台，持续推动普惠金融建设。湖北金融部门积极创造和普及系列新金融工具、新金融技术和新金融服务方式，为促进地方经济社会发展作出了不懈努力和有益尝试。在金融服务创新实践活动中，着力解决金融服务农村、支持小微企业的"最后一公里"问题，不断推广新业务，满足小微企业、"三农"等领域不同客户的差异性金融需求；不断开发新产品，拓宽抵质押品范围，缓解实体经济融资难；不断创新融资模式，支持实体经济实现直接融资，降低企业融资成本；不断创新金融服务渠道，提升金融服务的便利性和可得性，有力地支持了地方经济稳增长、强基础、调结构、促改革、惠民生。实践证明：

金融服务创新，有利于激活金融对经济结构调整和转型升级的支撑功能，更好地发挥金融在市场配置资源中的基础性作用。

随着互联网金融的兴起，大数据时代的到来，我们要清醒地看到，金融创新与经济社会发展的要求和微观服务对象的期待还有一定差距，金融创新既要强调"有保有压"、结构优化，又要注重风险防范、提质增效。当前，金融创新工作还是偏重于具有比较优势的行业和领域，金融资源配置总体上呈现出一定的不平衡性，绿色环保、城镇化、小微企业、"三农"等领域和薄弱环节的金融需求尚未得到很好满足，实体经济融资难、融资贵问题还没有从根本上解决。加快金融创新步伐，提高金融服务水平任重道远。

"他山之石，可以攻玉。"及时总结提炼各地在推动普惠金融服务创新工作方面的经验做法是很有积极意义的，有利于各地在相互学习借鉴的同时，加强创新成果的推广使用；有利于改进完善各类金融服务农村、支持县域经济、支持小微企业的信贷模式和信贷产品，并推出更多符合宏观引领、贴近微观实际的新的服务模式和服务产品。

2015 年 1 月 26 日

加快金融创新　助力经济发展

（代序二）

湖北省人民政府副省长　曹广晶

当前，湖北正面临新一轮发展的历史机遇：改革开放的"棋局"推进到湖北，国内外经济"格局"的转变凸显湖北，中央的"布局"聚焦湖北，全省上下"谋局"湖北，中气十足的"势局"效应激活湖北。如何将这"五局之势"形成的巨大势能转化成推进湖北跨越发展的强大力量，更好更快实现省委、省政府提出的一系列战略部署，实现"建成支点、走在前列"、加快"五个湖北"建设、全面建成小康社会的奋斗目标，对各地、各部门，尤其是金融部门提出了新的课题和要求。

为了加强引导，湖北省政府着力营造良好的政策激励环境，近年来先后出台了《湖北省农村金融服务"十二五"全覆盖规划纲要》、《金融支持县域经济发展"五个一工程"的意见》以及支持农业产业化龙头企业、支小支农金融服务、加快多层次资本市场建设发展等多个文件，持续推进金融生态环境建设工作，不断改善金融发展软环境。人民银行武汉分行持续推进全省金融服务创新，用足用好对经济发展薄弱环节和弱势群体的优惠政策，大力发展普惠金融，构建普惠金融服务体系。经过全省共同努力，湖北省农村金融服务全覆盖和金融支持县域经济发展"五个一工程"取得了部分重要指标提前达标的阶段性成果，县域及农村地区金融基础设施建设得到加强和完善，农村支付结算便利化程度大幅提升，支农支小信贷投入连年保持高速增长，融资渠道得到有效拓宽，有力助推了地方经济发展。

近年来，湖北加快推进经济发展方式转变，大力发展战略性新兴产业，积极发展循环经济、低碳经济、绿色经济，探索新的经济增长模式，这些对金融服务提出了新的更高要求，客观上呼唤着更多的金融创新。尽管金融部门在服务小微、个体、"三农"融资难等问题上做了大量工作，取得了明显成效，但仍存在一定不足，特别是在新的发展时期，各类小微企业迅猛发展、新型农业经营主体不断涌现，对金融服务需求更加多元化。金融部门要立足实际，突破传统思维方式，切实发挥金融创新在配置各类资源、推进结构调整中的杠杆作用，在风险可测、可控、可承受的前提下，积极探索以市场化为导向、以转变发展方式为主题的金融创新，并及时总结经验，进一步挖掘潜力，大力推进金融服务创新，更好地满足各类市场主体的金融需求。

把握经济发展浪潮，应势而上，有所作为，这是金融业发展的难得机遇；盯住经济短板，找准金融服务的着力点，这是金融业发展的方向选择；服务弱势群体，抓住金融服务的落脚点，这是金融业应有的责任担当。

极目楚天，湖北发展动能强劲。放眼神州，湖北发展势能汇聚。湖北需要包括金融业在内的各行各业开展更多的改革创新，乘势而上，激活"五局之势"，开创"黄金十年"！

2015 年 1 月 28 日

目录

第三篇　金融支持县域服务创新

第四篇　直接融资和保险服务创新

第五篇　金融支农支小政策指引（2013年以来）

国务院

第一篇
金融支农服务创新

武汉农村商业银行力推
"权易贷" 支农贷款新模式

一、背景

随着农业经济规模化、产业化发展，农村土地流转交易日渐频繁，生产模式逐步由家庭、个人独立承包向大户、企业规模化经营转变，农村地区融资需求规模快速膨胀，传统的涉农信用、担保类贷款已难以满足市场实际需要。为适应这一转变，武汉农商行经过深入细致的前期调研，率先在武汉市推出了"权易贷"系列农村产权抵押产品，激活了农村农地、林地、水域的融资功能，有效解决了制约农村经济规模化、产业化发展的融资难题。

二、产品介绍

"权易贷"产品包括农地权易贷、水域权易贷和林地权易贷三项内容，是以权利人手中的土地经营权、水域滩涂养殖经营权和森林资源等农村集体资产经营权为贷款抵押物，以其经营收入为主要还本付息来源的支农信贷产品。该产品较一般涉农贷款具有可贷资金规模更大、抵押方式更加灵活等优势，服务对象涵盖了辖区内从事农业规模经营、林业生产经营、水域滩涂水产经营的法人、合作社、自然人等符合武汉农商行信贷准入要求的经营主体，支持范围从传统种植、养殖业逐渐延伸到了农产品深加工、生态旅游业和城镇化建设等现代化农业产业，能够较好满足客户在日常生产经营各环节中的融资需求。

三、主要做法

（一）依托交易平台，疏通登记渠道

2009年，中央一号文件提出"建立健全土地承包经营权流转市场"，为武汉农商行的产品创新工作找到了政策契合点。同年4月，在武汉市政府主导下，武汉农村综合产权交易所获批成立，成为全市农村土地流转交易鉴证的专业权威性平台。瞄准这一契机，武汉农商行主动与市农业局、武汉农交所沟通农村土地抵押贷款产品研发思路，针对武汉市缺乏农村土地抵押登记管理机构的现状，提议并最终促成武汉农交所在原有土地流转交易鉴证功能的基础上增加抵押登记职能，为产品研发工作提供了硬件支撑。

（二）实行三权分离，规避法律限制

《担保法》、《物权法》等法律法规规定："以家庭承包方式取得的土地承包经营权不得抵押"，这成为武汉农商行研发工作过程中的最大瓶颈。为了保证产品研发工作不与现行法律冲突，武汉农商行对全国各地类似案例进行深入研究，并在咨询专业法规部门后，提出"三权分离"的大胆构想：即将农村土地的所有权、承包权与经营权进行概念拆分，尊重集体所有权、保留农户承包权，仅将土地经营权作为抵押物，从而最大限度地排除了法律风险，为实现农村土地抵押功能夯实了基础。

（三）精选融资试点，加快典型引路

在理顺了农村土地经营权抵押的步骤环节之后，武汉农商行即刻先试先行，与市农业局共同对辖区内存在资金需求的企业、合作社和农户进行了全面筛选、细致调查，突出典型带动和风险可控性，于2009年10月向武汉银河生态农业有限公司、武汉平安益农种植专业合作社、核心科技示范户张远胜等共三种类型的土地规模经营主体发放了1400万元信贷资金，尤其是向省级龙头企业——武汉银河生态农业有限公司发放武汉市第一笔土地经营权抵押贷款资金1000万元，成为当时全国农村流转土地经营权抵押贷款第一大单，被誉为"真正把农民手中的实物形态变成货币形态的破冰之举"。

四、办理流程

在试点成功的基础上，武汉农商行相继出台了《农村土地经营权抵押贷款管理办法》和《农村土地经营权抵押贷款操作规程》，明确贷款准入条件、适用对象、贷款用途、抵押标准、审查审批等，建立了从贷款准入到最终收回的一整套完善流程标准。

（一）土地流转

企业因集约化规模经营同流转土地的权属人签订流转合同（由经管局统一印制格式文本），报当地经管局备案，备案后再在武汉农交所挂牌交易，摘牌后由武汉农交所出具流转合同鉴定书，明确经营权转让的合规性。

（二）贷款申请和受理

借款人因为缺少农业规模化经营资金向武汉农商行提出土地经营权抵押贷款申请，客户经理对借款人的借款资格和基本条件进行初审，主要审查借款人生产经营能力，信用状况，是否取得农村土地承包经营权证和武汉农交所颁发的交易鉴证书，同时借款人必须提供原权属人同意再流转的承诺书。

（三）贷款调查

银行受理了客户申请之后，安排客户经理对客户进行上门调查核实，确保在两个工作日内完成贷款调查，并及时向业务主管和客户作出是否给予支持的初步意见。

（四）抵押物价值评估

经过初步调查，认为客户符合武汉农商行信贷准入条件，可以继续跟进，并由武汉农商行和武汉农交所共同认定的第三方专业评估机构对拟抵押的土地经营权进行评估。评估价主要以符合《物权法》规定的后期收益为参考，且评估过程需要评估师、农业专家、银行和借款人多方参与，共同认可评估结果。

（五）贷款期限、额度和利率定价

根据借款人的贷款用途、资金状况、资产转换周期、土地流转期内租金支付方式等因素合理确定贷款期限和额度，期限一般最长不超过 3 年且不得超过土地承包经营期限，最高抵押率为评估价值的 50%。原则上支行根据客户信用度、项目可行度等条件，依据总行利率定价管理办法合理制定利率，一般按照测算出的利率下浮 10% 执行，同时根据与借款人协商情况，按季或按月结算贷款利息。

（六）贷款审查审批

客户经理出具调查意见，并附上客户具体情况和申报资料以及评估结果，按照总行统一制定的贷款流程和权限进行审批，支行权限内的由支行自行审批，超过支行权限，报总行审批。

（七）抵押登记

对于审批通过的贷款，在联系借款人签订抵押合同后，到武汉农交所办理农村土地经营权抵押登记，并取得土地经营权抵押的他项权证。

（八）贷款发放

合同签订和抵押登记手续办理后，客户经理提交放贷审核，经有权部门审核通过后，客户经理打印放贷通知。会计人员收到放贷通知后，进行出账审查，通过后，办理放款手续。

（九）抵押物处置

若借款人无法按期偿还贷款，银行将对抵押物进行处置变现，通过武汉农交所平台对抵押物进行再流转，获取转让收益清偿贷款本息。

【案例】武汉市广地农业科技有限公司是一家从事蔬菜种植、加工和销售的农业企业，2008 年由武汉市政府招商引资落户新洲，在新洲区涨渡湖农场以土地流转形式租地 13012.14 亩建设高标准无公害蔬菜（速生菜）基地。武汉农村商业银行自公司落户以来，就同其建立了良好的合作往来关系，并根据公司资产结构和经营特点，为其量身定制专业、个性化的金融服务方案。近年来，该公司以其流转获得的农村土地经营权作为抵押物，从武汉农村商业银行获得了 8350 万元贷款资金，用于蔬菜基地的开发和生产经营规模的扩大，公司自 2008 年成立以来，在武汉农村商业银行有效的金融帮扶下，逐渐做大做强，成为省级农业产业化龙头企业，年实现销售收入 8000 万元，公司出产的蔬菜远销海内外，其主打产品在澳门市场占有率超过 40%。广地公司种植产业链还带动了周边万户农户的生产经营，解决农民就业近万人。

五、风险防控措施

（一）坚持"生产为重"的准入原则，从源头防范贷款风险

一是要求用于抵押的土地经营权必须在土地流转交易环节实现确权，即持有武汉农交所颁发的《流转交易鉴证书》。二是要求用于抵押的土地经营权必须处于实质性农业生产阶段，经营者已有一定的先期固定资产投入，且不得改变农村土地的原有生产性质。三是要求经营者必须具备农业生产经营的相关技术、人员和经验，生产规划符合农业未来发展趋势，预期能够取得较好的经济效益和社会效益。

（二）坚持"市场定价"的评估原则，确保估价合理合情

一是必须由武汉农商行和武汉农交所共同指定的入围评估机构办理评估，评估机构接受农业局专家的专业指导。二是必须根据《流转交易鉴证书》中记载的土地位置和规模进行土地价值评估，以土地流转过程中投入的租金和生产建设费用为主要价值评估依据，以经营权未来可产生的收益测算主要还款资金流，对土地经营权价值、地上附着物价值进行综合估价。三是抵押物的最终估价必须经过评估专家、农业专家、经办银行和借款人四方的共同认可。

（三）坚持"自主自愿"的抵押原则，避免银农产权纠纷

办理抵押登记前，借款人必须取得农村土地所有人出具的同意抵押和再流转的书面协议，切实维户发包农户权益。采取综合抵押的方式，将土地及其上固定设施、农作物等资产进行一并抵押，统一在武汉农交所办理抵押登记。根据借款人的贷款用途、资金状况、资产转换周期、土地流转期内租金支付方式等因素合理确定贷款期限和额度，期限一般最长不超过3年且不得超过土地承包经营期限，最高抵押率为评估价值的50%。

（四）严格"专款专用"的用信原则，确保农村资产财富投入"三农"

明确农村土地经营权贷款资金必须用于权属土地上的种植养殖、农副产品加工、休闲农业等，保障农业产前、产中、产后的资金需要，切实保障

"三权"信贷资金投入"三农"发展领域。

（五）实行"土地再流转"的处置原则，保障贷款银行资产安全

设计抵押物再流转机制，在办理抵押登记前，要求全体发包农户签订同意抵押和再流转的协议，当贷款到期无法偿还时，依托武汉农交所平台，将抵押至武汉农商行的土地经营权在全市范围内进行公开再流转，提高抵押物流动性和变现性，起到化解土地经营权贷款风险的作用，并保证土地租金按时支付。

（六）围绕"四个维护"的工作底线，保障农村农户权益

武汉农商行农村产权抵押贷款产品研发工作始终围绕着"三农"群体的切身利益，坚守"四个维护"：一是通过"三权分离"，仅抵押经营权，所有权仍由集体经济组织保留，充分维护农村集体的法定权益。二是通过"专款专用"，贷款资金仅用于抵押物上的农业用途，充分维护农村资产的农业生产本质。三是通过"明确投向"，贷款资金优先支持规模化、现代化粮食产业，充分维护事关民生的粮食产能。四是通过"民主决议"，要求抵押产权关系清晰，符合"依法、自愿、有偿"的流转原则，充分维护农民财产权益。

六、主要成效

经过几年来的有效推广，"权易贷"产品已成为武汉农村商业银行支农的特色品牌，服务对象包括龙头企业、合作社、家庭农场、种植养殖大户等各类"三农"主体，支持范围也从传统种植、养殖业逐渐延伸到了农产品深加工、生态旅游业和城镇化建设等现代化农业产业，积极扶持了武汉天种、武汉广地、木兰天池、楚天洪山菜苔等一批现代化"三农"群体做大做强，带动了农村"睡眠"产权向"有形"资金转化。2013 年，武汉农村商业银行"农地权易贷——农村土地经营权抵押贷款"更是被中国银行业协会评为"2013 年服务三农二十佳金融产品"，享誉全国。截至 2014 年 7 月末，武汉农村商业银行累计发放"权易贷"贷款 271 笔，金额 19.4 亿元，余额 12.6 亿元，其中，农村土地经营权抵押贷款 181 笔，金额 10.4 亿元，余额 5.8 亿

元，单户最高贷款金额8350万元，最低15万元；林权抵押贷款77笔，金额8.22亿元，余额6.25亿元，单户最高贷款金额1亿元，最低15万元；水域滩涂养殖经营权抵押贷款13笔，金额7485万元，余额5933万元，单户最高贷款金额5500万元，最低2万元。

湖北大冶泰隆村镇银行 "双基双赢" 合作商业贷款模式

　　湖北大冶泰隆村镇银行自 2011 年 12 月成立以来，始终坚持"支农支小"市场定位，以"政府满意、监管放心、客户信任、同业认可"为经营目标，着力构建并实施了"双基双赢"合作商业贷款模式。即将基层信贷机构的资金、技术和管理优势以及基层党组织的信息、资源和组织优势有机对接，以干部双向交流挂职形式，让基层党组织全程参与基层信贷机构贷款调查及贷后管理，由基层信贷机构向农户及涉农经济组织发放系列综合性贷款，从而实现农户及涉农经济组织和银行自身双赢发展。

　　该行"双基双赢"合作商业贷款模式实施以来，截至 2014 年 10 月，营业网点从 1 家发展到 4 家，员工从 47 人发展到 106 人，经营利润从亏损 77 万元到盈利 1298 万元；各项存款余额 3.99 亿元，贷款余额 4.86 亿元，其中涉农贷款达 97.52%；贷款户数 2085 户，户均贷款 23.3 万元；累计发放贷款 6287 笔金额 16.79 亿元，不良贷款率仅为 0.06%。该行先后获得黄石市小微企业金融服务"十佳优秀单位"、黄石市"服务三农先进单位"、连续 2 年被大冶市政府授予"支持县域经济发展特别贡献奖"等荣誉称号。该行"双基双赢"合作商业贷款工作模式先后得到银监会副主席周慕冰、湖北省政府副省长曹广晶以及人民银行武汉分行行长殷兴山的高度肯定，中央电视台《新闻联播》及湖北卫视《湖北新闻》也进行了专题报道。2014 年 9 月，该行在银监会组织的全国村镇银行经验交流会上作了典型发言。

一、创新服务模式，贴心服务"三农"

　　该行根据网点布局的区位差异、客户群体差异，探索出三种支行定位模式，即以城区支行为代表，服务居民和下岗职工的社区模式；以乡镇支行为代表，服务种植业、养殖业以及农业专业合作社的村居模式；以支持城乡结合部失地农民工和个体工商户为主要服务对象的城乡结合部模式。

在社区化、村居化实践过程中，针对不同客户群体，该行探索出四种客户服务方式：一是"居委会＋居民"服务方式，即将居委会作为社区开拓的关键人，做到信息对称与共享，变分散的营销模式向集中转变，降低营销和服务成本。二是"行业串联＋商户"服务方式，即通过搭建平台，将不同区域、信息隔离的同类客户串联起来，进行同类营销，产生边际效应，降低营销成本。三是"村两委（党委、村委）＋农户"服务方式，即将党委或村委会作为村居开拓的关键人，将村支部书记、村委会主任、会计聘请为信息联络员，通过他们来了解借款人的人品、生产经营状况、贷款用途是否属实、贷款风险是否可控等信息，同时，充分发挥基层党组织的桥梁纽带作用，为借款人申请贷款牵线搭桥。四是"合作社（公司）＋农户"服务方式。即在低收入农户集中村，通过村两委引导建立专业合作社，把低收入农户吸收为社员，再以社员联保或他人担保形式，向合作社发放贷款，实现产业带动，创新信贷服务模式。

[案例]"双基双赢"助力生态农业发展

大冶市保安镇是一个以种植业为主导产业的农业乡镇，由于农业种植业季节性强，生产周期长、投入少、产出低，加之融资难以及农村劳动力外流大等，传统的农业经营模式难以提高农户的种植热情，一度造成大量田地抛荒。为了提高农民的生产积极性，该行力推政府加强引导，创新"合作社（公司）＋农户"经营模式，在低收入农户集中村，通过村两委引导建立专业合作社，把低收入农户吸收为社员，再以社员联保形式或是条件较好的其他人员提供担保，向合作社发放贷款，实现产业带动。

在"合作社（公司）＋农户"信贷服务模式中，基层党组织起到了关键作用。该行请基层党组织全程参与贷款调查及贷后管理，充分发挥基层党组织的信息、资源、组织优势以及地缘、人缘、亲缘优势，充当好调查员、宣传员、解释员、监督员、服务员的"五员"角色，极大地解决了贷款需求方与供给方之间存在的信息不对称问题。

大冶市宏业生态农业专业合作社位于保安镇先锋村，从事水稻、蔬菜种植，种植面积2000多亩，蔬菜生产聘用当地农民进行人工种植和采摘。该公司将农村闲置土地和留守农民组织起来，农户将闲置土地流转给合作社，合作社向农户支付土地租金280元/亩，并按100～150元的日薪雇用农民从事生产。

该公司每年都需要较大的生产资料投入和大量资金支付劳务费，由于信息不对称和担保难问题，一直未得到金融机构的贷款支持，公司业务一直处于发展滞缓的状态。大冶泰隆村镇银行在推进"双基双赢"合作商业贷款工作中，主动联系村干部，深入该合作社进行实地调查，在镇农办主任和沼山村支部书记担保的情况下，在短短两天之内就为该合作社发放了一笔40万元的贷款。

在"双基双赢"合作商业贷款模式的帮助下，该合作社坚定了持续经营、扩大生产的信心，下一步计划向上游发展农机租赁服务、向下游发展农产品深加工业务，通过纵向一体化的组织形式实现全产业链发展。据统计，该公司当年实现产值600万元，比上年翻两番。

在基层党组织的大力引导下，在金融的大力支持下，保安镇"合作社（公司）＋农户"经营模式得到了快速发展。据统计，目前保安镇已成立各种农业合作社49家，涉及行政村18个，覆盖率达到64%。大冶泰隆村镇银行对49家农业专业合作社授信3000万元，已累计发放贷款26笔，总额340余万元，共为26个合作社提供信贷支持。

二、传承道义担保，破解担保难题

农村地区贷款难、难贷款，难就难在银行与农户之间缺乏有效的信息沟通和资源对接。一方面，种植养殖大户、农业企业急需资金扩大再生产；另一方面，由于种植养殖大户、农业企业缺少有效抵押物或担保，银行担心风险，不敢向"三农"轻易投放贷款。为了解决这种信息不对称问题，该行传承了母行的"三品三表"信贷调查技术，坚持贷前"三查询、五核实、四眼原则"，严把准入关，在此基础上大力推行道义担保贷款。同时，采取柔性催讨方式巧妙化解资产风险。

"三品三表"信贷调查技术是该行为了解决小微客户报表不完善、信息不对称难题，将数字化的"硬"信息和社会化的"软"信息有机结合，定性分析和定量测评相结合的新型信贷调查技术。一方面，遵循"眼见为实"和"侧面打听"原则，坚持"农可贷、商可贷、不务正业不可贷；穷可贷、富可贷、人品不好不可贷；大可贷、小可贷、不讲信用不可贷"的信贷理念，全面观察客户的"三品"：一看人品，解决"信不信得过"的问题，考察客户还款意愿；二看产品，解决"卖不卖得出"的问题，考察客户还款能力；三看押品，解决"靠不靠得住"的问题，考察客户还款保障。针对生产型、商贸型小微企业，该行更看重"三表"：一看水表。二看电表。生产型企业的用水量和用电量往往反映客户真实的生产经营情况。三看其他报表，对于没有报表的企业，对销货单、记账单等进行核实。

该行明确规定贷款调查中必须做到内部三个查询和外部五个核实环节。"三查询"主要指查征信、查黑名单、查分户账；"五核实"主要指核实主体资格、经营状况、信用状况、资产负债及贷款用途。同时还规定客户经理实地调查时要遵循"双人到户"调查以及"四眼原则"。"四眼原则"即贷款调查的任何环节必须有两名以上客户经理参加，客户经理必须实地调查，用"四只眼睛"看问题、"两个脑袋"识风险，确保贷前调查结果真实，风险判定科学。

所谓道义担保贷款，是指由借款人的亲人、朋友、同事等与其有感情、对其有影响的人为其提供保证担保，从而获取贷款。其中的道义关系包括：父子或母子关系、夫妻关系、特别亲近的亲属关系、行政隶属关系、人事决定权关系、恩情关系、特殊同事、同学、朋友、战友关系等具有影响力的关系。通过道义担保的担保人，尤其是借款人的亲朋好友、同事，可以了解到借款人的人品、经营情况等方面的信息，并且更真实有效。截至2014年10月，该行累计发放"双基双赢"道义担保贷款6098笔，金额16.28亿元，道义担保贷款占贷款累放总额的97%，没有一笔第三方机构参与担保和产权抵押业务。

针对逾期贷款，该行本着"尽量不启动司法程序"、"宁打关系不打官司"的原则，要求相关部门发动各方关系，人性化地做好催讨工作。如某笔贷款出现借款人跑路、担保人猝死的情况，该行每天换人上门，帮借款人妻子搬家，避开高利贷追讨，从其同在金融业工作的儿子入手，晓之以理，动之以情，终于全部还款到位。2013 年该行发生逾期贷款 24 笔，金额 707 万元，但由于处置巧妙及时，清收得力，没有一笔形成不良，且与客户未形成僵化关系。

[案例] 道义担保解发展燃眉之急

客户石某，保安镇茶山村人，从事养殖业与畜牧业，承包 300 多亩经营面积，现有 11 个鱼塘，鱼苗、饲料等养殖投资在 40 万元左右，苗圃种植投资在 80 万元左右。为了购买鱼苗、饲料及苗圃，石某一直梦想获得银行贷款支持，但苦于银行机构对养殖行业贷款条件和要求较高，且手续繁琐，而处于事业起步阶段的石某，银行不了解他的情况，导致多次申请贷款均无果。

大冶泰隆村镇银行驻村客户经理了解到该信息后，通过联系村干部一同前往该户进行实地调查，了解基本情况。为了解决担保难问题，对石某采取了道义担保方式，将其生意伙伴和朋友作为还款保证人。客户经理连夜准备信贷资料，第二天便将一笔 15 万元的"易农贷"送到了石某的手中，为其解了燃眉之急。半年后，石某为了扩大再生产，建起一间农家乐，接待各地来垂钓的游客，生意异常火爆。大冶泰隆村镇银行又给予 40 万元贷款支持，用于扩大经营规模。目前石某的资产规模已从初期的 100 万元变为现在的 300 余万元。

三、简单便捷服务，因地制宜营销

为有效解决基层网点远，农民作息时间早晚不一且银行工作人员少的现状，该行采取政府、银行互派挂职副镇长，搭建政银合作平台。在农村村委会、乡镇便民服务中心以及城关部分社区设立了"普惠金融服务点"，并采取"一定、二选、三宣、四找、五建、六评、七简、八控、九价和十减"的工作方法积极探索农村服务新模式。

一定：定制度。为了推进"双基双赢"合作商业贷款实施工作，按照制度先行的原则该行先后制定了《"双基双赢"合作商业贷款推进工作方案》，专门成立了"双基双赢"合作商业贷款推进工作小组，由总行行长任组长，金融挂职副镇长、支行行长任副组长，市场部、综合部等职能部门成员共同参与。同时出台了《"双基双赢"合作商业贷款信贷服务工作室建设方案》、《全面推进泰隆信用乡镇建设的指导意见（试行）》、《湖北大冶泰隆村镇银行农村信用家庭、信用村评定管理办法（试行）》、《小微企业市场定位下的农村市场开发模式》等一系列制度，为"双基双赢"合作奠定了基础。

二选：选试点。对试点村进行认真筛选，选择口碑好、威信高的基层党组织和信用环境好、以种植养殖业为主导产业、有代表性的行政村作为试点，并在村党支部建立固定的"双基双赢"合作办公室，将网点开到村民家门口，为农户提供业务咨询、贷款需求等服务。

三宣：宣传造势。将"双基双赢"合作商业贷款制度、流程、政策、利率等在村委会院墙、信贷服务工作室内予以上墙宣传，便于村民了解。适时通过媒体、会议、活动等渠道宣传造势，特别注重通过村委会广播、组织义诊、文艺演出等方式强化宣传手段，创造性地将反洗钱、反假币、防诈骗、讲诚信、打击非法集资等金融知识制作成简单易懂的漫画增强宣传实效，不仅向农民普及了金融知识，而且迅速扩大了自身知名度。同时，鉴于客户经理管理村、组较多，采取定时上门服务与流动服务相结合的方式，满足客户需求。如沼山村"双基双赢"合作办公室固定工作时间为每周一、三、五上午7点至9点，风雨无阻。

四找：找关键人。为了增强农户对银行工作人员的信任度和工作人员对农户情况的熟悉度，采取人员固定的服务模式，每个村固定2名客户经理为村民提供金融服务。同时由村支部推荐1名群众基础好、口碑好的村委会干部，作为普惠金融服务点关键人，协助信息搜集、信用评级、贷前调查、贷后管理、风险控制、贷款清收等工作，履行宣传员、服务员、调查员、解释员、监督员的"五员"职责。

五建：建立信息档案。按照"一户一档、一组一盒"的要求，采取"上门收集、村委核对"的办法，建立村民经济信息基础档案，主要包括家庭成员状况、家庭年收入、经营情况、历史背景、"十星家庭"评级情况等，做到知根知底。建立信息回访机制，了解农户信贷需求，并对前来咨询的村民均做了详细的来访登记，做好回复回访。

六评：信用评级。将村委会评选的"十星级文明户"（包括法纪星、道德星、诚信星、孝顺星、公益星等）作为信用户评选的重要参考指标，采取农户申请，基层党组织推荐、把关，该行审核的办法进行评选，对被评为信用户、信用村的客户，可以享受集中授信、利率优惠。

七简：简化流程。一是简化担保方式，主推道义担保，解决无抵押导致的贷款难题。二是简化操作流程，推行"三三制"。老客户三小时办结、新客户三天答复。三是简化审批环节，灵活授权。将50万元以下的贷款审批权限直接授予支行行长，确保贷款审批流程短、灵活高效。

八控：控风险。通过搭建风险防控信息平台，由村委会跟进了解已经获得信贷支持的农户的各项经营及家庭情况，及时与信贷员沟通交流，提醒银行关注风险，必要时协助银行清收。截至2014年10月，在推进普惠金融服务点过程中，未发生不良贷款。

九价：阳光定价。在利率定价方面，该行按照"一户一价、一期一价、一笔一价"的原则，针对不同客户群制定了60档利率价格，最低年利率5.87%。针对普惠金融服务点推荐的客户，可享受利率下调特别优惠，最高可享受同档次利率下浮20%；对于村委会推荐的客户，利率在原有基础上下调一个档次；对于被评为"信用户"的客户，利率再下调一个档次；对于被评为"信用村"的客户，利率再下调一个档次。

十减：减免费用。为全面减轻小微客户和农户融资成本，该行对开户费、汇兑业务手续费、短信服务费、小额账户管理费、挂失费、余额证明费等15项手续费实行全免，成为黄石地区首家也是唯一实行全免费的"裸费"银行，年让利客户20余万元。

截至2014年10月，该行已建立农村信贷服务工作室13个、社区信贷服务工作室10个，便民服务窗口2个，成为大冶地区支农支小及普惠金融的一支主力军。

荆门市创新推出 "中国农谷惠农创业贷"

一、背景

2012 年，湖北省委省政府提出在荆门打造"中国农谷"的战略决策。荆门市以此为契机，将金融支持"中国农谷"建设与推进农村金融服务全覆盖工作有效对接，不断加大金融创新力度，积极探索信贷支农新模式，量身定做推出了中国农谷惠农创业贷这一新型信贷产品和信贷服务模式，有效满足了农民创业、农业生产和农村发展对金融服务的基本信贷需求。

二、产品介绍

中国农谷惠农创业贷把为"三农"提供"普惠制、低成本"的金融信贷服务放在优先考虑的位置，针对农业的弱势地位，按照政府主导、市场化运作的基本原则，采取"金融机构＋信用担保公司＋农民专业合作社＋农户＋风险补偿基金"五合一的运作模式，本着政府增信、银行让利、农户守信的宗旨，在政府注资的信用担保公司为农户提供担保的前提下，金融机构对农户提供贷款，由农民专业合作社为农户提供反担保，风险补偿基金为信用担保公司提供担保损失补偿。惠农创业贷通过引入政府主导参与，促使财政资金与信贷资金有效结合，将信贷政策和产业政策匹配合一，真正做到了"让利于民，实惠助农"，有效地推动了农村金融服务全覆盖工作的全面实施。

三、业务范围及特点

（一）业务范围

惠农创业贷主要为农民专业合作社的社员提供创业生产经营所需100万元以内、3年以下的固定资金和流动资金。社员准入条件包括：身体健康，具有完全民事行为能力和劳动能力；持有有效身份证件；有一定经营收入来源，具备偿还贷款本息的能力；农民专业合作社社员在贷款还清前不得退出农民专业合作社；凡有黄、赌、毒等不良行为，或有不良信用记录的社员，不得作为本贷款的对象。

（二）运作模式特点

惠农创业贷与传统的小额信用贷款或联保贷款等涉农信贷产品相比，具有三个方面特点：

1. 突出"惠农"基础，坚持市场运作和政策惠农兼顾，让利于民。惠农创业贷借助行政有形之手，打破纯商业化信贷运作的制度约束，提出了信贷支农服务"三零"的理念，进一步提高了涉农贷款的覆盖面：一是担保零收费。由政府注资的担保公司免费为申请贷款的农户和农民专业合作社提供担保，担保费用由财政补贴，借款人不需承担担保费用。二是利率零上浮。由银行以灵活的方式执行国家贷款基准利率，正常上浮部分的利息由财政专项资金进行补贴。三是服务零距离。农谷惠农创业贷由银行贴身服务，实行批量申报、批量审批，现场放贷、限时办结，确保服务优质、高效。

2. 突出"创业"关键，坚持信贷政策和产业政策合一，助民兴业。惠农创业贷切合"中国农谷"打造产业之谷和绿色之谷的发展方向，在信贷投向、放款对象和贷款品种设计上，使信贷政策和产业政策有机结合，助推农户创业和农民专业合作社可持续发展：一是惠农创业贷投向是农谷经济区现代农业产业，重在支持农业产业结构调整和农村经营方式转变，符合国家长期产业政策；二是贷款投入主要用于农谷经济区有创业需求的农户和农民专业合作社，实现金融服务与推动农民提高职业技能和创收能力紧密结合，有效拓宽了农民增收渠道；三是围绕农民创业和农业生产，整合信贷产品功能和作业制度，规定惠农创业贷用途不受投向性质的约束，既可用于创业所需的固定资产投资，也可用于补充流动资金；额度扩大到 100 万元，期限延长为 3 年，对于林果业等生产周期较长的最长可延长至 8 年，增强了可操作性。

3. 突出"创新"根本，坚持改革突破和务实推动统筹，促农发展。惠农创业贷集合了向农谷聚集的各方要素资源，用创新的办法真正解决了"三农"担保难、贷款难问题：一是建立涉农贷款风险分担机制，形成了金融机构＋信用担保公司＋农民专业合作社＋农户＋地方财政"五合一"风险利益链，把涉农贷款风险由一家机构承接分解到多个单位共担，调动了金融机构发放涉农贷款的积极性，增强了涉农贷款持续增长的后劲；二是强化银、保、财合作，由政府财政对担保公司注资参股，设立担保公司风险补偿基金和金融机构贷款财政贴息基金，充分发挥财政资金撬动信贷投入的作用，扩大了涉农贷款的投放额度；三是对贷款流程重组，实现信贷服务全覆盖。惠农创业贷由担保公司担保，免抵押，审批权下放县级机构，扩大审批额权限，改革申报方式，实行批量申报，组建专业服务团队，实现金融服务无缝对接，把贷款便利让给农户，以全覆盖的信贷运行机制满足"中国农谷"建设合理的资金需求。

四、办理流程

1. 农户向涉农金融机构提出贷款申请。涉农金融机构对符合条件的当日受理，对不符合条件的当日给予答复。

2. 银行与信用担保机构签订担保合作协议，协议内容符合相关法律规定。

3. 信用担保机构审保。信用担保机构对银行提交的农户贷款担保资料进行审核，决定是否提供保证担保。

4. 签订担保合同。信用担保机构同意对农户在银行贷款提供连带责任保证担保后，由银行、合作社农户社员、信用担保机构三方共同签订《最高额保证担保合同》。

5. 发放贷款。银行与合作社农户社员签订借款合同并发放贷款。对于符合准入条件的，从农户申请到贷款发放，不得超过5个工作日。

6. 贷款收回。银行于农户贷款到期前20天，填制《信贷业务到期通知书》或采取其他有效方式，及时通知借款人和信用担保机构。

7. 信用担保机构履行担保责任。对不能按期偿还的农户贷款，银行向借款人和信用担保机构发送《逾期贷款催收通知书》；对逾期达到30天未收回的贷款向信用担保机构发送《担保履责通知书》，并直接从信用担保机构在银行开立的保证金专户扣划相应的贷款本息并将相应信贷资料移交信用担保机构。信用担保机构担保贷款不良率达到1.8%及以上，银行将停止发放贷款。

8. 风险补偿基金的使用。对于信用担保基金因履行担保造成的损失，由风险补偿基金适时进行补偿，确保信用担保基金的足额。

五、主要做法

（一）精心谋划，全面覆盖

构建了以农业银行、农村信用社、邮储银行为主体的中国农谷惠农创业贷支持平台，按照"三位一体"的服务方式，对"中国农谷"的不同经济主体，按额度大小分别由各金融机构进行不同层面的信贷支持。农业银行主要支持"中国农谷"内的农民专业合作社及社员1万~100万元的大额资金需求；农村信用社主要支持农民专业合作社及社员5万元以下的小额资金需求；邮储银行主要支持非农民专业合作社社员的各类资金需求。

（二）争取支持，营造环境

推动政府主导出资设立专业涉农担保公司，专门为中国农谷惠农创业贷提供担保，同时由政府财政对担保公司实行担保费用补贴；建立专户封闭运行的风险补偿基金，用于对担保基金损失的补充；拨付专项中国农谷惠农创业贷贴息资金，专项用于贴息支出；协调国土、农业等涉农政府经济主管部门为"中国农谷"发展现代农业提供土地流转等生产要素保障和技术指导培训服务。

（三）规范运作，引导实施

引导涉农金融机构制定了《中国农谷惠农创业贷操作流程》等系列管理

办法；涉农金融机构与信用担保公司签订符合法规规定的担保合作协议，同时涉农金融机构、合作社农户社员、信用担保机构三方共同签订《最高额保证担保合同》；加强贷款担保运营行为管理，保证各类基金专户存储，足额到位，担保贷款按1:5的放大比例发放。

（四）宣传推进，完善推广

荆门市政府在京山县举办了现场推介会，宣传介绍惠农创业贷的申办流程；建立了监测管理机制，密切关注和及时反馈惠农创业贷试点中出现的新情况，在实践中不断完善惠农创业贷实施方案和管理办法，增强其可复制性和可操作性，使之成为金融支持"中国农谷"建设和推进农村金融服务全覆盖有影响的信贷品牌。

六、实施案例及主要成效

截至2014年6月，荆门市共发放惠农创业贷1080万元，对金融支持"三农"发展起到了较好的推动作用。湖北省政府和人民银行武汉分行领导对此作出了批示。同时，这一创新做法被中央电视台《聚焦三农》栏目报道，多次被《金融时报》、《湖北日报》宣传推介。

（一）产业推动作用

中国农谷惠农创业贷一经推出，就受到了农户和农民专业合作社的普遍欢迎，对促进农业产业结构调整和农村经营方式转变具有重要意义。仅在启动仪式上，农业银行、农村信用联社就与"中国农谷"核心示范区的京山县永隆镇红日现代农业产业园签订了总额1500万元的中国农谷惠农创业贷授信协议，50位农户共获创业贷款1200万元，成为惠农创业贷的首批受益者。

【案例】京山县永隆镇红日现代农业产业园位于"中国农谷"的核心经济区，以"猪—沼—菜"为种养模式，实行环保运作，循环利用，年生产无公害有机蔬菜1500吨，获利150万元，在当地起到了较好的现代农业示范作用。蔬菜合作社拥有社员60户，社员以土地出资总额447万元，现有蔬菜大棚26个，占地80亩，生猪养殖场一个，存栏生猪4000头，年出栏生猪20000头，产值3500万元。随着现代农业产业园的不断发展和国家产业政策支持，产业园规划新建蔬菜大棚 80 个、蔬菜物流配送中心一个，建设一个现代农业展示厅和一个大型生态果蔬采摘园。据测算，新建设 80 个蔬菜种植大棚的资金需求额度约为人民币 1500 万元，其中自有配套建设资金 300 万元，贷款融资需求 1200 万元。农业银行京山县支行、县农村信用联社与"中国农谷"核心示范区的永隆镇红日现代农业产业园签订了总额 1500 万元的中国农谷惠农创业贷授信协议，红日现代农业产业园成为中国农谷惠农创业贷的首批放款对象。截至 2014 年 6 月，共发放惠农创业贷 1080 万元。在信贷资金的支持下，红日现代农业产业园新建 80 个蔬菜大棚和蔬菜物流配送中心、一个现代农业展示厅、一个大型生态果蔬采摘园、一个生猪养殖场，已建成以"猪—沼—菜"为种养模式，实行环保运作、循环利用的集生态、低碳、旅游于一体的现代农业示范园。

（二）信用表率作用

中国农谷惠农创业贷创新模式建立在良好的区域信用意识和农户诚信基础之上。京山县连续五届获得全省金融信用县的荣誉，惠农创业贷试点区域永隆镇一直是信用建设的重点镇，近十年来都被评为信用乡镇，全镇信用农户达 92.3%。首批受益的农户也都是当地的诚信农户，无任何不良信用记录。中国农谷惠农创业贷在该地的率先推出，对创造良好的信用环境和金融生态环境起到了较好的表率作用。

（三）创新启示作用

中国农谷惠农创业贷创新模式是财政资金与信贷资金有效结合的产物，为发挥财政资金与信贷资金的合力作用开辟了一条新的思路。通过财政资金担保、贴息和补偿，数倍放大了财政资金的使用效率，起到了"四两拨千斤"的作用。

（四）示范带动作用

中国农谷惠农创业贷的推出，抓住了信贷服务作为推进农村金融服务全覆盖的关键环节，信贷资金更加安全、高效、便利地向农村、农业、农民倾斜，进一步增强金融惠农强农的服务能力，并通过信贷服务的全覆盖带动农村金融基础设施建设，拉动农村地区结算、汇兑、咨询、保险等金融服务实现全覆盖，切实满足农村日益多样化的金融需求。

（五）惠农富民作用

在中国农谷惠农创业贷担保零收费、利率零上浮惠农政策支持下，首批受益者红日现代农业产业园得到优惠近 100 万元，年出栏生猪将达到 20000 头，年生产无公害有机蔬菜 8000 吨，获利 800 万元，园内农户年均增收 4 万元，激发了农户创业热情，带动更多的农民创业致富。

仙桃市银商结合 "富迪模式" 促共赢

一、背景

仙桃市金融机构网点有 141 个，其中 73 个设置在以乡镇为主的农村地区，绝大部分行政村的广大农民群众享受不到便利的金融服务。为了切实解决这一问题，农业银行仙桃市支行与湖北富迪实业有限公司（以下简称富迪公司）密切合作，推出银企结合发展的"富迪模式"，探索出一条切合实际、快速有效的金融服务"三农"新路径。

二、模式介绍

富迪模式是农业银行仙桃市支行与富迪公司在互信合作基础上构建的"银行＋连锁经营公司＋龙头企业＋农户"四位一体、层级分明的农村金融服务体系。富迪公司是一家以乡镇为主体的农村连锁超市经营公司，现有员工近万人，门店 500 多家，分布于仙桃、荆州、天门、潜江、洪湖、监利、公安、江陵等江汉平原 13 个市县城乡，是国家"万村千乡"市场工程和"双百"市场工程承办企业，是湖北省农业产业化龙头企业，被誉为"乡村沃尔玛"。该公司立足江汉平原，采取"成线、成块、成片"的开发模式，在十多个地市县开设了超市、建设物流中心和商品调配中心，形成了自身网络优势。同时，该企业还积极争取上游商品资源，建立生鲜基地，整合当地农业产业化龙头企业的资源，是江汉平原农产品进城、工业品下乡的主要平台，具备完整的门店网络和产业链优势。农业银行仙桃市支行借助富迪公司遍布城乡的门店网点延伸金融服务触角，布设转账电话、POS 机等支付结算机具，弥补农村网点不足，大力拓展了农村金融服务，使没有银行网点的乡镇广大人民群众能享受到方便快捷的金融服务；富迪公司也借助农业银行仙桃市支行的信贷支持与支付结算体系，改善资金流，加快市场扩张和业务发展，实现了银商结合、银商双赢。

三、主要做法

（一）提供便利金融，促进农民转型

农业银行仙桃市支行紧密依托富迪公司连锁店深入乡村的门市特点，充分发挥农业银行的电子产品和金融网络优势，将现代金融产品送到农民家门口。通过在富迪公司所属的 500 多个农家店上线了 BMP 系统、农商通和商户收单等系统，实现了小额现金存取、转账、结算、水电费代缴等金融服务的全覆盖，每年为持卡农民日常消费和结算资金 3.8 亿元。该行大力推广惠农通、社保卡代收批扣、网银第三方支付等服务，使广大农民享受到了同城市居民一样的便利的金融服务。为更好地配合富迪公司业务发展，更好地刺激消费，增加客流量，农业银行仙桃市支行充分发挥现有的卡电产品优势与该公司利用节假日联合开展"刷卡有礼"促销活动。农业银行仙桃市支行还通过与富迪公司联合建立的"三农"金融服务站，由富迪超市协助管理，以展板、宣传画册等多种方式，宣传国家惠农政策、基础法律知识和金融知识，大力普及现代金融产品，及时为农民提供信贷服务和理财服务，促进传统农民向现代农民、科技农民转型。

（二）创新产品和服务，寻求多方共赢

1. 科技产品开启贴心服务。一是为富迪公司开发了企业电子银行系统、企业现金管理平台，使该公司能够及时了解和掌握销售情况以及进行资金流管理。二是为该公司开通了智博版企业网银、电子商业汇票业务和开办了代发工资业务，除了简化富迪公司办理纸质商业汇票手续，提高商业汇票保密安全性外，富迪公司的员工还可以通过网银的"电子工资单"菜单功能查询工资明细，避免因工资明细不详而产生员工与公司的纠纷。三是农业银行仙桃市支行结合富迪公司完整的配送体系，协助其建立了 B2C 电子商务平台，

解决和推广网上交易，扩大该公司的营销领域，农业银行仙桃市支行用现代金融产品和服务使富迪公司的生产链和资金流完整串联起来。

2. 灵活的企业理财方案提高投资收益。农业银行仙桃市支行对富迪公司提供了"本利丰"、"安心得利"等人民币理财产品以及财务顾问服务等金融产品，多渠道、全方位满足富迪公司理财需求。一是"本利丰"人民币理财产品。此产品盘活了富迪公司及高管人员的闲置资金，使其通过专业投资理财和风险管理方法，在保本基础上获得相对较高的投资理财收益。二是"安心得利"产品。此服务产品盘活了富迪公司以及个人的短期资金，以日为理财基础，不同的天数不同的利率，提高了公司和员工资金的回报率。三是财务顾问服务。农业银行仙桃市支行主要针对富迪公司的财务分析提供包括常年财务顾问、投融资财务顾问、资信业务等方面的咨询和顾问服务，满足富迪公司的全方位金融顾问需求。

3. 量身定制个人金融产品及个人理财方案。农业银行仙桃市支行根据富迪公司员工个人的具体需求，提供方便、快捷、优惠的各类个人金融产品。一是办理金穗贷记卡。通过宣传及信用卡知识讲座等活动，鼓励为公司员工办理金穗贷记卡，为高管及中层管理者（特别是采购部门经理）办理金穗白金贷记卡并提供分期服务。二是个人理财业务。为该公司高管人员及员工提供"本利丰"、"安心得利"等人民币理财产品以及第三方存管、代理保险等系列服务，通过金穗贵宾卡、个人网上银行等让该公司员工轻松实现个人理财。

（三）挖掘金融需求，稳固链式服务

富迪公司作为一家纯农村商品流通领域企业，资金流动性是企业的生命线。由于缺乏可供抵押的固定资产，企业在申请流动资金贷款时面临审批困难。为突破这一瓶颈，解决该企业融资难题，农业银行仙桃市支行出台了一揽子相关政策和措施用以支持富迪公司的发展。

1. 创新担保方式。农业银行仙桃市支行在农业银行湖北省分行的支持下，从富迪公司的经营状况和实际出发，探索出多种抵押及担保方式，如以个人股权质押、仓单质押等，对该企业灵活授信1亿元，并为其量身定做了生鲜农产品收购贷款方案，使之顺利与40多家农村合作社签订了购货协议，收购禽蛋果蔬等各类农产品，不仅缓解了农产品销售难的问题，而且从源头上解决了城乡食品安全问题。为进一步支持该公司业务发展，农业银行仙桃市支行为其制定了一套信贷方案。一是增量授信。农业银行仙桃市支行克服授信空间及抵押物限制的困难，2014 年为富迪公司增加授信 8000 万元，主要用于超市改造贷款，增量授信部分用信方式采用岳口、张港房地产抵押 2800 万元，担保公司担保 1200 万元，商标权质押 4000 万元。二是对富迪公司本部附近、天怡附近项目贷款将根据其进展积极申报。三是多渠道全方位融资服务。拟为其上游客户提供个人助业贷款、小企业简式贷款、银行承兑汇票等产品，以满足其资金融通方面的需要。

2. 做大做实供应链。在供应链上游，富迪公司采取"超市 + 基地 + 农户"模式，建立种植养殖基地 40 多个，扶持壮大了一大批农业农头企业。公司与基地农户签订农副产品收购合同，形成种养、加工、销售一条龙的生产模式。农业银行仙桃市支行跟进服务，为解决富迪公司上游合作企业之一仙源米业的收购资金问题，通过积极向上争取政策，突破传统向该企业授信达 2000 万元，扶持其引进设备，扩大规模，使之发展成为一家集粮食收购、储藏、加工、销售于一体的农业产业化龙头企业，并为仙桃市提供了数百个就业岗位。2013 年，农业银行仙桃市支行先后对富迪公司推荐的上游供货企业广东华美食品公司贷款 4850 万元，仙桃市恒泰米业贷款 2000 万元，全国养鳝第一镇仙桃市张沟镇的多个鳝鱼养殖合作社贷款 5000 多万元，等等。农业银行仙桃市支行帮助张沟镇同心村的 200 多家农户抱团组建了振华、自强养殖合作社，并发放贷款 3100 万元，使这些合作社改变了小本养殖、零卖散售的格局，2014 年振华、自强养殖合作社可向富迪超市销售黄鳝三百万斤。

（四）做优金融服务，贴心"伴您成长"

一是争取资金价格上的优势。农业银行仙桃市支行在国家及上级行政策允许的条件下，与同行业相比，为富迪公司提供最优惠信贷利率价格。二是农业银行仙桃市支行指定专人负责对富迪公司金融需求实行全程跟踪式服务。针对富迪公司提出的需求，农业银行仙桃市支行可随时召开服务专题会议，协调解决服务存在的不足，健全应对机制。三是农业银行仙桃市支行努力发挥自身优势，把富迪公司作为该行的战略合作伙伴，始终为其提供全方位、高效率、一流的贵宾式服务。并对富迪公司作出金融服务承诺：第一，根据需要，农业银行仙桃市支行及时为该公司提供流动资金贷款；第二，农业银行仙桃市支行在办理监管部门规定的收费业务时，一律执行银行同行业最优惠标准。第三，根据富迪公司需求，随时调整服务方式，随时量身定做金融产品，提供个性化服务。第四，农业银行仙桃市支行成立金融服务小组，以大客户中心、机构业务部、卡电中心为服务主体，一把手行长为首席客户经理和组长，分管行长为副组长的领导小组，专门负责协调各方面的工作，保证富迪公司及建设项目的金融需求。

（五）不断挖掘需求，助推合作高度

农业银行仙桃市支行积极跟踪富迪公司的资金流、物资流、信息流，并牢固锁定上中下游客户群，用链式服务深度挖掘富迪公司的需求，通过富迪公司的网点延伸触角，使没有网点的乡村普遍享受到现代金融服务。农业银行仙桃市支行不断加快新产品开发的进度，与富迪公司一同制定需求方案的具体实施计划；并根据富迪公司的特别需求，定制各种新的金融产品。农业银行仙桃市支行与富迪公司一同优化服务方案，不断充实富迪模式，实现整个链上客户群体的利益最大化。

四、主要成效

（一）社会效益突出

银企结合的"富迪模式"有效改善了农村金融生态环境，使广大农民（特别是没有银行金融网点的村组）享受到了现代金融服务。农业银行的BMP－MIS系统全覆盖了富迪公司的500多家门店，涉及13个县市、165乡镇、285个村组的门店，包括农业银行没有设置网点的29个乡镇、55个村组。

（二）企业效益迅猛增长

一是解决富迪公司发展资金不足的问题，支持富迪公司做大做强。2013年，富迪公司在农业银行仙桃市支行贷款余额1.5亿元，富迪公司总资产10.2亿元，实现销售收入28.6亿元。二是加强了企业资金管理，提高了企业资金使用效率，降低了企业资金使用成本。三是增加了富迪公司的消费客户。农业银行仙桃市支行已为富迪公司门店安装金穗惠农通 487 台，BMP － MIS 系统 1342 台，使农业银行持卡人成为富迪公司的共享客户。四是促使企业管理信息化，农业银行仙桃市支行加强对富迪公司财务辅导和规范财务报表，帮助企业改善企业结算功能，同步配套安装了企业网银，账户实现了实时自动结算。

（三）银行效益明显提升

在资产业务方面，2014 年，农业银行仙桃市支行与 10 家富迪公司的上游供应商建立了合作关系，贷款 2 亿元，累计实现利息收入 2000 多万元；在负债业务方面，截至 2014 年 6 月，富迪公司日均存款余额达 2000 多万元，上游客户日均存款余额约 1000 万元。在中间业务方面，安装在富迪公司的 BMP － MIS 系统，截至 2014 年 6 月，累计交易 200 万多笔，交易金额达 4 亿元，实现手续费收入 30 多万元。

邮储银行咸宁市分行
创新"助农贷"支农支小

一、背景

咸宁市共有农业专业合作社 1001 家（省级以上示范农民专业合作社 29 家）、种植养殖大户 1.34 万户、已注册家庭农场 82 户、市级以上农业产业化重点龙头企业 167 家。随着农业专业合作社的迅速发展，带来了更大的农村市场潜力，但邮储银行的传统小额信贷金融服务产品，在人力资源、客户经理培养等方面难以持续投入的情况下，业务发展瓶颈凸显，缓慢的信贷投入难以满足新型农村经营主体快速增长对资金的需求。为了在农村市场上不断拓展发展空间，继续做大做强小额贷款品种，在风险可控的情况下，加大金融支持四类新型农业经营主体发展力度，缓解农村经济发展对信贷资源的需求，让邮储银行真正成为一支支持"三农"发展的主力军。因此，一个适合农村经营主体发展的新型信贷产品成为邮储银行当前的迫切需求。

近年来，邮储银行咸宁市分行充分依托其银行网点城乡覆盖面最广、网点最多的优势，结合农村经济特点，在全省首次推出了由政府提供担保金担保的"助农贷"金融服务产品，通过先局部试点后再向全市复制推广的方式，加快了信贷资源向农村区域的输送，有效提升了金融支农支小服务水平，更好地解决了农业专业合作社抵押物不足、无担保的问题，快速推动了农村经济的健康可持续发展，取得了较好成效。截至 2014 年 10 月末，该行已累计发放"助农贷"贷款 36 笔，金额 1047 万元，实现了银行、政府与农户三方的共赢。

二、产品介绍

（一）产品定义

"助农贷"是邮储银行向农业专业合作社实际控制人、普通社员、家庭农场、专业大户等新型农业经营主体发放的个人经营性贷款。该产品采取"合作社＋农户＋政府＋银行"全新合作模式，由政府提供财政资金设立担保金并提供担保，合作社搭建技术和经营平台，农户缴纳风险保证金，银行提供融资和创新服务。

（二）贷款用途

贷款用途主要包括种苗、化肥、农药等农业生产资料费用贷款；大型、中型农业机具投入贷款；合作社统一采购从事种植业、养殖业所需物资的农业投入贷款；合作社及其社员用于生产经营的其他贷款。

（三）贷款程序

一是签订合作协议。邮储银行与当地政府和担保中心签订合作协议，并报邮储银行湖北省分行三农金融部备案。二是开设担保金账户。担保中心须在当地邮储银行开立对公结算账户，存放专项担保金，邮储银行指定专人对担保金账户余额进行监控，确保账户资金足额。三是担保中心推荐客户。由担保中心定期向邮储银行推荐"助农贷"申请人名单，并出具业务推荐表、确认担保同意后，才接受业务申请。四是贷款审查审批及贷款发放。

具体业务流程：合作社实际控制人或社员首先向合作社提出贷款申请，由合作社向农业专业合作社联合社（由多家合作社成员联合起来成立的农业专业合作社联合社）申报，联合社审核通过后，由联合社同时向助农贷担保金管理中心（由当地政府成立，并出资提供担保）和贷款银行递交"助农贷"贷款申请，助农贷担保金管理中心和贷款银行同时审核各自相关条件要素，助农贷担保金管理中心审核通过后，向贷款银行发出确认担保通知书，贷款银行贷款发放后，通知助农贷担保金管理中心确认贷款发放通知书（业务流程图如下）。

（四）贷款额度

该产品的贷款规模根据客户需求量身定做，以满足不同的客户资金需求。

```
┌──────────┐      ┌──────────┐      ┌──────────┐
│ 客户申请  │ ───→ │ 部门推荐  │ ───→ │ 银行受理  │
└──────────┘      └──────────┘      └──────────┘
      │                                    │
      ↓                                    ↓
┌──────────┐      ┌──────────┐      ┌──────────┐
│ 担保机构  │ ───→ │ 确认担保  │      │ 签署合同  │
└──────────┘      └──────────┘      └──────────┘
      │                                    │
      ↓                                    ↓
┌──────────┐      ┌──────────┐      ┌──────────┐
│ 贷款收回  │ ←─── │ 贷款发放  │ ←─── │ 缴纳助保金 │
└──────────┘      └──────────┘      └──────────┘
```

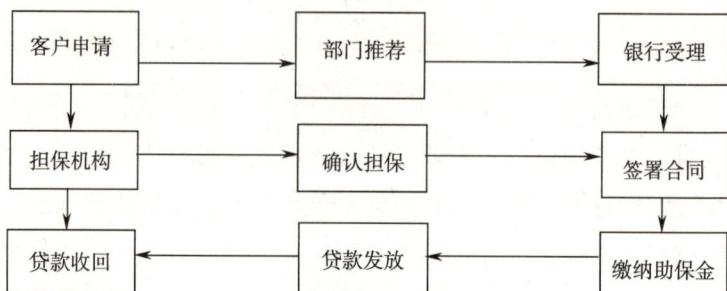

"助农贷"业务流程图

一是对合作社的实际控制人授信额度及单笔贷款授信金额最高为 200 万元，普通社员授信额度及单笔贷款授信金额最高 30 万元，对于同一合作社的其他社员，只能采取"普通社员贷款"或"实际控制人贷款"其中一种业务模式进行授信。二是对家庭农场专业大户的授信额度及单笔贷款授信金额最高 200 万元。

（五）期限、利息、还款方式

根据贷款用途采取不同限期，显得更加人性化，深受客户欢迎。如对于从事稻谷、小麦等农作物种植，或水产、畜牧等传统养殖的，单笔贷款期限最长 1 年；对于用途为购置大型农机具或进行农田水利、大棚等农田基础设施建设，以及从事林业、果业、茶叶等生产周期较长作物种植，或甲鱼、肉牛等特种养殖的，单笔贷款期限最长为 2 年。该产品的贷款利率为年利率9.6%。还款方式灵活，可按月（季）阶段性等额本息；或是按月（季）付息，一次性还本；或是按月（季）等额本息；以及一次性还本付息。对于信用良好的优质老客户，在前次贷款正常还清后还可循环申报，并能享受贷款银行规定的利率优惠。

三、主要做法

（一）积极协调，筹备担保基金

邮储银行咸宁市分行多次与地方政府沟通和协调，争取地方政府的全力支持，设立专项担保基金，为"助农贷"业务的正常开展提供保障。如为了加快通山县试点工作进程，邮储银行多次与通山县政府协调，2013 年 9 月，通山县政府决定整合资源，筹集 500 万元财政资金作为"助农贷"业务融资担保金，以形成资金的规模效应和放大效应。邮储银行咸宁市分行还成立了市、县两级共同参与的"助农贷"产品开发领导小组，设立了助农贷担保金管理中心，加强了与通山县政府、财政局、人民银行等部门联系，确定了初步合作方案，保证了助农贷业务的成功开办。政府担保金承担有限责任，仅限于铺底担保金的一半，助农贷担保金管理中心按借款人实际获得"助农贷"业务贷款额度 5% 的标准收取助保金，以作为担保金的补充，借款人所缴纳的助保金为"助农贷"出现贷款风险时的第一还款来源。

（二）建章立制，加强规范管理

邮储银行咸宁市分行按照《中国邮政储蓄银行农民专业合社贷款管理办法》、《中国邮政储蓄银行农民专业合作社贷款业务单式》和《中国邮政储蓄银行家庭农场（专业大户）贷款管理办法》，制定了《助农贷业务管理办法》，规范了"助农贷"业务的正常开办，强化了风险防控，提升了信贷质量。按照相关规定，只有依法登记、规范运作、正常经营的农民专业合作社实际控制人和社员，并且具备持有经营许可证，有固定办公场所，有规范的合作社章程，健全的财务会计制度，成立时间在 1 年以上等相关要素的才符合"助农贷"贷款申报的条件。

（三）密切指导，积极开展试点

由于"助农贷"产品在业务操作流程方面比普通小额贷款复杂，为有效解决发展中的困难，邮储银行咸宁市分行组织召开会议布置"助农贷"工作，赴通山县指导"助农贷"产品试点，并与信贷员面对面交谈，及时了解和掌握产品使用情况。该分行还派驻授信管理部、三农金融部专人到通山县支行进行为期两个月的现场指导，不仅提升信贷员办理业务效率与质量，而且有效促进试点工作的开展。

（四）以点带面，推动全市复制

该产品在通山县取得创新突破后，邮储银行咸宁市分行加大了全市范围复制推广应用的力度，通过加强与辖内各地政府、财政局、人民银行等部门沟通和联系，将通山县的成功经验做法复制到各地，争取两年内将"助农贷"业务在全市范围内铺开，进一步提升金融服务水平，支持全市农业专业合作社的健康发展。

（五）多方宣传，营造工作氛围

一是积极动员参与。邮储银行咸宁市分行积极推动地方政府牵头组织人民银行、农办、农业专业合作社代表召开座谈会，制定"助农贷"产品开办动员和宣传方案。以邮储银行各城乡网点为宣传起点，向农业专业合作社和社员、农户发放宣传资料，为该产品的开办营造良好的氛围。二是组织推介会。邮储银行咸宁市分行借助通山县经管局的力量，先后召开了六次"助农贷"推介会议，进一步宣传该行"助农贷"产品。三是强化媒体宣传。充分利用当地报刊、电视台等新闻媒体进行专题宣传报道，向社会公众宣传"助农贷"产品的支农支小作用，为该产品的发展营造声势。

四、配套政策

（一）成立管理中心，加强信贷担保管理

咸宁市及辖内各县（市、区）政府成立助农贷担保金管理中心，由当地政府提供担保金，存入当地邮储银行。如邮储银行咸安区支行业务结余不得超过担保金余额的 10 倍，其他县市邮储银行业务结余不得超过担保金余额的 5 倍，担保金单笔代偿比例不得低于 50%。又如通山县政府按市级要求及时成立了通山县助农贷担保金管理中心，并由经管局局长担任管理中心主任，成员由县经管局、财政局、人民银行、银监办、邮储银行等单位抽调人员组成，助农贷担保金管理中心设在县经管局，具体负责助农贷担保金管理中心的日常管理、拟定反担保管理办法、实施与贷款银行的业务合作，规范了担保金的管理。

（二）组建联合社，提高信贷承载能力

由当地多名农业专业合作社的社员组建一个合作社联合社，以商业实体的形式进入市场，为合作社社员提供贷款担保联保、争取信贷额度、贷款申报审核等服务。如通山县组建成的湖北九宫绿园种养殖农民专业合作社联合社，属全省首家农民专业合作社联合社，注册资金达 2756 万元。该联合社成立 8 个多月来，联合社成员社增加到 132 家，涉及猪、牛、鸡、兔、渔业、果蔬、茶叶、园林、粮食及其他特种种植养殖业 21 种，年总产值 1.38 亿元，申报并获得了国家"三品一标"农产品标志 18 个、申报注册名优商标 12 个。带动 1.2 万农民走上了种植、养殖、加工致富之路。

（三）担保方式多样，增强担保能力

一是支持助保金担保，由借款人按贷款金额的 5% 向助农贷担保金管理中心缴纳，仅为借款本人及联保小组成员提供担保，由担保中心进行管理。二是支持联保担保，适合为农业专业合作社的普通社员贷款时提供担保，由 3 户合作社普通社员组成联保小组，单个联保小组贷款总额度最高 60 万元。三是支持保证担保，由一名或多名符合条件的自然人进行担保，保证人的担保能力之和只要覆盖除政府担保金外的贷款本金即可。

五、主要成效

（一）金融支持农村经济发展力度增强

目前，第一批"助农贷"业务已经让 34 家农业专业合作社受益，有效解决了合作社流动资金短缺难题。2 年内，通山县针对农业专业合作社的"助农贷"业务贷款余额会达到 5000 万元以上。在"助农贷"产品的推动下，邮储银行咸宁市分行的小额贷款投放规模逐步扩大，支农支小金融服务能力快速增强，截至 2014 年 10 月末，该行累计发放小额贷款 3.22 亿元，余额净增 1.2 亿元，助农贷产品贷款结余 4.5 亿元。

（二）促进"政、银、农"三方共赢

自"助农贷"产品成功开办以来，为政府扶持农业产业化发展带来新的融资平台，推动了当地合作社进一步发展，受到农户欢迎。2014 年 3 月，通山县样样果业农民专业合作社实际控制人舒九祥成功获得 1 笔金额 50 万元的"助农贷"贷款，及时解决了合作社扩大种植规模的资金短缺问题。通山县九宫园蔬菜、瑞丰养殖、林宝香榧等一批知名合作社也陆续成为邮储银行助农贷客户，产生了较好的社会效应，通山县政府对该行"助农贷"业务给予了高度评价，已经形成了政府满意、客户如意、银行受益的良好氛围。《湖北日报》、《经济日报》分别以《"助农贷"是践行普惠金融的特色之路》、《"助农贷"支援大学生创业》为题进行了报道，湖北电视台、咸宁日报、咸宁电视台等媒体均到通山县现场采访和报道了"助农贷"开办情况。各家媒体都对邮储银行咸宁市分行创新思路支持当地农业经济发展上所做的工作给予了赞誉，迅速扩大了邮储银行的影响力，进一步推动该行小额贷款业务快速发展。

（三）周边区域辐射效应和示范作用显现

自2014年3月"助农贷"在通山县成功试点后，该产品迅速在全市复制推广。截至目前，邮储银行嘉鱼县支行"助农贷"已获得邮储银行总行的初步批复，当地政府已于9月初下发了关于"助农贷"担保金管理办法，嘉鱼县即将成为全市第二个获得批复开办"助农贷"的县市；咸安区、崇阳县已确定合作意向，政府同意出资担保金，相关请示与调研报告已上报邮储银行湖北省分行。邮储银行赤壁市、通城县支行也多次向地方政府部门进行了汇报，基本上获得了支持，相关方案已报送当地政府。

鄂州市四种金融扶持模式支持水产业发展

一、背景

鄂州市素有"百湖之市"的美誉，在湖北省水产业中占有重要地位，是水产大市。近年来，鄂州市政府把水产业作为推进现代都市农业和城乡统筹发展的重要抓手，以建设生态渔业为导向，坚持引进新品种、应用新技术、推广新模式，努力打造水产特色和渔业生产标准化，促进了渔业发展方式转变和渔业综合生产能力的提高。在鄂州市政府相关政策的支持下，人民银行鄂州市中心支行积极跟进，发挥基层央行货币政策指导职能，引导金融机构加大水产业信贷投入，探索出了一条"政府主导、央行推动、金融助力、部门联动"的水产业科学发展路子。

二、模式介绍与主要做法

（一）以联保贷款模式支持水产合作社，引导水产业向规模化发展

合作社成员联保贷款是为解决农户贷款难、担保难而设立的贷款品种，由合作社成员组成联保小组，贷款人对联保小组成员发放，并由联保小组成员相互承担连带保证责任的贷款。

联保贷款的服务对象是具有农业户口的合作社成员，主要从事农村土地耕作、水产养殖，或与农村经济发展有关的生产经营活动的农民、个体经营户等。贷款的基本原则是："多户联保，总额控制，按期还款"，实行个人申请、多户联保、周转使用、责任连带、分期还款的管理办法，由农户在自愿基础上组成联保小组彼此相互担保，适用于除小额信用贷款、抵（质）押贷

款以外的农户以及难以落实保证的贷款。联保贷款要求：贷款人从事土地耕作或者其他符合国家产业政策的生产经营活动，并有合法、稳定的经济收入；在农村信用社开立存款账户，无不良信用记录；联保小组由居住在贷款人服务区域内的借款人组成，一般不少于5户。联保贷款依据贷款用途、贷款项目生产周期、综合还款能力等因素确定贷款期限，一般为1~3年，最高贷款额度为5万元，特殊情况下，可适当调高最高贷款额度。

目前全市共成立水产类农民专业合作社84家，占全市农民专业合作社总数的27.18%，精养鱼池面积达到22万亩，占全市养殖面积的35.48%。鄂州市蒲团乡瓜圻村地处夏大湖湖区，长期以来地多人少，由于种植结构单一，农民收入微薄。当地种养大户余永忠发起成立了鄂州市同心水产养殖专业合作社，与农村信用社合作，以合作社成员联保贷款的形式，一次性为5名成员解决了因扩大养殖规模导致流动资金短缺而形成的60万元信贷资金需求，有效突破了当地大额农贷的制度性障碍。在专业合作社的引领和带动下，当地农户也纷纷"退耕还渔"，加入到养殖队伍中来，目前合作社社员已发展到30名，成为全市最大的专业合作社之一，养殖格局也由零散养殖发展到成片养殖，精养鱼池面积达到4000余亩。

（二）以担保生产经营贷款模式支持"龙头企业＋农户"，引导水产业向品牌化发展

"龙头企业＋农户"担保贷款业务主要用于解决订单农户生产过程中周转性、临时性的流动资金需求，原则上以办理期限不超过一年的短期流动资金贷款为主。申请"龙头企业＋农户"担保贷款一般情况下应同时满足以下几个条件：一是符合金融机构流动资金贷款条件；二是符合金融机构贷款担保条件；三是具有为订单农户提供担保的授信额度；四是与农户签订相关的产品收购订单，自愿为订单农户提供连带保证担保。

为解决水产品受季节性和运输成本的影响，产品销售的辐射面始终有限的问题，农业银行鄂州市分行推出以抵押和保证担保（保证人一般为龙头企业或专业担保公司）信用为基础的"龙头企业＋农户"担保生产经营贷款。农业银行对农户贷款实行集中审查、审批，农户小额贷款调查权下放到农村网点，农户个人生产经营贷款调查上收到分行个金部或由个金部与基层网点

联合调查。

在政府和金融机构的大力支持下,近年来,鄂州市涌现出一批水产品加工企业,依托本地丰富的渔业资源,形成了以武昌鱼、红尾鱼为主导产品的加工产业链,既解决了鱼品保鲜和储运难题,有效拓展了产品销售的覆盖面,又提升了水产品附加值,打响了地方特色的水产品牌,鄂州武昌鱼荣获"中国驰名商标"称号。鄂州市梁子湖李氏水产品开发有限公司是一家专门从事各类淡水鱼冷冻加工的加工型企业,主要有樊湖牌鄂州武昌鱼罐头系列、永青牌鄂州武昌鱼风干鱼系列及草鱼分割鲜冻系列三大系列产品,在农村信用社的大力支持下,该企业现在已具有350吨鲜鱼的年加工能力,年产值达2000万元,产品已远销北京、上海等地知名超市。

(三)以水产贷模式支持特色养殖业,引导水产业向生态健康养殖发展

由于特色养殖投入大、收益高、风险小,因此也成为水产业的信贷扶持重点,全市4家涉农金融机构在支持鄂州水产特色养殖上已形成"一行一品"、"一镇一特",重点推广了美国加州鲈鱼、中华鳖、胭脂鱼、鳜鱼、南美白对虾等特色品种的专养或主养模式,进一步优化了鄂州市金字塔形水产养殖结构。鄂州市三山水寨水产发展有限公司是一家规模化养殖鳜鱼的股份制民营企业,公司从华中农业大学引进并掌握了鳜鱼人工孵化实用技术后,在农业银行鄂州市分600万元贷款支持下,利用三山湖3000亩优质水面,进行大规模养殖,招募用工50~60人,业务取得突飞猛进的发展,年产值由300万元发展到2013年1800万元。中国银行鄂州市分行将水产品产业链客户贷款作为益农贷产品的突破口(水产品养殖贷、水产品加工贷、水产品经纪人贷),创新推出"水产贷"。在产品创新和设计方面,中国银行鄂州市分行为有效控制"水产贷"贷款业务风险,在落实水域滩涂养殖证抵押后,还采用了第三方保证担保(担保公司担保、保险公司承保)的方式受理业务。截至目前,已累计发放贷款15笔,金额760万元。其中2014年发放贷款6笔,金额300万元,较上年增加300万元。

(四)以科技+金融模式支持水产业向科技化发展

目前,鄂州市初步形成以财政投入为引导、企业投入为主体、银行贷款为支撑、社会投入为补充的多渠道、多形式的科技投融资机制。一是设立了

产业化专项资金，地方财政每年在财政收入中拿出一部分专项资金专门用于扶持农业产业化龙头企业发展，主要用于市级产业化龙头企业贷款贴息、技术改造、基地建设和新产品开发等方面。二是在政策层面上提供支持，鼓励龙头企业引进科学和技术。三是金融机构对优质产业化龙头企业以保证担保等方式给予资金支持，支持水产业向科技化发展。

在金融部门的支持下，鄂州市水产业加强与大专院校、科研院所的技术协作，内强繁育基地建设，外引新品种更新，水产苗种成为全市水产发展最快的产业之一。2014年鄂州市有盛丰渔业公司、梁子岛水特产公司、万亩湖小龙虾合作社、七迹湖水产养殖合作社等水产经营主体先后与中国水产科学院长江水产研究所、水利部水库渔业研究所、武汉大学生命科学院、华中农业大学水产学院等签订了技术合作协议。生物浮床技术、纳米微孔增氧等新技术得到广泛应用，利用新技术支撑水产业快速发展。

三、配套政策

一是建立现代渔业示范区。市政府出台了《鄂州市生态渔业发展规划》，整合中央财政现代农业发展和省级现代渔业发展专项资金等各类涉农资金近1.97亿元，重点向生态渔业基地、良种工程、渔民专业合作社和推广体系建设等方面倾斜，充分发挥财政资金对激励企业自主创新的引导作用，财政资金通过直接投入、补贴、贷款贴息等多种形式，引导企业加大科技投入，先后投资建设了盛丰渔业、梁子岛水特产、长江绿绿、杨林湖等高标准的现代渔业示范区。

二是政府政策支持。借省政府出台《关于加快现代渔业发展的意见》的有利契机，市政府出台了《关于突破性发展水产业的意见》，要求财政在维持对水产业现有投入不变的基础上，确保各项扶持资金落实到位。新增支农资金向水产业倾斜，继续将渔业纳入现代农业生产发展资金支持范围。财政要积极筹措资金，支持现代渔业园区、苗种繁育、品牌培育、质量安全、渔业资源和生态环境保护等建设。市发改委要加强政策支持，积极争取项目资金，加大投资力度。同时，提出金融部门要探索养殖证抵押贷款等服务方式，对符合产业政策和贷款条件的水产养殖、水产品加工和流通的业主给予信贷优先和优惠支持，争取财政补贴支持，将水产养殖保险纳入地方政策性保险范畴，创新经营体制建立投融资新机制。

三是创新金融服务。人民银行鄂州市中心支行出台了《鄂州市农村产权抵押融资总体方案》、《鄂州市农村"五权"抵押融资管理办法》，制定了《关于银行业金融机构支持农村产权抵押融资的指导意见》，推动设立抵押融资风险补偿基金，鼓励扩大农村融资抵押担保物范围，积极引导农村集体经济组织和农户进行"五权"抵押融资。全市农村产权抵押融资政策体系初步建立。同时人民银行鄂州市中心支行合理运用支农再贷款等货币政策工具，引导金融机构加大对涉农企业的信贷支持，激活农户将生产要素向水产业转移，促进信贷资源与农村金融需求的有效衔接。

随着农村产业结构调整而逐步发展起来的农产品加工、运输等相关产业资金需求不断增大，成为信贷投放的重点。涉农金融机构减少贷款审批时间，简化贷款审批手续，针对水产品种和季节需要，实施一次审批，循环使用的政策，推出了"送货上门"、"小额农贷"、"水产贷"、"渔民直贷"等灵活多样的服务方式，深受农民和农业企业的欢迎。

四、主要成效

（一）丰富了金融产品，为信贷资金解决了出路，达到了金融增效的效果

涉农金融机构积极创新金融产品，先后推出了"渔民直贷"、"农村专业合作社＋行社"、"林权＋水域经营权＋房屋所有权"质押贷款、农户联保贷款等十余种信贷创新品种，激活农户将生产要素向水产业转移，促进了信贷资源与农村金融需求的有效衔接。截至 2014 年 9 月末，鄂州市涉农贷款余额75.07 亿元，占各项贷款余额的 25.61%，比年初增加 9.76 亿元，增长14.94%。全市水产业贷款余额 2.97 亿元，比年初净增 0.59 亿元，增长19.94%；支持农户数达到 7420 户，比年初增加 169 户。在银行信贷强有力的支持下，2014 年 1 月至 9 月，全市水产总量实现 19.83 万吨，产值 27.39

亿元，分别增长 8.9% 和 21%。

（二）丰富了农副产品结构，提高了附加值，达到了渔民增收的效果

在支农资金的支持下，一批水产品加工企业茁壮成长，它们依托本地丰富的渔业资源，突破鲜鱼产品保鲜和储运难题，既有效拓展了产品销售的覆盖面，又提升了水产品附加值。截至2014年9月末，全市养殖面积68万亩，占土地资源总数的38.87%。渔业产值54.26亿元，占农林牧渔业产值的比重高达45.4%。农民家庭人均渔业收入2494.53元，对农民家庭年收入贡献率达到20.87%。

（三）特色养殖上规模，达到了渔业增"色"的效果

科技化是现代水产业的重要特征，鄂州市金融机构积极促成水产公司和农户与武汉的科研院所对接，从种业、养殖到加工全过程介入，有效提升了鄂州水产养殖的科技化、高端化水平。特别是美国加州鲈鱼、中华鳖、胭脂鱼、鳜鱼、南美白对虾等特色品种，成为农民增收的主打品种，鄂州武昌鱼荣获"中国驰名商标"称号。事实说明，特色水产养殖平均亩产收益是传统四大家鱼养殖收益的5倍以上，成为渔业增效、农民增收的重要支撑。2014年上半年，大同食品工贸股份有限公司在武汉股权托管中心挂牌，梁子湖绿色食品公司与齐鲁证券签署了"新三板"合作协议，从资本市场募集发展资金4000万元。

京山县破冰活物抵押贷款

一、背景

京山县是全国重要的商品粮基地、生态农业和畜牧生产大县，畜牧水产是京山县重点打造的百亿产业，产业资金需求量大而贷款有效抵押物缺乏问题表现突出。据测算，全县 277 个规模传统和特种种养大户扩大再生产的资金需求缺口为 2.3 亿元，其中畜牧水产养殖资金缺口达 1.5 亿元，占全部种养业缺口的 65%。京山县农村信用社针对农村畜牧水产规模化养殖的特点和规模庞大的资金需求，大力开展农村金融产品和服务方式创新，积极探索种养（植）殖物"活体"浮动资产抵押贷款方式，成功推出了湖北省首例养殖物"活物"抵押贷款，在破解"三农"融资抵押不足的难题上做了有益的尝试。

二、产品介绍

活物浮动抵押贷款是指以养殖农户、农民专业合作社或养殖企业为主要贷款对象，以其养殖的成长中幼苗、半成品、良种等活体为贷款抵押物，经有权部门有效价值评估和办理工商局价值登记后，按评估价值的一定比例核定贷款额度的浮动资产抵押贷款。贷款期限根据养殖物的生产周期确定，贷款利率根据借款人信用等级在基准利率基础上上浮 10% ~ 50%。

（一）主要特点

一是贷款对象具有针对性。活物浮动抵押贷款的贷款对象是具有一定资质的养殖农户、企业或农民专业合作社。二是抵押物品具有特殊性。抵押物是养殖的成长中幼苗、半成品、良种等活体动产。三是程序操作具有保障性。申请办理活物浮动抵押必须经有权部门的有效价值评估并办理工商价值登记，为活物抵押贷款的合法合规性提供了保障。

（二）发放程序

活物浮动抵押贷款的办理流程为：贷款申请与受理—贷款调查—审查与审批—抵押资产评估—抵押资产登记—发放贷款—贷后管理—到期收回或抵押物处置。

（三）评估登记

活物浮动抵押实行金融机构内部价值评估。由承贷社组织两名以上的信贷员对纳入抵押范围的抵押物进行合理价值评估，参照市场价格及借款人近两年的养殖情况，合理确定养殖周期内的畜禽最低价值及最高价值，以两年内借款人在养殖周期中的畜禽最低价值作为评估价值合理取值。评估人员出具内部估价报告，经抵押人同意后，上报承贷社负责人审核，并报最终审批单位审批同意后，与客户签订《抵押价值确认书》。农信社与抵押人一同凭抵押担保合同及《抵押价值确认书》到工商行政机关办理浮动资产抵押登记。

（四）风险控制

一是抵押范围确定为技术成熟，市场稳定，疫情可控的传统养殖行业；二是申请畜禽浮动抵押贷款的借款人和抵押品所有人必须为同一人，不得由第三方提供畜禽浮动抵押担保，且纳入抵押范围的养殖场所必须是自有，不得将租赁的养殖场地纳入浮动抵押范围；三是开展贷后跟踪监测，建立详细的借款人经营管理监测档案，每月开展贷后跟踪检查。通过现场随机抽查，实行动态管理，严格控制抵押物的非正常流动，切实防范贷款风险；四是对抵押范围内的抵押物，如出现市场价格大幅波动，低于评估价值时，农信社必须及时进行干预，要求抵押人补充抵押物。达到抵押资产固定化条件的，必须对抵押资产固定化。

三、主要做法

（一）认真调查论证，确定乌龟为活物抵押品

针对京山县规模化养殖业快速发展和农户资金需求得不到满足的现状，

京山县农村信用社在深入农户调查的基础上，积极开展活物抵押贷款的可行性研究，确定以活物抵押为突破口，探索新的涉农抵押贷款方式，及时制定出台了《畜禽浮动抵押贷款操作流程（试行）》。从业务对象及条件，贷款用途、期限、额度与利率，业务具体操作流程，风险控制等方面对相关程序进行了详细规定，为开展活物抵押贷款试点工作提供指导。同时，京山县农村信用社在开展市场调查的基础上，选择了全国最大的种龟基地、资产规模近亿元的盛昌养龟专业合作社为贷款主体，以该合作社养殖的乌龟作为抵押担保品，开展活物抵押试点。确定乌龟作为抵押担保品的原因在于：一是从生命周期看，乌龟具有生命力强，存活周期长的特点，适合作为抵押品；二是从风险角度看，该合作社养龟技术成熟，不易发生疫情，能降低动产损失风险；三是从市场价值看，乌龟市场价值稳定看涨，市场前景广阔，养殖效益好。

（二）加强贷前评估和审查，严把信贷准入门槛

京山县农村信用社严格控制贷款准入门槛，合理确定活物抵押贷款对象，选择了与信用社自2000年以来有着贷款业务往来且信用记录保持良好、资金需求量大的盛昌养龟专业合作社作为首批客户。贷款发放前，京山县农村信用社按照贷款发放程序开展了相关评估和审查：一是开展评估登记。京山县农村信用社对合作社用于抵押的130万只乌龟数量进行了核实，并按现行市场最低价格作了总值1680万元的价值评估。同时，按评估值的50%核定贷款金额，并在京山县工商局进行了动产抵押登记。二是开展附带抵押，将盛昌养龟基地现有可用于抵押的土地、房屋、林权等评估价值达440万元的资产进行了附带抵押，但不办理过户转移手续。

（三）针对动物活体特点，选择浮动抵押方式发放贷款

动产抵押物在养殖过程中既存在着因疾病死亡，又不断有新生命成长做补充，在抵押总量上可保持相对稳定，因而更适宜采取浮动抵押方式。这样对贷款人而言，既可以减少抵押物灭失的风险，又能降低管理成本；对借款人而言则降低了贷款门槛，更容易获得抵押贷款。浮动抵押方式能更加便捷地在活体上设立担保权，更符合养殖业特点，为动物活体真正成为担保品提供了可行方式，较好地解决了养殖业抵押贷款的难题。京山县农村信用社为

满足降低自身管理成本以及合作社能以其养殖的乌龟作抵押获取贷款的要求，选择了以盛昌养龟专业合作社养殖的 130 万只乌龟活体集合作为抵押的方式，向其发放了浮动抵押贷款。

[案例] 京山县农村信用社以全国最大的种龟基地、资产规模近亿元的盛昌养龟专业合作社为贷款主体，以乌龟作抵押物，按照其评估价值的 50% 向该合作社发放了期限为 3 年、贷款利率参照基准利率适当上浮、金额达 1000 万元的浮动抵押贷款，用于合作社购买养龟饲料及 120 亩的龟池扩建工程，较好地解决了合作社经营中的资金困难。以养殖中的幼苗、半成品、良种等活体为抵押物发放贷款，为畜牧水产业养殖大户开辟了一条新的融资途径。

（四）加强贷后监测管理，防范抵押贷款风险

为加强对活物抵押贷款的风险控制，京山县农村信用社将盛昌养龟基地作为重点跟踪监测对象，建立起详细的抵押标的物监测档案，每月定期跟踪检查和随机抽查乌龟数目，控制抵押物的非正常流动，实行抵押标的物管理动态监测，确保乌龟饲养销售正常流转，促进抵押物品在市场交易活动中价值不断提升，保证贷款有充足的还款来源。目前，盛昌养龟基地已正常销售成品龟 1.5 万只，支付贷款利息 37 万元，贷款运作处在安全范围。

四、主要成效

（一）贷款人明显受益

盛昌养龟基地获得 1000 万元的活物抵押贷款后，主要用于购买养龟饲料和 120 亩的龟池扩建，进一步扩大了养殖规模。据业主测算，2014 年末基地利润可达 600 万元，比上年度净增 200 万元。到 2014 年 6 月，京山县农村信用社累计为京山盛昌龟业养殖专业合作社放贷 1350 万元。通过三年发展，基地的原种龟 3.3 万组、良种龟 7 万组已经发展到目前的原种龟 11.7 万组、良种龟 14.7 万组，商品龟由原来的年出售 40 万只发展到现在的年出售 70 多万只。

（二）信贷产品备受关注

活物抵押贷款推出后，受到了人民银行各级机构的关注和支持，"养殖

业活物浮动抵押贷款"模式已被人民银总行录入《信贷创新案例汇编》一书，为全国金融部门开展信贷产品创新提供了范例。

（三）社会各界反响热烈

活物抵押贷款解决了畜牧水产养殖农户的抵押担保难问题，受到了广大养殖农户的普遍欢迎，得到了地方党政部门的高度重视，并受到各级宣传舆论界的广泛好评。特别是《安邦每日金融》转发后发表评论说：针对"三农"的贷款不在于难不难的问题，而在于要想出适时对路的办法。因为农村经济与城镇经济性质不同，不能简单地按照平常思维来处理。而是要通过多调查，多思考，采取具体问题具体分析的方式，积极探索适应农村特点的新的金融产品，湖北省京山县"活物用作贷款抵押"正是这一思路的典型代表。

（四）试点经验得到了创新和推广

在活物抵押贷款试点成功后、管理经验逐步丰富的基础上，逐步扩大活物抵押品的范围。京山县农村信用社再次推出了活物抵押贷款新产品，京山县新民养殖以存栏的3901头生猪作抵押，成功获得了贷款300万元。涉农金融机构纷纷响应，2013年6月，农业银行京山县支行也加入到这一行列中，在多次调研论证的基础上，向永隆镇特种养殖户樊冬青发放了400万元的娃娃鱼抵押贷款。从乌龟、生猪到娃娃鱼，京山县金融机构活物抵押贷款的路子越走越宽。更重要的是为农村金融产品创新提供了新的思路，成为未来"三农"融资的一条重要途径。

五、启示和建议

（一）因地制宜，合理选择活物抵押担保物和抵押方式

在抵押担保物的选取上，并不是所有的养殖物种都可以作为抵押物，要结合养殖业本身的特点和养殖物的生命周期、养殖技术的成熟度以及养殖物的市场行情和发展前景来科学合理地选择抵押担保物。京山县农村信用社结合乌龟的生命周期长、养殖技术成熟、市场价值高、发展前景广阔的情况选择了乌龟作为活物抵押担保物，保障了活物抵押贷款试点的成功。在抵押担

保方式上，京山县浮动抵押方式则针对养殖物群体总量上可维持相对稳定的状态，选择以活物群体作为抵押发放浮动抵押贷款，在抵押期内还允许养殖户正常处置抵押物来偿还银行贷款。浮动抵押方式能更加便捷地在活体上设立担保权，符合养殖业特点，可以较好地解决养殖业抵押贷款的难题。

（二）精细管理，强化贷前审查和贷后管理工作

一是要充分考察企业实体和企业负责人的信用状况，选择信用良好的客户。二是要提高贷后管理的针对性和灵活性。由于活体是生产经营成果的反映，构成生产经营的一部分，且形态和价值处在不断变化中，对活体抵押物的管理要依据信贷客户生产经营流程，加强针对性和灵活性，允许客户在生产经营正常活动中对抵押物进行处分，收益，所得价款优先偿还贷款本息。京山县农村信用社将养龟基地作为重点跟踪监测对象，建立起详细的抵押标的物监测档案，每月定期跟踪检查和随机抽查乌龟数目，控制抵押物的非正常流动，实行抵押标的物管理动态监测，确保乌龟饲养销售正常流转，促进抵押物品在市场交易活动中价值不断提升，保证贷款有充足的还款来源。

（三）完善配套政策，为扩大活物抵押贷款试点提供保障

一是完善农业保险制度。加大对农业保险的扶持力度，可探索开办地方性政策险种，对保险机构提供的农业保险业务提供政策优惠，建立农业巨灾风险基金，增强农业保险抵御巨灾风险的能力。二是简化司法程序，提高抵押实现效率。通过债权人和债务人在担保条约中约定，可不经司法程序占有和出售活体抵押物，逐步使当事人协议方式成为实现活体抵押权的主要方式。三是为基层业务创新提供良好的外部环境。在考核机制上，明确免责条款，放宽信贷创新产品呆坏账核销条件，设立一定的不良率容忍度等，以增强金融机构内部管理的灵活性，激发基层信贷活力。

监利县开办农民专业合作社农户贷款

一、背景

近年来，监利县将大力发展农民专业化合作组织这一新型农业经营主体作为解决"三农"问题、建设社会主义新农村、促进农业和农村经济增长方式转变的重要工作举措之一。在县政府的推动下，部分农民专业化合作社不但在生产和销售方面占领了本地市场，而且快速向周边扩张覆盖。然而，许多加入农民专业合作社的农户由于缺乏有效抵押物和融资担保，致使在扩大农业生产规模和开发农业新产品时难以获得银行信贷支持或者贷款金额偏少。

为此，监利县适时推出"政府风险补偿基金＋农民专业合作社融资担保＋农民专业合作社农户贷款"信贷模式，有效地缓解了农民专业合作社农户的融资难题，有力地推动了农民专业合作社进一步发展壮大，调动了农民生产积极性，促进了农民增收。

二、主要做法

（一）加强领导，成立工作专班

县政府成立了由政府主要领导为组长、各涉农经济主管部门、人民银行监利县支行、县农村信用联社等涉农金融机构为成员单位的全县培育新型农业经营主体领导小组，负责组织推动全县农民专业合作社等新型农业经营主体发展工作。与此同时，人民银行监利县支行组织县政府各涉农经济主管部门、县农村信用联社等涉农金融机构成立了支持全县农民专业合作社等新型农业经营主体发展工作专班（以下简称工作专班），工作专班办公室设在人民银行监利县支行，负责工作推动和协调。同时，明确了各相关部门和人员工作职责，建立健全了工作联络和协调机制，形成了各部门和人员齐抓共管、有序推进的工作格局。

（二）政策先行，强化引导

工作专班多次深入农村、农民专业合作化组织和农户了解金融服务需求情况，掌握了农民专业合作社农户贷款难、贷款贵的根本原因：一是缺乏面对农村信贷服务的担保中介机构；二是缺少银行认可的抵押物，导致农户从银行获得信贷支持难度大；三是农户贷款成本高、利润少、风险大，银行存在"惜贷"现象；四是部分农户信用意识不强，把贷款当作政府补贴，不能及时还款；五是贷款手续较复杂、繁琐，个别农户产生"怕贷"心理。在此基础上，工作专班经过多方讨论研究，提出了以政府增信、农民专业合作组织作为融资担保平台、农户自愿加入农民专业合作组织并遵守诚实守信原则等一揽子农民专业合作社农户贷款方案。方案得了监利县政府大力支持，专门出台了《关于大力培育新型农业经营主体的实施意见》，支持农民专业合作社等新型农业经营主体的发展，明确各乡、镇人民政府（管委会）"三农保险"办公室主任要主动支持和参与农民专业合作社农户贷款业务，并首批注资400万元成立新型农业经营主体风险补偿基金，今后根据发展情况，逐步增加到1000万元，用于补偿贷款由于自然灾害造成的损失。与此同时，人民银行监利县支行专门出台《关于开展信贷创新支持我县农民专业合作社发展的意见》，并利用支农再贷款、定向降准和窗口指导等货币政策工具引导辖内县农村信用联社等涉农金融机构不断强化支农金融服务理念、创新金融服务方式和提高金融服务效率，进一步支持全县农民专业合作社发展。

（三）建章立制，试点推广

监利县农村信用联社及时修改和完善了《农民专业合作社章程》，出台了《监利县农民专业合作社农户贷款管理办法》，正式推出农民专业合作社农户贷款新业务，并制定了《合作授信协议》、《贷款风险基金管理办法》、《合作社社员信贷管理办法》等相关配套制度，对农民专业合作社农户贷款信贷方式、授信、办理流程以及风险防控等进行了规范。同时，选取生产规模较大、发展形势较好的沙湖河蟹养殖专业合作社和隆欣农产品专业合作社作为试点单位，逐步摸索经验再在全县推广。农民专业合作社农户贷款一经推出，就以其担保方式多样、贷款额度和期限灵活、利率优惠等特点，深受广大农产品专业合作社农户的欢迎。例如，监利县黄歇镇兴华农业机械专业合作社主要业务是水稻种植、农机耕种以及收割服务等，现有社员16名。2013年该社法人代表夏卫华一次性通过县农村信用社取得了农民专业合作社农户贷款200万元用于流转土地进行水稻种植。

（四）固化流程，规范操作

为了确保农民专业合作社农户贷款在监利县顺利推广运用，满足广大农民专业合作社社员信贷需求，县农村信用联社制定了详细的信贷流程。

一是调查建档。组织各乡镇农村信用社信贷员对全县504家农民专业合作社和12616名社员的生产经营情况进行调查，并逐户建立信贷档案。档案内容主要包括合作社和农户的主要资产（流转土地等不动产、农业机具）、经营范围、生产发展能力、资金需求等。

二是对农民专业合作社授信。县农村信用联社贷款审批小组对农民专业合作社的申请、资金实际需求、还款能力、信用记录、担保情况等依据贷前调查相关规定进行调查核实，提出初步授信方案，报请县农村信用联社信贷管理部门审查后，提交县农村信用联社贷审会审批，决定是否同意授信，并确定授信额度。授信额度的确定主要考虑农民专业合作社联保基金金额、不动产、农业机具抵押等因素。各乡镇农村信用社依据县农村信用联社贷审会授信批复与各农民合作社签订合作授信协议。如监利县黄歇镇兴华农业机械专业合作社向农村信用社交纳联保基金40万元，按1:5比例放大为200万元，再加上其购置的9台插秧机折旧后评估价80万元可作为抵押，县农村信用联社贷审会最终对该合作社授信总额确定为280万元。在此授信额度内，该社16名社员都有权申请农民专业合作社农户贷款，但总额不得超过280万元。

三是农民专业合作社农户贷款发放。首先由合作社社员向合作社提出贷款申请，合作社理事会根据社员的贷款意向、资产状况、经营能力、诚信意识确定该社员的贷款授信额度，并经合作社社员大会批准通过，而且各合作社农户的贷款额度之和不得突破县农村信用联社对合作社的信贷授信总额。农村信用社对其额度审核后，由合作社为农户提供贷款担保并签订担保协议，授信额度记载于合作社社员证，并加盖合作社、农村信用社双方公章后生效。农户持上述本人贷款申请书、合作社社员证、担保协议书到农村信用社办理贷款发放手续，在授信额度内"随用随贷、周转使用"。

四是选择贷款抵押担保方式。各农民专业合作社社员在办理农民专业合作社农户贷款时，可根据自身实际情况，灵活选择一种或多种贷款抵押担保、授信方式。

方式一：社员保证金联保。由各农民专业合作社社员自愿成立联保小组，相互签订联保协议，向农村信用社交存联保基金。联保基金根据社员自身经济实力交存。各农村信用社根据保证金的金额按 5 倍比例放大确定信贷授信额度。按照"社员联保、比例放款、风险共担"的原则，联保小组成员形成信贷连带责任，如果社员不能按期归还贷款本息，由合作社的联保基金先行代为偿还。

方式二：农民专业合作社自有资产抵押担保。以农民专业合作社自有的不动产、农业机具、农户入社交纳的股本等作为抵（质）押资产提供担保。

方式三：农民专业合作社社员土地（水面）经营权抵押担保。合作社农户以土地（水面）经营权为抵押，在当地政府办理合法有效的登记和评估后，以合作社为单位与农村信用社签订担保协议。农村信用社在对土地（水面）经营权价值评估的基础上确定放贷金额。

五是简化操作环节。农民专业合作社农户凭加盖有双方公章的合作社社员证，就可以就近到农村信用社柜台直接办理贷款手续，在授信额度内"随用随贷、周转使用"。同时，还可以根据自身贷款用途与农村信用社自由商定贷款期限。各农村信用社对农民专业合作社农户贷款实行"资金优先、利率优惠"，贷款利率较其他贷款在上浮幅度上下调15% ~ 30%。

六是延伸信贷风险控制。建设好农民专业合作社这个载体是办好合作社农户贷款的一个关键，为此，人民银行监利县支行和监利县农村信用联社在多次召开农户座谈会的基础上，帮助各合作社制定了配套的《社员信贷管理办法》。办法对社员的权利和义务进行了规定，对社员的生产经营环节、销售环节、还款环节进行规范管理，主要包括社员信用等级的评定、社员遭受天灾人祸后的救助、共助措施和还款措施、信用奖励措施等，以解决社员在遭受风险后遇到的困难。

三、主要成效

（一）较好地解决了农民专业合作社农户贷款难、贷款贵难题，促进了农民专业合作社的发展

农民专业合作社农户贷款的开办使合作社农户迅速得到了信贷支持，扩大了生产规模，有力地支持了监利县水稻种植、生猪、水产养殖业发展。监利县农村信用社累计发放农民专业合作社农户贷款4138万元，支持水产品养殖户331户，金额2090万元，水稻种植户420户，金额2048万元，2013年共发放合作社农户贷款2100万元，带动3.8万户农户增产增收，人均增收650元。

（二）充分调动了三方积极性

一是调动了各农村信用社支农积极性。由于农民专业合作社农户贷款较好地解决了农户担保抵押问题，同时通过各农民专业合作社不断优化自身治理结构和信用建设等，进一步拓展了农村信用社信贷风险防控能力，从而有效地提高了农村信用社放贷积极性。在合作社农户贷款的带动下，仅2014年5、6两个月，监利县农村信用联社就新增农户贷款1652万元，比上年同期多增1560万元。二是调动了各农民专业合作社服务社员的积极性。在农村信用联社的信贷资金支持下，合作社通过帮助社员提供产前、产中、产后的各种服务，在方便社员的同时，自身也获得一定的积累，增强了合作社做大做强的自信心，提升了合作社的知名度，增添了合作社理事会成员的成就感，促进了合作社不断加强和改进服务的积极性。毛市镇沙湖河蟹养殖专业合作社在获得农村信用社60万元的支农贷款后，购置了运输水产品的汽车，将河蟹等水产品运送到武汉、长沙等大中城市销售，取得了较好的经济效益。三是调动社员入社积极性。社员入社就可以在农村信用社取得额度较大的担保贷款，可以享受到比非社员更优惠的贷款利率，也可以在合作社获得各种服务。在合作社农户贷款先行试点的新沟镇、毛市镇，农民加入合作社的热情空前高涨。据县经管局统计，2014年上半年两地新成立合作社6家，新增社

员 7600 多人。

（三）促进了农业结构调整，推进了农业产业化生产

近两年来，在地方政府的政策支持下，监利县农民专业合作社紧紧依托县域农业资源优势，主要集中发展优质稻、水产、畜禽、林业四个板块，大多农民专业合作社都与监利县的农业产业化龙头企业如福娃集团、温氏畜禽养殖集团等签订了产品订单。以试点的隆欣农产品专业合作社为例，该社是监利县"优质稻米产业工程"的一个示范单位，种植的水稻为全县万亩吨粮田优质高产示范基地，所生产的水稻全部被国家级农业产业企业福娃集团所收购。合作社农户贷款的推行进一步加强和改进对农民专业合作社的金融支持，有利于延长产业链条，降低交易成本，进一步增加农民收入，支持新农村建设；有利于贯通"公司＋基地＋农户"的金融支农链条，促进了农业产业化生产，有利于监利县农业结构调整，把优势产业做大做强，打造"全国优质稻第一县"，争创"全省水产强县"。

孝昌县金融支持大别山扶贫开发模式

一、背景

孝昌县是集老区、山区、库区、贫困地区于一体的国家扶贫开发工作重点县，是大别山连片特困地区重点县，是湖北省委、省政府确立的第二轮扩权县，也是大别山革命老区经济社会发展试验区"6 + 2"成员县及大别山经济社会发展试验区初期启动的重点贫困县。全县共有重点贫困村 107 个，贫困农户 14.18 万人。据 2014 年 3 月融资需求调查统计，全县新型农村经营主体和贫困农户的信贷资金需求近 6 亿元。

针对孝昌经济发展缓慢，经济结构不优，农村经济发展滞后，贫困人口多，贫困面广的实际，孝昌县金融部门依据地方政府经济发展规划，围绕如何脱贫致富、扶贫攻坚，探索专项扶贫、行业扶贫和社会扶贫合力攻坚新格局，推出了"深度融入 + 梯度推进"的金融支持扶贫开发模式，有力地支持了全县贫困农户脱贫致富奔小康。

二、模式介绍

"深度融入 + 梯度推进"金融扶贫开发模式是指针对孝昌县域各类扶贫对象及扶贫工作中"大分散、小集中"的特点，在地方政府的推动下，整合扶贫资源，财政部门、劳动保障部门、人民银行等单位加强对扶贫工作的政策指导和业务督导，强化信贷政策与产业政策、财税政策、招商引资政策的协调配合，积极搭建扶贫开发平台，通过财政扶贫资金的大力扶持、社会资金投入撬动金融资金投入，创新投入机制，畅通多元化融资渠道，突出抓好新型农村经营主体和妇女创业、青年村官创业、保障性安居工程等弱势群体的金融扶持，形成政府主导、部门帮扶、金融支持、企业参与的全社会扶贫开发工作合力。

三、主要做法

（一）政策指引 + 措施跟进：突出政策落地有着力点、措施跟进有针对性

1. 政策叠加引领金融扶贫。根据《中国农村扶贫开发纲要（2011－2020年)》、《中共中央办公厅国务院办公厅印发〈关于创新机制扎实推进扶贫开发工作的意见〉的通知》和中央"一号文件"关于金融扶贫开发的相关要求，围绕扶贫攻坚目标，孝昌县政府先后出台了《金融扶弱工程实施方案》、《强化激励措施助推山区经济强县建设的意见》、《实施信贷资金回流工程支持县域经济发展的若干意见》等6个针对性强的落实措施文件，综合运用财政、税收、补贴、奖励等经济手段，建立优惠政策支持体系，引导和促进金融资金和其他社会资金向县域经济及其扶贫领域回流。

2. 措施配套推动金融扶贫。人民银行孝昌县支行注重发挥金融杠杆作用，综合运用涉农信贷导向评估、《新增存款一定比例主要用于当地贷款考核办法》、《农行"三农"事业部试点考核办法》、《农村信用社专项票据兑付监测考核办法》等政策，提请县政府出台《金融机构信贷奖励办法》，合理运用信贷政策导向评估考核结果，引导涉农金融机构加大支农力度。同时，注重发挥财政和信贷资金的联动作用，以较少的财政资金带动更多的金融资源，近三年，全县金融机构累计投放农户贷款 4.82 亿元、投放农业贷款 25.3 亿元；全县累计投入财政扶贫开发资金 1.35 亿元，带动信贷资金 4.8 亿元。

（二）连片开发 + 金融普惠：突出金融扶贫产业化推进、金融普惠无缝化对接

1. 金融支持整村推进突出特色化。一是积极引导政策性金融机构加大对基础设施建设的投入力度，提高融入大别山红色旅游圈的交通保障能力。如

银行贷款 2000 万元支持金盆水库加固改造，投资 8000 万元用于澴河污水治理，让老百姓享受到碧水蓝天。二是综合运用支农再贷款、差别化存款准备金率、支付清算等手段和工具，对重点贫困村实行金融特色化扶贫，重点对苗木花卉、"四大养殖"、茶叶等项目实行切块培植，累计对 11 个重点贫困村投入 4200 万元，支持 10 个茶叶合作社壮大成为孝感市辖内首户合作社联社。如组建的全县首家茶叶专业合作社联合社，由县农商行和村镇银行新增贷款 1200 万元，入社茶叶企业 10 家，组织种植户 50 多户，带动 1000 余人就业。

2. 金融支持连片开发突出产业化。重点扶持特色基地做出品牌，扶持龙头企业做大做强，带动贫困人口增收。孝昌县金融机构对接 32 家农业产业化龙头企业、38 个扶贫项目、近 2 万户贫困农户，为 6 万人创造了就业机会，取得了良好的经济效益和社会效益。2013 年以来，累计贷款贴息 403 万元，推动涉农金融机构对示范带动作用强的龙头企业贷款 3.6 亿元，放大"公司＋基地＋农户"模式效应，6000 多户贫困农户受益，人均年增收 8200 元。

[案例] 创新"村企共建"扶贫贷款模式，依托龙头企业带动贫困农户脱贫致富

湖北鸿翔农业发展有限公司是一家集种鸭饲养、种蛋孵化、饲料加工、肉鸭养殖、活鸭屠宰、熟食加工、羽绒加工、沼气、有机肥加工、产品销售于一体的全产业链大型省级农业产业化龙头企业。建设银行孝昌县支行推出了村（重点贫困村）企（农业龙头企业）共建链式金融扶贫模式，贫困村用扶贫项目资金，公司用银行信贷资金按一定比例合资建设农产品生产基地，然后租给贫困农户经营，公司负责农户经营指导和农产品收购，整合资金和技术要素，最低限度地降低农户经营风险，从而带动贫困村的贫困农户脱贫致富。建设银行孝昌县支行向该公司投放贷款 1.5 亿元用于建设农产品生产基地。孝昌县陡山乡林河村是重点贫困村，该村 38 岁村民林某曾经是贫困农民的典型代表：文化水平不高，家里人均不到一亩地，种地只能混个"肚儿圆"。前些年林某夫妇俩南下打工，辛苦一年刨去开销也没落下几个钱。2012 年，林某回到家乡，承包了"村企共建"的两个鸭舍，年纯收入十余万元，生活条件大大改善。

3. 金融设施扶贫突出普惠化。一是以推动人民币服务城乡一体化为目标，探索形成人民币基础服务不出村，残损币兑换、零辅币调剂、人民币鉴定等不出乡，维权不进城的"三不"工作模式，让人民币服务真正"接地气、惠民生"。在全县建立惠农联系点1254个，乡镇中心集镇POS机、ATM覆盖率达100%。二是以开展金融扶弱为抓手，通过农户小额信用贷款、联保贷款等方式，有效解决2652户特色种养农户短期资金不足问题；联合劳动部门、扶贫办、金融机构等建立"促就业小额贷款＋创业培训＋信用社区"长效扶贫机制，推动农民工创业贷款、妇女创业贷款、农民专业合作社贷款等金融扶弱活动持续进行，支持就业创业工作。

[案例] 率先启动工会会员小额担保贷款，助推大学生创业

2014年8月27日，全省暨孝感市工会会员小额担保贷款发放仪式在孝昌县丰山镇大唐生态园成功举行。邮储银行孝昌县支行通过县总工会800万元贴息担保资金，发放工会会员小额担保贷款，大力扶持下岗失业人员、返乡农民工、大学生创业就业。程某是孝昌县丰山镇冠昌源果品专业合作社成员，也是工会会员，大学毕业打拼数年后，2011年回家乡从事早蜜桃种植，但缺乏创业资金，邮储银行为其发放工会会员贷款10万元，不仅解决了创业时的燃眉之急，而且发起组建了湖北七仙红林果合作社联社。程某表示，将用好每一分钱，努力将合作社品牌做成湖北名牌、中国驰名商标，并带领更多的农民走上共同富裕之路。截至目前，邮储银行孝昌县支行已为全县104名创业人员发放工会会员小额担保贷款936万元，培育出冠昌源农业合作社、新龙苗木花卉产业基地等一大批创业成功典型，辐射和带动周边群众发家致富，产生了支持一名能人、培植一个产业、带富一方群众的良好效应。

（三）目录管理＋信贷跟进：突出金融扶贫项目选择更精准，信贷投入作用更有效

1. 紧盯国家扶贫项目目录，做到扶贫项目落地在哪里，金融信贷就跟进到哪里。2013年以来，上级政府下达孝昌县扶贫项目279个、扶贫资金4896万元，金融机构跟进项目63个，投入信贷资金1.5亿元。

2. 编制中小微资金需求目录，促进信贷跟进。及时组织举办金融支持大别山发展银企对接会、金桥工程信贷行等银企对接活动，实现融资需求与信

贷资金的有效对接。2014 年，全县 20 家企业与金融机构签约授信达 3.03 亿元，目前履约 2.56 亿元，履约率 84.5%。

3. 建立农村四类新型经营主体动态目录，定向信贷跟进。建立产业化龙头企业、农民专业合作社、家庭农场、专业大户四类新型经营主体营销目录，对口开展金融服务，相继推出了林权质押、仓单质押、应收账款抵押等信贷创新产品，解决了新型经营主体融资难、融资贵、融资慢的难题。金融机构累计对全县 17 家农业产业化龙头企业、10 家农民专业合作社、23 家种养大户贷款 2.94 亿元。

[案例] 发放林权质押贷款助力生态农业发展

孝昌县顺达农特有限责任公司是一家专门从事茶叶种植的农业产业化龙头企业，由于扩大种植面积和经营规模，缺乏流动资金，因不能提供合格抵押物出现融资难，孝昌农商行以该公司的茶业林地使用权作质押，为其办理了期限 3 年、金额 150 万元的林权质押贷款，解决了企业发展的资金燃眉之急。目前，该公司生产各级别茶叶约 8000 多斤，利润总额达 100 多万元，并帮助白沙镇王山村 200 余农户实现就地就业、创业，带动了一批能人致富。

（四）龙头引领＋集聚合力：突出行业龙头作用促连片开发，聚合三类资金促扶贫推进

县政府组织相关部门，积极参与和引导由财政、农业、民政、劳动保障、保险等部门组成的扶贫领导小组的金融活动，发挥扶贫资金、信贷资金和社会资金的联动促进作用，为连片开发、龙头企业引领扶贫探索新路。人民银行县支行、县扶贫办、财政局建立健全了《扶贫到户贴息贷款管理办法》。加强贷款跟踪监测，确保信贷资金放得出，收得回，有效益。严格把好扶贫贴息贷款企业数据的审查核实关口，提供真实贷款贴息数据，保证项目、企业扶贫的最大效益。

[案例] 创新"公司＋农户"保证贷款，助推企业发展壮大和农户发家致富

湖北诺克特药业有限公司是一家集中药材种植、收购、加工、销售、进出口业务为一体的高科技生物医药省级农业产业化龙头企业。湖北银行孝昌支行创新了"公司＋农户"保证贷款模式，对 120 户农户（其中贫困农户 15 户）投放贷款 1200 万元，农户种植银杏等药材基地 1000 多亩，公司采用订

单农业方式回收农产品，农户种植资金有公司保证贷款保障，公司全程服务农户生产，按订单收购农产品，种植农户没有后顾之忧，2013年种植农户人均年纯收入比上年增加1.5万元，直接带动15户贫困农户脱贫致富。2013年公司完成销售收入1.3亿元，实现利润2760万元，上缴税收1180万元。公司先后被授予"高新技术企业"、"工信部知识产权应用示范企业"等6项荣誉称号。

（五）优化金融生态＋金融培训：突出金融投入的回报与保障性，受扶对象发展的长期性

1. 扶持金融机构发展。县政府制定出台融资优惠政策，县财政局增资2000万元，引入民间资本充实担保公司资本金达到1亿元，对新引进金融机构给予奖励，对中小微企业办理抵押贷款仅收工本费25元，对金融机构扶持涉农企业投放贷款按其利息收入的10%给予奖励。通过开展信用村、信用乡镇、信用户等信用创建活动，引导金融机构加大投入，形成信用引导资金投入，资金投入推动信用提高的良性格局。近年，先后引进成立1家村镇银行、1家担保公司、5家小贷公司、3个农村资金互助组织。

2. 开展金融教育宣传。人民银行孝昌县支行联合县人社局开展创业信贷知识培训，让企业了解如何使用金融产品。开展征信知识培训，加强扶贫对象信用积累的运用。开展金融知识进企业、社区、学校"三进"活动，提高居民理财水平。开展了金融IC卡、大小额支付结算、企业信贷产品创新、多元化融资资本市场建设、跨境人民币结算、反洗钱等方面宣传教育300多场次，提高了扶贫对象了解金融、运用金融的水平，扩大了金融在社会公众中的影响力。

3. 推动大学生村官创业结对帮扶活动。涉农金融机构信贷员到贫困村驻点，对16名大学生村官创业实行一对一帮扶，对其中8名大学生村官发放了150万元创业贷款，涉及救心菜、茶叶、果品种植、养猪、花木苗卉等项目。如农商行对邹岗镇香铺村村支部副书记、大学生村官喻峰提供5万元贴息贷款，支持其发展集无公害种植、绿色养殖、农家游于一体的生态农业项目，受到多方好评。

四、主要成效

（一）促进了县域经济金融同步快速发展

截至 2014 年 9 月末，全县地区生产总值为 70.3 亿元，地方财政收入为 6.5 亿元，分别同比增长 6.7%、16%，减贫人口 1.6 万人。在扶贫开发进程中，金融业获得同步发展，2014 年 9 月末各项存款余额 126.4 亿元、贷款余额 39.4 亿元，分别同比增长 19.3%、30.8%；金融业实现盈利 14758 万元，同比增盈 4454 万元。孝昌县政府被省政府授予 2013 年度全省最佳金融信用县。

（二）促进了金融创新大发展，金融服务更优化

先后开发和应用金融创新产品 20 多种，共有 116 户中小微企业通过创新获得 23.6 亿元信贷支持。农商行"村村通"，农业银行"金穗通"，建设银行"裕农通"等助农取款业务相继下沉农村边远村庄，共在全县 444 个行政村建立惠农联系点 1254 个、发放惠农卡 35.4 万张，较好地解决了金融服务"最后一公里"问题。县农商行被人民银行总行授予"农村支付结算先进单位"称号。

（三）实现了扶贫资金、信贷资金、社会资金联动投入共同发展

金融机构对接 16 家规模企业、32 家农业产业化龙头企业、38 个扶贫项目、近 2 万户贫困农户发展，创造就业人数近 6 万人，带动 4.8 亿元社会资金主动跟进，参股鸿翔养鸭、大发肉鸡、冠昌源果品等 8 家产业化龙头企业和 30 家专业合作社，受益贫困农户 6000 余户，人均年增收 8200 元，取得了良好的经济效益和社会效益。以社会资金为主组建的郭氏基金会以"脱贫困、奔小康"为使命，先后在孝昌县实施了 180 个建设项目，投入资金 3000 多万元。

钟祥市开办 "家庭农场主" 贷款

一、背景

随着城镇化发展步伐的加快，钟祥农村地区逐步出现了大量家庭农场等新型农业经营主体，金融需求十分旺盛，但"融资难"仍然是制约新型农业经营主体发展的主要瓶颈。农业银行钟祥市支行通过深入细致的市场调研，创新推出了"家庭农场主"贷款项目。该贷款模式以土地流转承包经营权为抵押担保方式，以农村经济管理局为土地注册登记平台，为家庭农场主提供强有力的信贷支撑，有效破解了"三农"融资瓶颈，推动了全市新型经济组织快速健康发展和农户收入水平的提升。

二、产品介绍及流程

（一）产品介绍

家庭农场贷款是农业银行钟祥市支行对流转土地300亩以上、流转期限在8年以上，从事农业规模化、集约化、商品化生产经营，并以农场收入为主要收入来源的家庭农场，以土地承包经营权抵押、房地产抵押等多种担保方式发放的贷款。

家庭农场经营范围为粮食、油料、棉花、蔬菜、水果、食用菌等农业产业。具有三个类型：一是规模型。主要是机农结合和种养结合家庭农场。在种植的基础上发展养殖来提高经营效益。二是集中连片型。主要是依托农民专业合作社开展集中连片式的种养经营。种子、农药、化肥等农资物品由合作社统一采购，菜地田间管理由合作社技术人员进行辅导、监控，种出的蔬菜由合作社包销。三是集约经营型。由家庭农场组合形成的家庭农场联合社，推行集约化管理，开展农资联购、农机使用调剂、农产品销售、育秧插秧及融资等综合性服务。

（二）业务主要流程

家庭农场主申请—农业银行调查—农业银行审查审批—资产评估抵押—贷款发放—贷后检查—贷款回收—考核结账。

三、主要做法

（一）对接政策，创新产品

金融产品创新是业务持续发展的有效手段，只有不断满足客户多样化的金融需求，才能使自身保持旺盛的生命力与竞争力。针对家庭农场这一新型农业经济组织的出现，农业银行钟祥市支行积极创新产品、及时搞好对接。一是制定管理制度。在广泛调研、市场论证的基础上，制定了《家庭农场贷款操作办法（试行）》，并形成家庭农场主贷款实施方案。二是寻求政府部门支持。积极向当地政府、人民银行汇报，获得相关职能部门大力支持，建立了土地流转承包经营权抵押登记平台。三是拓宽了担保渠道。在土地经营权抵押的同时，创新推出"公司＋家庭农场"、"农民专业合作社＋家庭农场"及担保公司担保等方式，以解决家庭农场融资担保瓶颈。

（二）组建专班，强力营销

为确保"家庭农场主"贷款迅速惠及专业大户、家庭农场，农业银行钟祥市支行及时成立了"家庭农场主"贷款营销服务团队。各网点客户经理迅速建立"家庭农场主"目录档案，由管户客户经理及所在网点形成"1＋17"维护及信息反馈体系，对客户需求及时调查及时申报。

【案例】农业银行钟祥市支行实施三农事业部制改革以来，首先是重新搭建了组织架构，实现了团队服务与产业结构的有效对接。该行基于业务特色鲜明、业务指向具体的思路，将钟祥产业结构细分为八大板块，为实现各产业板块有效对接，打破原有组织架构，设立"五部八团队"的营销体系，构建了农产品加工、磷化工金属、综合产业、机构客户、系统客户、种植业、养殖业、个体工商户八个经济板块的服务体系，实现专业团队、专项产品、专业营销、专门考核的"四专"经营模式。

（三）优化流程，强化服务

"家庭农场主"贷款产品的启动，引起了专业大户及家庭农场主的高度关注与青睐。农业银行钟祥市支行着力优化信贷流程，推行限时服务和承诺服务。客户从申报到审批7个工作日发放到位，打造农业银行信贷品牌。

【案例】地处柴湖与旧口两镇交界的农场主吴某，拥有流转土地2000亩、养殖水面270余亩，为提高种植效益、扩大养殖品种，向农业银行钟祥市支行申请贷款200万元。农业银行及时调查，认为其从事养殖时间较长，且已注册家庭农场，担保抵押合规，可以贷款准入。经过合同公证，资产评估公司评估等抵押程序后，在5个工作日内就以土地承包经营权作为抵押向其发放贷款200万元。2014年夏秋之际遭遇干旱，由于得到农业银行的大力支持，家庭农场主吴某及时购买抽水设备，抢修了沟渠，使种植的1000多亩玉米及时缓解旱情喜获丰收。同时，吴某水产养殖效益良好，循环养殖的黄鲇、黑鱼、鮰鱼等特色鲜鱼俏销荆门、襄阳、武汉、河南及四川等地。预计到2014年底种植养殖业可获纯利200多万元。事后，吴某对附近的农户说"老天不下雨，农业银行就是我的及时雨"。

（四）引领带动，扩大影响

农业银行钟祥市支行创新推出"家庭农场主"贷款项目后，围绕"找准、做实、出亮点"的服务"三农"工作思路，针对家庭农场的不同情况，相继创新推出了林权抵押、船舶抵押、"集中连片"批发式以及小企业联保等抵押担保方式，最大程度地满足了全市家庭农场旺盛的资金需求，促进了其快速发展。"家庭农场主"贷款模式推广以来，农业银行钟祥市支行的信贷支持力度明显加大。截至2014年6月末，农业银行钟祥市支行共发放家庭农场贷款25户，累计发放贷款2400万元。

【案例】胡集镇向岗村家庭农场主李某，拥有流转土地2000余亩，前几年由于缺乏资金投入，一直处于粗放经营，农场种植业经营效益不高。农业银行种植业团队得知情况后，及时深入到该农场了解经营种植模式及其效益情况，以掌握信贷支持的第一手资料。为解决李某家庭农场金融需求，农业银行以土地流转承包经营权为抵押担保方式，以农村经济管理局为土地注册登记平台，于 2013 年向家庭农场主李某发放贷款 100 万元，使其及时购买种子、化肥及大型农业机械。随着此笔贷款的成功发放，标志"家庭农场主"贷款全省首笔启动。2013 年底，从胡集镇传来农场主李某丰收喜讯，由于实行大型机械作业，农产品全面增收，共收获小麦 40 多万公斤、花生 10 万公斤、玉米 35 万公斤，获纯利 90 万元，分别比上年增长 70% 和 125%。到 2014 年 9 月底，李某家庭农场已流转土地 12000 亩，农业银行投放贷款已达 400 万元。

四、主要成效

农业银行钟祥市支行家庭农场贷款项目促进全市新型农业经营主体发展，有力地推动了全市农业向产业化、集约化、市场化方向发展。

（一）促进了新型经济组织发展壮大

家庭农场是城镇化推进发展的必然产物。农业银行钟祥市支行顺势而为，主动对接，特别是"家庭农场主"贷款模式推广以来，农业银行钟祥市支行的信贷支持力度明显加大。这种服务"三农"的正确导向，促进了全市以家庭农场为主的新型经济组织不断发展。截至 2014 年 6 月末，钟祥市已注册家庭农场 38 家，有效推进了全市农业生产向专业化、规模化转型。

（二）带动了"家门口"劳动就业

农业银行钟祥市支行通过"家庭农场主"贷款模式支持，培育了一批有带动力、影响力的专业大户，附近的老百姓再也不到外地打工了，为一部分农村富余劳动力在"家门口"解决了就业问题。

（三）产生了巨大的社会效益

农业银行钟祥市支行创新的"家庭农场主"贷款模式，得到农业银行湖北省分行党委副书记、副行长刘永生同志的批示："钟祥农行家庭农场贷款做法很好，值得全省推广"。该创新产品被人民银行武汉分行评定为"湖北省县域金融创新产品一等奖"，得到《金融时报》、《农村金融时报》、《农民日报》、《中国城乡金融报》及湖北卫视等新闻媒体高度关注及专题报道，中央电视台《新闻联播》、《朝闻天下》分别以"土地住房可贷款，春耕生产增添新动力"及"谷雨时节好种田，改革催生春耕新变化"为题，进行了头条报道，提升了金融服务"三农"形象，实现了"农业得发展、农民得实惠、银行得效益"的良好局面。

随县创新 "菇农贷" 信贷模式

一、背景

随县作为全国最大的食用菌生产和出口基地，拥有200多个食用菌专业村、近百户香菇加工厂，全县30%的农户70多万农民从事食用菌种植。随着随县香菇产业的快速发展，菇农、香菇收购商资金需求日益旺盛，融资需求时常得不到满足。针对香菇种植农户融资难题，建设银行随县支行积极开展产品创新，推出"菇农贷"信贷模式，较好地解决了菇农经营中的资金缺口问题。

二、产品介绍

"菇农贷"是非涉农金融机构对与其合作的香菇龙头企业所推荐的信用良好的菇农或香菇收购中间商发放的400万元以内的、贷款期限为1~3年的生产经营贷款。该产品采取"香菇收购商或种植户＋香菇龙头企业＋担保公司＋商业银行"的模式，在香菇龙头企业推荐和信用担保公司提供担保的前提下，通过实行服务"绿色通道"，为菇农、香菇收购商提供优质高效的信贷服务。产品的主要特点：

（一）无需抵押，破解菇农贷款难

考虑到菇农及香菇收购商抵押担保不足的实际情况，"菇农贷"引入了"担保公司＋龙头企业"的双方担保机制，由香菇龙头企业推荐与其交易量大、合作时间长、信用好的客户，担保公司提供担保。同时，香菇龙头企业要按贷款余额的5%实时追加保证金；贷款一旦逾期，贷款行有权直接扣划保证金进行风险缓释。对于贷款数目较小的少数菇农，亦可以灵活选取三户联保，由香菇龙头企业提供全程全额的第三方保证。双重保证有效缓解了菇农及收购商贷款难的问题。

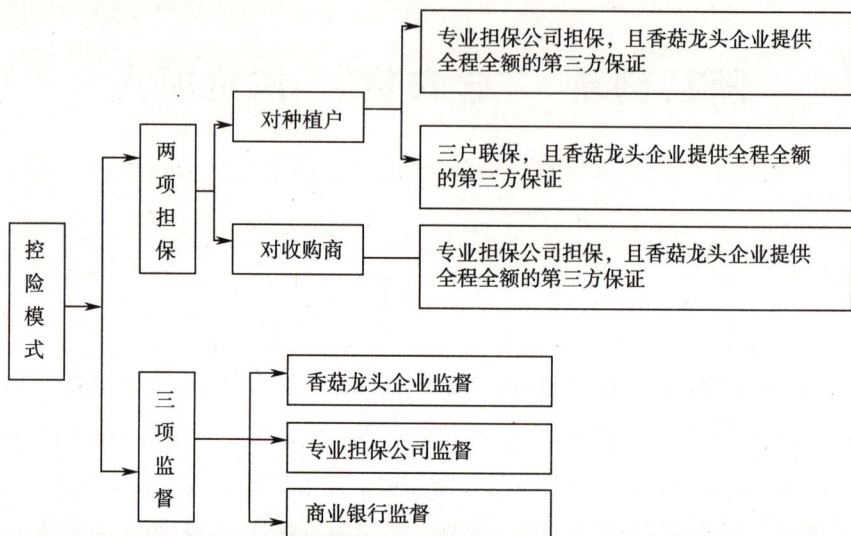

```
              ┌──────────┐          ┌───────────────────────────────┐
              │          │   对种植户 ├─────→│ 专业担保公司担保，且香菇龙头企业提供 │
              │          ├──────────┤      │ 全程全额的第三方保证            │
              │          │          └─────→├───────────────────────────────┤
       ┌──────┤  两项担保 │                │ 三户联保，且香菇龙头企业提供全程全额 │
       │      │          │                │ 的第三方保证                  │
 ┌─────┤      │          │   对收购商 ├─────→├───────────────────────────────┤
 │控险模式│      └──────────┘          │ 专业担保公司担保，且香菇龙头企业提供 │
 └─────┤                              │ 全程全额的第三方保证            │
       │      ┌──────────┐          └───────────────────────────────┘
       │      │          ├─────→ 香菇龙头企业监督
       └──────┤  三项监督 ├─────→ 专业担保公司监督
              │          ├─────→ 商业银行监督
              └──────────┘
```

[**案例**] 三里岗镇墩子河村农民王某，家庭十分贫困，全家靠种植香菇糊口。王某一直想获得银行贷款支持，扩大种植面积，但苦于没有贷款抵押物且银行对种植业贷款条件较高，多次申请贷款无果。2013 年，在了解到建设银行随县支行菇农贷相关政策后，王某通过菇农贷联保贷 15 万元。2014 年，王某扩大再生产，建设银行随县支行又给予 35 万元的资金支持。目前，王某已成为当地有名的香菇种植大户，年收入过 20 万元，家里还建起了二层的小洋楼。

（二）完善放贷流程，破解菇农贷款手续繁

"菇农贷"进一步完善放贷流程，简化手续。贷款行根据香菇龙头企业提供的推荐名单，快速对贷款需求客户实行批量审批和担保核准后，限时办结贷款发放，大大提高了菇农及香菇收购商获贷效率，满足了种植性产业的季节性要求。

[**案例**] 近日，随州三里岗的菇农卢某拿到了 150 万元的贷款用于香菇收购，而以往这个时候却是她为钱发愁的时间。在以前，香菇很便宜的时候，卢某因自己没有资金所以买不下来，急得焦头烂额。而在随州，像卢某这样的香菇经纪人有 3000 人，他们一头连着香菇种植户，一头连着当地龙头企

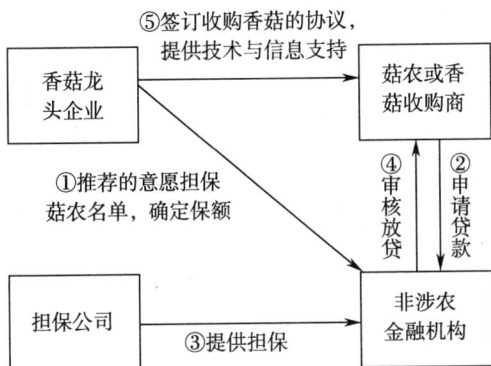

业，每年经手的香菇大约有21亿斤，收购来的湿香菇经过初选和烘干以后再供货给当地的龙头企业进行精深加工，最后才会进入消费市场。而这些香菇经纪人的资产除了香菇就是制菇设备，难以作为金融机构的放款抵押，在大城市通用的住房抵押贷款在农村也难以实现。在很多农村，农民的宅基地没有办证，是不符合银行的贷款发放条件的。建设银行随县支行前往该户通过实地调查，了解基本情况后，通过其生意伙伴和朋友作为还款保证人后，客户经理连夜准备信贷材料，第三天便将150万元"菇农贷"送到卢某手中，为其解了燃眉之急。卢某每天的香菇收购量可以从1000斤增长到3000斤，年收入预计将翻番。

（三）量身打造贷款规则，破解菇农贷款金额小

为解决香菇收购商及经营香菇的家族式小企业对大额资金的需求，确保菇农与收购商在生产经营过程中不"差"资金，针对香菇种植及收购特点，贷款行为菇农及收购商量身打造贷款规则。一是在确定贷款额度时考虑生产经营能力。根据收购商、种植户的生产经营能力，设计了合理的授信方式，对香菇收购商，原则上单笔贷款金额不超过400万元；对香菇种植户，规定单笔金额不得突破100万元。二是在确定贷款期限时兼顾香菇生长周期。贷款期限基本上为1至3年。还款方式确定了按月付息、到期还款，按月付息分次任意还本，一次性还本付息，等额本息，等额本金等还款方式。

（四）提供信息技术支持，破解菇农贷款使用效率低

为保证所贷资金的使用效率，提高资金产能，香菇龙头企业实时与贷款农户沟通交流香菇种植技术，并在每年香菇适播季节提供需要菌种及产量等

信息。为防范市场风险如市场价格波动等因素造成菇农销路不畅，导致销售回款能力变弱等情况，香菇龙头企业还与借款人签订收购香菇的协议，供货量及收购价格相对稳定，保证借款人销路畅通，降低借款人的市场风险。

[案例] 菇农贷客户周某在三里岗从事香菇行业 23 年，其经营方式为"贩子＋农户"的经营模式，在随县三里岗、岳山、洪山、草店、殷店、河南拥有一大批铁杆香菇贩子和农户。为扩大种植收购经营规模，在建设银行贷款 200 万元，目前年种植收购在 1000 多吨。三友（随州）食品有限公司（以下简称三友公司）作为当地食用菌龙头企业，需要大量生产货源，周某是三友公司的定向长期合作的对象之一。其每年以市场平均价格向三友公司供应 150 吨左右的香菇原料，产品远销马来西亚、泰国、新加坡等东南亚国家和欧美等多个国家和地区。目前，周某的公司运营稳定，销路畅通，年纯收入在 50 万元以上。

三、主要做法

（一）开展调研论证

一是在深入调查了解实际情况的基础上，县政府和相关银行听取香菇企业和菇农的意见及建议，立足当前实际，积极探索新的信贷方式，开展可行性研究。二是通过首笔贷款的发放，以贷款流程是否合理，银行服务是否到位，企业和菇农是否满意为标准，完善各项工作流程。

（二）精心选取试点

一是金融机构的选择。人民银行随县支行经过认真调研，选取非涉农金融机构且信贷产品创新自主性较强的建设银行作为"菇农贷"的实施主体金融机构，向县政府推荐。二是信贷载体的选择。在县政府的积极支持下，建设银行随县支行选择信用度较高、资产实力较强、影响力较大的香菇龙头企业裕国和三友食品公司作为试点对象。

（三）建立规章制度

一是制定指导意见，明确实施对象、目标及效果，确认银行、企业、个人的相关责任及条件。二是出台操作办法。制定《建设银行随县支行"菇农贷"贷款管理办法》，从业务对象及条件，贷款用途、期限、额度与利率，业务具体操作流程，风险控制等方面对相关程序进行详细规定。

（四）大力宣传推广

一是通过随县政府平台的推介、建设银行信贷产品的宣传，多次组织召开产品推介会，宣传产品贷款方式、准入条件、申报流程、风险防范等，为"菇农贷"打下良好群众基础。二是通过典型性企业及个人的龙头示范带头作用，以点带面，逐步推广。

四、主要成效

（一）拓宽菇产业融资渠道，支持"三农"、中小企业发展

截至 2014 年 9 月底，建设银行已对菇农发放 334 笔贷款、余额 18378 万元，累计发放 44079 万元。种植经营后预计产生 2 亿元的收益，极大地推动了随县香菇产业链的发展。

（二）促进菇农就业增收

在"菇农贷"实施过程中，香菇龙头企业起着第三方责任担保的作用，通过建立食用菌标准化种植示范基地提供技术和信息支持。由香菇龙头企业提供标准规模化种植基地、优质菌种、生产技术员，香菇种植户在科学指导下种植香菇，香菇产量比以前零散种植至少增加 2 倍。香菇的质量也得到提升，符合国际 HACCP 和 ISO9000 以及通过国家食品市场监督部门 QS 食品安全认证，企业实现了由"卖资源"发展到"卖精品"的良性转变，收购价格也随之攀升。因此，"菇农贷"产品投放后，更多的农民参与到香菇产业的种植和收购中去，可以利用本市农村剩余劳动力 50 万人次。据调查，贷款菇农收入将增加 1.5 万元以上，企业产值将比之前增加 23.55%。

（三）示范推广作用明显

自建设银行随县支行"菇农贷"产品初显成效后，农商行、中国银行也加入"菇农贷"行列中来。农商行还将这一模式进一步推广运用至木耳行业。"菇农贷"信贷模式为农村金融产品创新提供了新思路，成为创新"三农"融资的一条新途径。

（四）形成银行"竞争＋共赢"的格局

一方面，商业银行进军个人菇业种植贷款，农民、企业等客户便可充分比较各家银行的优势，选择适合自己的银行办理业务，这样势必形成竞争。一旦竞争格局形成，农民、企业的贷款来源不再单一，为竞争到客户，各金融机构都会努力提高服务质量，丰富服务品种，形成"鲶鱼效应"。另一方面，商业银行在提供"菇农贷"的同时，不仅可以获得利息收入，同时优质客户的增加也可大大提升试点银行其他个人产品如借记卡、个人网银、保险、贵金属等产品的销售，提升中间业务盈利空间，最终将实现银行、企业和农户的多赢。

宣恩农村商业银行推广
"555 随心贷" 联保贷款

一、背景

湖北宣恩农村商业银行（以下简称宣恩农商行）于 2012 年初推出 "555 随心贷" 联保贷款。宣恩农商行开发该产品主要基于三方面原因：一是农村新生市场主体快速增长，作为县域支农主力军的宣恩农商行必须抓牢此类市场主体。如宣恩县仅依托茶叶产业而兴起的小型加工企业就达 80 余家，从事茶叶销售的个体经营户达 300 余户。二是新生市场主体规模小，没有达到规模以上企业条件，无法获得政府融资担保平台的支持。三是宣恩农商行规定，对自然人提供的担保最高不超过 5 万元，而新生市场主体融资需求一般在 50 万元至 500 万元，宣恩农商行的信贷政策难以有效满足市场主体的实际需求。

二、产品特点

（一）实行倍数扩张，融资总量增加

"555 随心贷" 的基本内涵是指联保户数控制在 5 户以内（最少不低于 3 户），每户存入联保基金 5X 万元（X 的控制区间为 [0.1，4]），宣恩农商行按照联保基金总额的 5 倍提供担保贷款，单笔联保贷款总额最高控制在 500 万元以内。如愿为借款人提供的担保人为 5 人，每人愿意存入联保基金 20 万元，则联保基金总额为 100 万元，借款人可获得的融资总额就达到 500 万元。因此，借款人可根据联保人的多少来确定需缴纳的联保基金规模，以此获得融资。"555 随心贷" 的倍数扩张功能为借款人获得实际融资创造了基础

条件。

【案例】倍数效应助返乡农民工圆致富梦

沙道沟镇龙潭村瞿某于 2011 年回乡创业后筹建一个标准化的生猪养殖场，需要资金总额 30 万元。在他正为资金犯愁时，宣恩农商行沙道沟支行的管片客户经理找上门来，向他介绍了"555 随心贷"联保贷款产品。瞿某听后眼前一亮，贷 30 万元，按照 5 倍的比例扩大，只需要存款联保基金 6 万元就可行了。而原来最多只能贷出 5 万元贷款。瞿某通过信贷员的介绍看到了希望，当天他便找到 5 位联保人，每人存入联保基金 1.2 万元，获得农商行贷款 30 万元。目前他的养殖场年平均出栏生猪近 2000 头，存栏 500 多头。在他的带动下，已有五户村民养殖规模达到 100 头以上，2013 年这五位养殖户年销售收入都在 10 万元以上。

（二）贷款可循环使用，手续操作简单

"555 随心贷"联保贷款的基本原则是自愿组合、综合授信、周转使用、多户联保、资金归行、单户定额、责任连带。最受市场主体认可的优势是贷款可以循环使用，操作手续简便。借款人实行一次综合授信后可管五年，在五年时间内，不需要再重新办理续贷手续，贷款到期后，只需到承贷行填制新的借据即可，手续简单。同时，在授信范围内可循环使用，随贷随用，可以保证借款人自由合理使用资金。

【案例】贷款循环支持宏玉牧业做大做强

宣恩县椿木营乡宏玉牧业老板李某多年从事生猪养殖，每年年末时，是其最为烦心的时候，归还贷款后需重新办理贷款手续，且办理时间长。2013年 1 月 17 日，李某在宣恩农商行椿木营支行申请办理了"555 随心贷"联保贷款 30 万元，授信期 5 年，贷款期限一年。2014 年 1 月 17 日归还完贷款随即又填制了新的借据，便又从椿木营支行贷款 30 万元。李某逢人便说："农商行这种循环贷款方式好，既方便又适用"。在"555 联心贷"联保贷款支持下，宣恩县宏玉牧业公司被评定为恩施州农业产业化经营重点单位，其养殖规模由原来的 200 头已扩大到目前的 1000 头以上。截至 2014 年 9 月，宣恩农商行椿木营支行累计支持生猪养殖农户 65 户，其中专业大户 5 户，累计投放"555 随心贷"联保贷款 1800 万元。

（三）服务限下群体，支持小微企业发展

宣恩农商行开发"555随心贷"联保贷款的主要目的就是要解决限下，即规模以下的小微企业、"三农"，以及城乡个体经营户等新生市场主体的融资难题。该款产品一经推出，便广受市场主体青睐，得到了市场主体的普遍认可。根据统计，2012年以来，宣恩县鑫植茶叶专业合作社、宣恩县维民茶叶合作社、湖北宏图现代农业公司、宣恩县七姊妹山茶叶有限公司、宣恩县富源农业发展有限公司等12户小微企业在1400万元"555随心贷"联保贷款支持下成为全县规模以上企业。

【案例】助推鑫植茶叶由"限下"飞跃"限上"

宣恩县万寨乡玉荷坪村农民路某依托该村的茶叶产业，在家中开办了宣恩县鑫植茶叶专业合作社，属于典型的弱小群体。由于该合作社没有固定资产作抵押，每年只能投放一般的担保贷款20万元，资金量小难以扶持其做大做强。2012年，该合作社法人路某找到4户联保人，每户存入联保资金2.5万元，获得联保贷款50万元，一下子就解决了生产经营资金需求。销售产值由2011年的100万元飞跃到目前的540万元，实现了由限下到限上的跨越式发展。路某多次表示："没有信用社（宣恩农商行）这款产品的帮助，就没有我的今天。"

（四）利率优惠，融资成木低

宣恩农商行通过利率优惠方式来增加对市场主体的吸引力，对"555随心贷"联保贷款按照不高于自然人担保贷款利率的标准执行。利率优惠采取两种方式执行：一是对现金归行率达到50%以上的贷款实行利率优惠20%；二是对借款人在第一次按期还款后，在第二次申请续贷时，与联保基金等额的那部分联保贷款实行零利率。如借款人首笔贷款按期归还后，假设第二次贷款总额为100万元，联保基金总额为20万元，则需支付利息的贷款本金为80万元，另外等同于联保基金的20万元贷款实行免息。采取此种方式有效降低了市场主体的融资成本。

（五）配套保障措施严密，风险低

风险控制是新的信贷产品得以推进的重要保障。宣恩农商行在试点推行"555随心贷"联保贷款过程中，建立了相应的配套保障措施，风险控制良好。一是将该款信贷产品的服务范围进行了限定，主要以农村实体经济为主，防止资金挪作他用；二是借款人的资金往来全部通过在宣恩农商行开立的账户采取转账结算，不得实行现金结算；三是借款人及联保人的经营基本固定在同类农产品上，便于联保人之间相互了解市场经营情况，有利于防范风险；四是联保小组成员共同对联保贷款承担担保风险。如联保小组成员拒绝承担联保责任，视同存在不良信用行为，即使联保小组其他成员代为偿还后，也不得向宣恩农商行申请贷款；五是按季开展巡查，宣恩农商行要求各乡镇基层行信贷员按季对申请对"555 随心贷"联保贷款的客户经营情况进行巡查，了解其生产经营情况。宣恩农商行信贷科按季分乡镇对"555 随心贷"联保贷款客户进行抽查。由于该款信贷产品具有明显的比较优势和优惠政策，借款人按期偿还贷款的意识强，自 2012 年开办以来，宣恩农商行发放的"555 随心贷"联保贷款不良率为零。

三、主要成效

截至 2014 年 9 月，该贷款模式累计发放贷款 17000 万元，惠及全县 9 个乡镇 230 户农村经营大户，户均贷款 74 万元，预计到 2014 年底"555 随心贷"贷款总额能够达到 25000 万元。

（一）拓宽了市场主体的融资渠道

宣恩县皇贡茶叶有限公司反映，宣恩农商行开办"555 随心贷"业务后，为方便企业融资，拓宽融资模式创造了良好条件。原来贷款需要抵押，或者寻求融资担保公司担保，不仅贷款门槛高，而且审贷时间一般需要 7 天左右。现在企业融资既可以办理抵押贷款，在无抵押物时也可通过"555 随心贷"获得银行支持，既方便又灵活，而且申请时间短。

（二）提高了贷款满足率

"555 随心贷"产品的推出，为有效提高贷款满足率，提高金融业服务水平创造了良好条件。据宣恩县鑫植茶叶专业合作社反映，2012 年以前在宣恩农商行贷款只有 20 万元，与企业的实际需求相差 30 万元，满足率只有 40%。而目前农商行能保证 100% 的贷款满足率。据宣恩农商行负责人介绍，自

"555随心贷"联保贷款开展以来，市场主体贷款的满足率达到了80%以上，较以前提高了约20个百分点。

（三）促进了市场主体的信用意识

宣恩农商行在推行"555随心贷"业务过程中，要求联保成员必须保持良好的信用记录，对于存在不良信用记录的人员，不得提供联保，为净化农村信用环境、提高社会信用意识起到了积极推动作用。2012年，宣恩县高罗一从事建材加工的小企业安居建材有限公司，经营需要流动资金50万元，该企业主在向宣恩农村商业银行办理"555随心贷"联保贷款时，被审查发现3名联保人员中有一名成员存在不良记录，被告之没有通过审贷会审查。该企业主只好临时又寻找了一名具有良好信用记录的联保人员，终于通过资格审查，获得贷款50万元。事后，该企业主发出感慨："信用缺失，融资无门。"近年来，宣恩农商行每年贷款的回收率都达到了95%以上，农户贷款的回收率达到了99%。

（四）促进了银行可持续发展

截至2014年9月，宣恩农商行各项贷款余额达到了121024万元，比年初增加21131万元，增幅达到了21.15%。1月至9月，该行累计发放贷款94871万元，同比多增18238万元。经初步测算，该行全年将实现利息收入1.1亿元，同比增加1493万元，增长15.70%，预计实现利润2400万元，同比增长500万元，增长26.32%。

四、启示

宣恩农商行"555随心贷"联保贷款能够成功试点运行，获得市场主体的认可，与其内生所具备的竞争优势密不可分。"555随心贷"联保贷款的成功实践，为宣恩县未来推动金融服务创新提供了新的思路和方向。

一是开发信贷产品要注重适应性。开发新的信贷服务产品要深入基层，深入市场主体之中，根据市场主体的实际诉求，因地制宜，开发适合市场主体需求的服务产品。一旦开发的信贷产品脱离实际，不能与市场主体有机对接，也就失去了创新的作用和意义。

二是要让利于民。从表象上来看，宣恩农商行开办"555随心贷"联保贷款，实行利率优惠，减少了利息收入，但实际上，宣恩农商行并没有因利率上的优惠而导致其经营效益的下滑。其主要原因是宣恩农商行通过让利于民，转而扩大了市场占有率，规模的扩张效应已远远弥补了因利率优惠产生的息差。同时，通过设置资金归行率考核，不仅为有效防范风险奠定了坚实的基础，而且也为增加低成本资金，吸收更多的存款创造了良好条件，起到了事半功倍的效果。

三是要围绕实体经济做文章。"555随心贷"联保贷款的成功经验显示，唯有支持实体经济的发展，金融业才有生存发展的空间。离开了实体经济，金融机构特别是地方法人金融机构如果采取抓大放小策略，不仅风险难控，而且难以与国有商业银行抗衡，最终将失去应有的信贷市场，得不偿失。

四是要注重培植市场主体的信用行为。宣恩农商行通过推行"555随心贷"联保贷款，对不同的联保人实行信用控制，在一定程度上约束了市场主体不良信用行为的产生，培植了市场主体的整体信用意识。开发新的信贷服务产品应与培植市场主体的信用行为有机结合起来，要将诚信理念根植于市场主体之中，净化社会信用环境，提高全社会的整体信用意识，打造资金注入的洼地。

建始县实施农协平台信贷支农模式

  2008 年，建始县委、县政府特邀中国社会科学院、中国青少年发展基金会、香港光华有限公司等以战略合作联盟方式，在建始县三里乡组建了全国首家农村综合发展协会——河水坪综合农协（简称农协），为农户提供与"三农"有关的金融信用合作等综合性服务。近年来，建始县以农协服务平台为依托，积极开展金融支农模式创新，探索出了一条县域金融服务"三农"的新路。

一、主要做法

（一）以农村信用体系建设为切入点，着力改善农协辖内信用环境

  1. 开展宣传教育，培育诚信文化。一是深入调查，明确工作重点。建始县组织工作专班，深入农协覆盖的 6 个村 64 个村民小组 2160 户和 10 个农村经营组织开展调研，明确了将改善当地信用状况作为首要任务。二是部门配合，建立工作机制。建始县各金融机构、县教育局、团县委及乡镇政府等联合，在大学生村官、乡村能人和涉农金融机构中聘请 27 名德才兼备的金融教育青年志愿者，在农协辖内村组、农户和中小学开展金融宣传教育工作，对村组干部、种养大户、农协会员、非会员农户和在校学学生进行梯级培训。三是搭建平台，定期宣传培训。农协常年设立金融和征信知识宣传平台，农协工作人员和志愿者常年接受咨询。农协所辖各村通过宣传标语、公示牌、村务公开栏等宣传金融知识，并定期更换宣传内容。四是正向激励，树立诚信典型。建始县在农协所覆盖的 6 个村选出 28 名青年信用示范户，在恩施州农村信用体系建设系列活动中现场授牌、现场进行信贷额度授信。近年来，各部门在河水坪地区组织举办了 10 多期金融知识培训班，进行了多次大型金

融知识宣传活动，对农协理事、村组干部和会员农户培训面达100%，300多位非会员农户、400多位中小学生接受了金融知识培训和教育。

2. 建立信用评分平台，推行信用评价。建始县引进人民银行武汉分行开发的农户信用评分系统，结合自主创新的农户信用积分评价指标，将河水坪地区农户信用信息录入到计算机评分系统，建立了电子信用档案。信用评分指标不仅考虑了农户与金融机构往来情况，而且充分考虑当地经济发展状况、民间借贷、诚实经营等其他经济往来信息，通过农户自评、村民小组测评、农协专业人员审评、评分公示等方式评分，农户还可通过系统和公示随时查看自己的信用记录和了解自己的信用状况，大大提升了农户的信用意识。2011年，农协所辖6个村2160户农户信用信息全部录入电子评分系统，系统与农业银行、邮储银行以及农村信用社等涉农金融机构对接共享，使银行借助系统评分的信用等级来确定贷款额度和利率，既疏通了信贷资金进入农村的渠道，又让诚实守信的借款人得到了实惠，使农户信用由被动评价变主动自发评价。

3. 发挥部门合力，共建农村信用体系。在县政府的推动下，人民银行建始县支行将县、乡、村组、农协等各级行政和社会的力量整合起来，明确了信用基础构筑、信用区域创建、信用典型宣传、信用经济社会效应等方面的工作目标和任务，确定了工作职责；政府相关部门将河水坪地区信用评价水平的高低、农户还贷情况纳入对乡镇和农协会员的考核指标，将其作为农协和农村经济专业合作社会员入股、分管乡镇干部政绩考评和乡村干部任免的必要条件，使信用建设与干部、农民切身利益息息相关，有效推动了河水坪地区农村信用体系建设。

（二）以完善金融服务体系为突破口，着力完善农协金融服务模式

1. 增设农协信用部。2011年初，建始县与中国社会科学院政策研究中心、浙江大学、台湾国立政治大学等经过深入调研，引导农协在现有机构的基础上增设了农村金融服务平台——信用部，主要功能是发展河水坪地区微小型农村金融服务事业，通过积聚社会支持资金、"三农"发展资金、扶贫资金、政府项目资金、会员入股资金等开展会员资金融通，为会员提供融资担保平台。该部自开业以来，先后与农村信用社、邮储银行进行了融资担保

合作，累计向 36 个社员借款 282.65 万元，为 6 个村级企业和 83 家农户提供融资担保 685 万元，帮助受重灾生大病、子女上学等 120 余名困难群众脱贫解困，业务惠及河水坪地区 60% 左右的村民，当地农民已经把信用部当成了自家的银行。

2. 建立资金互助社。2011 年建始县扶贫办出资 30 万元，在农协辖内擦擦坡、杨柳两个村建立了村级扶贫资金互助社，由农协负责两社的日常运作。同时，村级资金互助社建立了一整套资金互助的操作流程和风险防范措施，指导农户在借款时合理选择期限、额度和还款方式，确保按时还款。资金互助社把农户个体零散资金集中起来，坚持"民有、民用、民管、民受益和民承担风险"的原则有偿使用。互助资金每股 1000 元，农户入股 500 元，政府配股 500 元，每户农户入股不得超过 2 股；对特别贫困户实行全额赠股，每户 1000 元，对一般贫困户按 8:2 的比例赠股，即每户赠股 800 元，农户入股 200 元。截至 2014 年 6 月，两村互助资金总规模达到 60 万元，两个扶贫资金互助社已累计放款 292 万元。

3. 试点建立村级担保组织。经充分研究论证，2012 年，建始县选取擦擦坡村为试点单位开展村级担保组织建设，当地村委会依托原扶贫资金互助社建立了村级担保组织。担保组织建立后，积极与三里乡农村信用社开展融资担保合作。一是将财政注资作为担保基金开立专户存入农村信用社，农村信用社将担保基金放大 5 倍给予该村融资授信，贷款利率 7.2%，担保费率 1.2%；二是村级担保组织与信用社对贷款客户共同进行贷前审查和贷后管理；三是推动财政部门增加注资，扩大担保能力。目前，财政部门新增注资 5 万元，注资总额达到 20 万元，预留 10% 的风险金后，担保基金总额 18 万元，贷款担保总额达到 90 万元，比原来增加 75 万元，单户单笔贷款额度最高 5 万元，是原来的 10 倍。

（三）以加大"三农"信贷投入为重点，着力创新金融服务方式和信贷产品

1. 开设信合小超市，创新金融服务方式。建始县农村信用社在农协辖内创办了信合小超市，将信用社服务宗旨、信贷服务产品、业务操作流程、工作人员岗位职责予以公示，要求工作人员亮证上岗，实行阳光操作，为农户

提供多功能、一站式服务。截至 2014 年 6 月，三里信合小超市当年共发放贷款 859 笔 2698 万元，办理结算业务 1419 笔 2635 万元，提供业务咨询 1560人次。

2. 开发信贷产品，不断加大信贷投放。一是开办信用积分优惠利率贷款。通过借款人信用积分，确定贷款额度和利率水平。按照《湖北省建始县农村信用社信用积分管理办法》，农户贷款近三年无逾期还本付息记录，信用良好，积 3000 分；近三年在信用社累计贷款每 100 元积 1 分；所在乡镇被评为信用乡镇，积 1000 分；所在村被评为信用村，积 600 分。积分达到 3000分贷款利率下降 1 个千分点，最高优惠 2 个百分点。目前，该品种贷款已占全村农户贷款的 60%，总额达 826 万元。二是推行专业合作社 + 资金账户 +银行信用。专业合作社与银行签订账户资金管理协议，农户与专业合作社签订生产、销售和资金管理协议，银行与专业合作社农户签订借款合同。根据三方协议，银行对专业合作社农户按生产发展需要实行信用方式放款，农户获得的贷款存入专业合作社在银行开立的账户，银行对农户存入专业合作社账户资金的使用进行全程监控，并预留 30% 作为不良贷款准备金。专业合作社销售回笼货款全额存入在银行开立的资金专户，由银行代付农户收购款。同时通知农户归还贷款，农户贷款产生的利息由专业合作社贴补。该产品针对农民专业合作社和专业种养大户迅速发展的状况，把农户信用贷款、公司企业贷款、金融理财服务、金融信用风险融合在一起，有效地解决了农民专业合作组织贷款担保难问题。如农协辖内河水平香米专业合作社以此模式为58 户农户每户贷款 5000 元，共计贷款 29 万元集中用于专业合作社发展。合作社利用此笔资金引进新的加工设备，实行原产地保护和品牌包装，形成"三里香米"品牌，米价从 1.8 元/斤上升到 3.8 元/斤，农民收入大幅提高，专业合作社也得到发展。

3. 延伸服务窗口，提高农村金融服务水平。各涉农金融机构在农协辖内建立了金融服务联系点制度，及时为农业产业化龙头企业、新型农村合作组织提供服务。大力推广转账电话特约服务点模式，依托农业银行"金穗支付通"转账电话功能，将小额汇兑、小额现金存取等业务服务窗口延伸到村组，在农协安装 ATM 2 台和 POS 机 5 部，改善银行卡在农村地区的受理环境，满足农民持卡取现和消费需求。目前，建始县农村信用社、邮储银行、农业银行在农协6个村及部分商户共建立惠农服务联系点和助农取款点17个。

二、主要成效

（一）农民诚信意识明显增强

通过有效深入的宣传教育活动，河水坪地区农民对金融知识更加了解，提高了农民运用小额信贷、农业保险等金融创新工具增加收入、脱贫致富的能力，增强了农民诚实为人、守信经营的意识。截至2013年，该地区农户小额信用贷款到期回收率达到98%以上，个体工商户生产经营贷款收贷收息率均达100%；农协信用部借款和扶贫资金互助社资金互助借款收回率达到100%。农协资金互助部累计发放贷款682笔804万元，累计收回贷款656笔763万元，实现了贷款业务零风险目标。

（二）金融服务水平明显提高

农协成立之初，河水坪地区在县农村信用社、邮储银行取得贷款的仅有368户，贷款余额358万元，剔除商户和大户贷款，农户所取得的贷款支持不到10%，没有移动POS机和转账电话。截至2013年底，该地区获得金融机构贷款户数达到1268户，贷款总额达到1655万元。安装移动POS机5台，转账电话18部，农协辖内6个行政村，拥有金融服务联系点19个，新建农协信用部1个，资金互助社2个，提升了农村金融服务便利化程度，优化了农村支付结算环境。农村金融全覆盖工作得到湖北省政府原副省长赵斌的肯定批示。

（三）农协辖内"三农"经济发展水平明显提升

截至2013年，农协辖内已投资200万元建成母猪能繁基地1个，300多万元芋头加工基地正在投资建设中，有三里香米专业合作社等5家协会组织农民致富。辖内金融机构共支持农户1090户，支持涉农企业8个，兴建农村超市3个，建设农副产品小型加工厂2个，发展规模种植业1.1万亩。支持农村青年就地创业或返乡创业项目4个，促进了农村产业结构升级。2013年该地区农民人均纯收入 8600 元，比同期的 6150 元上升 39.8%。

（四）农村信用环境明显改善

过去，农村信用体系建设主要依托乡镇、村组、涉农金融机构，评判标准主要来源于与金融机构往来信息，信息渠道相对单一，评判结果相对主观。通过建立信用评分平台，信用水平的高低直接涉及农民的切身利益，激发了农民自觉参与信用建设的热情。农协的示范作用有效带动了全县农村信用体系建设。截至 2013 年，全县共建立农户信用电子档案 12 万户，建档面达100%，系统实现了与金融机构、政府部门信息共享。

第二篇
金融支小服务创新

武汉市开办保证保险贷款业务

一、背景

武汉市拥有众多具有自主知识产权和创新型科技型企业，专利申请数量和质量均居于全国同类城市前列，但不少科技型企业却很难从银行获得融资。科技型企业贷款难，难在固定资产少，抵押难；科技型企业也有优势，优势在有知识产权，有前景。针对这一特点，人民银行武汉分行营业管理部积极探索"政府＋银行＋保险"的风险分担机制，联合湖北保监局、武汉东湖新技术开发区管委会共同出台了《东湖国家自主创新示范区科技型企业贷款保证保险业务操作指引》（以下简称《操作指引》），开办贷款保证保险业务，从制度上找到了破解科技型企业贷款难的有效途径。

二、产品介绍

贷款保证保险是指债务人（投保人）根据债权人（被保险人）的要求，请求保险人担保自己的信用风险，并交付保险费。在保险期间内，投保人未能按照与被保险人签订的《借款合同》的约定履行还款义务，致使被保险人受到经济损失，保险人按照保险合同的约定承担赔偿责任。

科技型企业贷款保证保险是武汉市针对东湖国家自主创新示范区内科技型企业的特点，量身定制的一套科技金融创新服务。投保人为示范区内的科技型企业，保险标的为企业的信用风险，保险人为经办该项保险业务的保险公司，被保险人为贷款经办银行。

（一）适用范围

一是适用于东湖国家自主创新示范区内的科技型企业，企业应依法在武汉东湖新技术开发区进行工商注册和税务登记。对科技型企业的认定，参照人民银行武汉分行营业管理部和武汉市科学技术局联合制定的《武汉市科技型企业划型标准》。二是适用于科技型企业申请信用贷款或利用知识产权、股权、应收账款、仓单等质押品申请贷款的贷款品种。

（二）贷款企业条件

申请贷款企业既可由武汉东湖新技术开发区管委会（以下简称管委会）推荐，也可由经办银行或保险公司推荐。东湖示范区信用促进会（以下简称信促会）按照示范区信用评价系统对被推荐企业进行信用评价或按照武汉市《关于开展小企业信用评级试点工作 进一步促进中小企业融资发展的通知》（武政办〔2010〕114号）对其进行信用评级，信用评价或评级达到评价BBB或评级bbb及以上的，可以推荐给经办银行审核是否发放贷款，并根据不同条件确定发放信用贷款或者质押贷款，经办保险公司对贷款进行保证保险。

申请贷款企业还应具备以下条件：符合科技型企业界定的成长型科技企业；企业财务制度健全，管理规范；企业在政府部门（如工商、税务、消防、环保、质检、公检法、海关等）及银行均无不良记录；公司法人或实际控制人及公司高级管理人员无不良信用记录和重大违法违规记录。

（三）贷款及保险额度

单笔（单户）贷款保证保险中，贷款及保险金额限定分为以下三种情况：以纯信用方式申请银行贷款的，贷款及保证保险最高额度为300万元；以知识产权（专利权、商标权、著作权）、股权质押申请银行贷款的，原则上按照其评估价值的50%设定贷款保险额度，贷款及保证保险最高额度为300万元；以应收账款、仓单质押申请银行贷款的，原则上按照其评估价值的60%设定贷款额度，贷款及保证保险最高额度为500万元。

（四）贷款利率、贷款期限和还款方式

贷款利率在人民银行公布的同期贷款基准利率的基础上，根据各借款企业的风险适当浮动，最高不超过人民银行公布的同期贷款基准利率的1.2倍，并不得再收取任何其他费用。

贷款期限原则上在12个月以内，最长不超过24个月。

还款方式由银行和贷款企业协商确定，既可按月付息到期还本，也可分期还本付息。

（五）免赔率和保险费率

贷款保证保险免赔率为贷款本息的50%。保险费率分为以下三种情况：无抵押信用方式、知识产权、股权质押方式，贷款金额300万元以内，保险费率2%；应收账款、仓单质押方式，贷款金额300万元以内的，保险费率2%；贷款金额300万元以上500万元以内的，保险费率2.2%。

（六）风险控制

经办保险公司、经办银行、管委会按5∶2∶3的比例承担逾期风险。当经办银行保证保险贷款逾期率超过15%，或保险公司贷款保证保险赔付率达到150%时，可停止办理此项业务。

（七）贷款赔付及追偿

按照逐笔赔付及追偿的原则，企业贷款逾期超过两个月即进入贷款赔偿及追偿程序。经办银行可在贷款逾期两个月后5个工作日内向管委会和经办保险公司提交贷款逾期相关材料并填写《逾期贷款代偿处理申请表》。

管委会和经办保险公司在5个工作日内对相关材料进行审核确认，并按照先偿后清原则，对经办银行的贷款（仅限于信用及质押品贷款部分）本息损失，在5个工作日内由经办保险公司按照保险合同约定先行赔付50%，并代管委会垫付另外30%。同时管委会向经办保险公司开具委托支付函，经办银行在收到保险公司代管委会支付的损失补偿风险金后开具收款凭证，此委托支付函和收款凭证作为经办保险公司向管委会要求清偿代付款的必要材料。

管委会每季度首月前15日内与经办保险公司进行清偿，由管委会偿付经办保险公司先期代付的30%风险金。经办保险公司履行赔偿义务后，管委会和经办银行授权经办保险公司对贷款企业进行追偿，追偿回的资金在扣除追偿所发生的费用后，按照管委会、经办银行、经办保险公司三方各占30%、20%、50%的比例进行分配。

三、办理流程

贷款当事各方按照以下程序办理：

1. 申请贷款企业填写科技型企业认定表，由信促会确认；

2. 信促会在 15 个工作日内组织对申请贷款企业进行信用评价或信用评级；

3. 通过信用评价或评级的申请贷款企业填写贷款申请书，连同经办银行要求的其他资料一起交经办银行进行审核，审核在 7 个工作日内完成，对符合贷款条件且需要办理保证保险的，出具贷款保证保险通知书，并通知保险公司；

4. 保险公司收到银行出具的贷款保证保险通知书及借款企业相关资料后，应在 5 个工作日内作出是否承保的初步意见，并向银行出具《贷款保证保险承保意向书》；

5. 经办银行收到《贷款保证保险承保意向书》后，在 2 个工作日内与借款企业签订借款合同，并及时通知保险公司借款合同生效日期；

6. 保险公司收到银行的拟放款通知后，向投保人收取相应的保险费，在 2 个工作日内签发正式的贷款保证保险单，并将保险单正本及其他相关材料送交经办银行；

7. 经办银行根据贷款合同和保险合同的约定放款。

四、主要特点

（一）针对性强

该产品适用于东湖国家自主创新示范区内的科技型企业，这是东湖国家自主创新示范区建设的需要，也是科技与金融结合的现实需求。该产品的推出，可满足一些缺乏有效担保抵押物而无法申请贷款的科技型企业贷款需求。

（二）适用品种多

为尽可能多地满足示范区科技型企业的资金需求，在制度上创新性地提出贷款保障保险业务除适用于信用贷款，还适用于知识产权、股权、应收账款、仓单等多种质押方式。这种制度规定将极大拓宽申请贷款企业范围，使更多企业符合贷款申请条件。

（三）引入第三方信用评级机制

委托信促会按照示范区信用评价系统对企业进行信用评价，或按照人民银行武汉分行营业管理部主导设计的《武汉市科技型小企业信用评级标准》对企业进行信用评级，符合条件的推荐给经办银行。

（四）配套政策扶持力度大

一是建立了贷款风险分担机制。《操作指引》明确，科技型企业贷款发生损失，武汉东湖新技术开发区管委会、保险公司、银行三方按照30%、50%、20%分担风险。二是对贷款企业政策补贴。武汉东湖新技术开发区管委会给予参加信用评级的企业评级费用50%的补贴（运用武汉市小企业信用评级标准评级的，武汉市政府补贴另外50%），对于获得贷款的企业给予投保费用40%的补贴、贷款基准利息25%的贴息。三是实行优惠贷款利率。《操作指引》规定，对科技型企业的保证保险贷款利率最高不得超过贷款基准利率1.2倍。四是鼓励银行及保险机构积极参与。对试点银行，人民银行武汉分行营业管理部在年终对各行的综合评价中列入加分项目，并在再贴现、再贷款等政策支持方面给予倾斜。对试点保险公司，湖北保监局对其产品及服务创新给予政策扶持和适当保护。

五、主要做法

（一）顶层设计，奠定基础

制定出台《东湖国家自主创新示范区科技型企业贷款保证保险业务操作指引》，为保证保险业务推出奠定基础。结合实际遴选试点银行，提出具体要求，确保该项业务顺利开展。首笔贷款发放后，组织相关部门多次深入到已获保证保险贷款的企业调研，听取企业意见和建议，确保贷款流程合理，银行服务到位，为保证保险贷款的顺利推进奠定了坚实基础。

（二）寻求支持，形成合力

贷款保证保险业务涉及的部门多，程序复杂。为顺利推进这项业务，人民银行武汉分行营业管理部与武汉东湖新技术开发区管委会加强联系协调，选取东湖示范区为贷款试点并争取政策支持；与湖北保监局沟通，确定参与试点的保险公司；与信促会协商，由其对申请企业进行信用评价或信用评级；与人保财险武汉市分公司磋商，研究贷款的保险条款和流程。为了少走弯路，人民银行武汉分行营业管理部还组织贷款银行和相关保险公司到苏州学习贷款保证保险的成功经验和做法。在人民银行武汉分行营业管理部的多方协调下，相关各方积极支持，为此项业务的开展提供了有力保障。

（三）制度指引，规范操作

为了使武汉市贷款保证保险业务实现可持续发展，人民银行武汉分行营业管理部在前期调研的基础上，反复征求银行机构、保险公司的意见，在《操作指引》中对贷款保证保险定义、适用范围及企业选择、贷款及保险额度、免赔率和保险费率、贷款流程、贷款赔付及追偿、政策扶持等十二个方面进行了详细界定，做到了责任明确、可操作性强。同时为了便于对科技型企业的认定，针对目前国内还没有规范、统一的科技型企业划分标准的实际，在与武汉市科学技术局反复讨论协商的基础上，专门制定了"武汉市科技型企业划型标准"，为企业申请贷款提供了便利。

六、主要成效

从 2013 年 11 月推出科技型企业保证保险贷款模式到 2014 年 7 月的 8 个月时间，6 家试点银行、3 家保险公司发放保证保险贷款 1.17 亿元，支持了 54 家小微科技型企业的融资需求。2014 年 8 月，还有 20 多家小微科技型企业正在办理贷款审批手续。

（一）探索出一条政银保合作新模式

武汉市的贷款保证保险实现了保险业务与信贷业务有机融合，充分考虑了科技型初创或成长企业的实际特点，既推动政府资金对评级费用、保费、贷款利息等进行补贴，按一定比例分担最后的贷款损失，降低企业融资成本和银行风险，又最大限度缩短业务流程、简化手续，提高融资效率，为科技型企业融资开辟了有效新途径。

（二）推动了纯信用、知识产权等特色融资方式大发展

贷款保证保险风险分担机制有效调动了银行办理纯信用、知识产权等特色贷款的积极性。据了解，54 家科技型企业获得保证保险贷款，大多数是无抵押的纯信用方式，部分是通过知识产权质押方式。

（三）企业得到了实惠

按照《操作指引》发放的保证保险贷款，企业的综合成本在7.2%左右，远低于一般小企业贷款成本。《操作指引》明确了办理保证保险贷款各个环节的期限限制，企业从申请到贷款获批，基本在1个月左右完成，远低于一般贷款流程周期。

【案例】"没有想到像我们这样，一没抵押、二没成熟知识产权，正处于发展初期的科技型小企业，不用任何抵质押也能从银行融资200万元，还能获得政府补贴4.91万元，平均融资费率仅为7.1%，远低于其他企业贷款的融资成本。"武汉市佰美斯医疗科技有限公司负责人谈到自己作为第一个吃到武汉地区保证保险贷款"螃蟹"的企业时，既兴奋又激动。

七、完善与推广

2014年，为使贷款保证保险业务进一步扩面增效，满足更多的科技型企业融资需求，人民银行武汉分行营业管理部与武汉东湖新技术开发区管委会总结前期保证保险贷款业务试点的经验，出台了《改进和完善东湖国家自主创新示范区科技型企业贷款保证保险业务的补充意见》，完善了六个方面内容：一是增加贷款质押品种。除原有的知识产权、股权、应收账款、仓单质押品种外，增加了未来收益权（如合同能源管理项目、污水处理项目）、排放权（如碳排放及主要污染物排放权）等其他权益类作为贷款保证保险业务质押品种。二是扩大适用企业范围。除原有的在东湖新技术开发区注册的符合科技型企业界定标准的企业外，增加在东湖新技术开发区内大学生（毕业五年内）创办的各类企业。三是提高贷款最高限额。取消原有的保证保险贷款限额分类标准，不分纯信用或者质押方式，保证保险贷款最高限额一律提高到1000万元。四是增加担保方式作为保险方式的补充。保险公司和担保公司既可单独也可联合为科技型企业贷款提供贷款风险保证，在收取一定保险（担保）费的条件下，承担50%的贷款风险损失。五是延长贷款期限。由原来"最长不超过24个月"延长到"最长不超过36个月"。六是修改贷款利率和保费费率标准。由原来"不得超过基准利率1.2倍"改为"最高不得超过基准利率1.2倍"。保费费率改为通过信用方式（包括知识产权、股权质押）贷款的保险费率为2.4%，应收账款、仓单、收益权等质押方式贷款的保费费率为2.2%。

　　该补充意见充分体现了服务企业、便利企业的宗旨，力求最大限度地满足科技型小微企业的融资需求。人民银行武汉分行营业管理部将按照新的制度设计，推广贷款保证保险业务，使其成为金融支持武汉市科技型企业的主打产品。

汉口银行 "投联贷" 助力科技型中小企业

汉口银行研发推出的"投联贷"业务（亦称"投贷联动"），既缓解了企业融资难、融资贵问题，又在一定程度上解决了商业银行风险收益不对等难题，有力地支持了科技型中小企业的发展。截至 2014 年 8 月底，汉口银行开办投贷联动业务客户数已达 40 户，投贷联动贷款余额近 4 亿元。

一、背景

通过对东湖高新区内企业调研发现，目前科技型中小企业融资模式有以下特点：初创期靠自有资金或吸引风投步入成长期，成熟期后再去银行融资，多数企业初创期都很缺钱。但由于运营管理不规范、缺乏抵押物、经营风险大，很难得到银行贷款支持。企业步入成熟期后，经营步入正轨，现金流较为充裕，银行的贷款也纷至沓来。银行信贷供给与中小企业融资需求错配及高昂的融资成本成为阻碍科技型小微企业发展的重要因素之一。

解决科技型中小企业融资难、融资贵问题，除了政府层面的政策引导和顶层设计外，更多的需要商业银行等金融机构的参与。"股权投资 + 贷款"联动的模式是国外银行的成功经验，目前国内商业银行正积极探索投贷结合以曲线进入股权投资基金领域。商业银行将信贷业务与股权投资服务相结合，在 VC/PE 机构为投资项目提供股权投资资金支持后，根据项目进展状况，通过发放贷款，为企业提供信贷支持。对商业银行来说，此举实现了商业银行投资中股权和债权的结合，完善了商业银行的资产结构，并有效降低了商业银行的投资风险。对受资企业来说，满足自身融资需求的同时，授信等级也将相应增加，有助于企业优化资本结构。"投贷联动"模式的兴起，打破了固有的融资定式，以"股权 + 债权"的模式，将信贷投入期前移，给处于初创期或成长期的中小科技型企业提供融资，助力企业快速发展。

二、产品介绍

汉口银行"投联贷"业务是指科技金融服务中心对于合作名单范围内的PE 拟投或已投的科技中小企业（以下简称借款人），在综合考虑 PE 的投资管理能力和借款人未来发展前景等因素的基础上，以信用、股权质押、股权投资机构保证或类保证等方式，向借款人放款的融资业务。该产品仅适用于科技金融服务中心"投联贷"业务合作名单内的 PE 及其投资企业。对于非名单内的 PE 及其投资企业与银行发生的相关信贷业务暂不适用。

投联贷业务遵循"独立判断、互信共赢、风险收益匹配、专业化动作"的原则。

（一）支持范围

"投联贷"业务重点投向光电信息技术、生物与新医药技术、文化创意、航空航天技术、新材料技术、高技术服务业、新能源及节能技术、资源与环境技术、高新技术改造传统产业等国家产业政策倡导的"三高六新"、战略新兴产业等业务领域行业类型中的科技中小企业。申请企业准入条件包括：

1. 符合银行科技企业认定标准及认定流程；

2. 成立二年（含）以上，或其主要股东（含实际控制人）本行业经营经验三年（含）以上；

3. 主营业务突出，盈利能力强，具有良好的成长性，第一还款来源充分，且无不良记录；

4. 已在银行开立基本存款账户或一般存款账户，并承诺以银行为主要结算银行，在银行的销售归行率或承诺的销售归行率不低于银行授信占比；

5. 借款人无欠缴税费、逃废债务等违法违规行为和不良信用记录；

6. 该企业法定代表人（或实际控制人）承担连带担保责任；

7. 银行规定的其他相关条件。

（二）业务模式

依据授信风险控制方式的不同，分为以下业务模式：

1. 信用模式。指银行对合作名单内 PE 按其实际投资数额的一定比例，向其已投资的借款人发放短期融资，并以授信申请人实际控制人及其配偶（如有）个人连带责任保证为主要担保措施的业务模式。

2. 股权质押模式。是指银行对合作名单内 PE 按其实际投资数额的一定比例，向其已投资的借款人发放短期融资，并以实际控制人所持有的借款人全部或部分股权质押和实际控制人及其配偶（如有）个人连带责任保证为主要担保措施的业务模式。

3. PE 增信模式。包括 PE 保证模式、PE 股权保购模式两种。PE 保证模式，是指银行向合作名单内 PE 已投资或拟投资的借款人发放短期融资，并以 PE 保证和实际控制人及其配偶（如有）个人连带责任保证为主要担保措施的业务模式。PE 股权保购模式，是指银行向合作名单内 PE 已投资或拟投资的授信申请人发放短期融资，并以股权质押加 PE 股权保购和实际控制人及其配偶（如有）个人连带责任保证为主要担保措施的业务模式，其中，一是股权质押，指实际控制人将其所持有的借款人全部或部分股权质押给银行；二是 PE 股权保购，指银行、PE、借款人及其实际控制人四方签署股权保购协议，约定 PE 在借款人不能偿还银行授信时，出资购买实际控制人质押的股权，实际控制人以股权转让价款替借款人偿还银行授信，协议文本须经银行法律合规部门审批。

4. 选择权贷款模式。是指银行向合作 PE 已投资或拟投资的借款人发放的中短期融资，并附加银行有权在约定时间内以约定价格认购借款人股份的权利，由合作 PE 作为行权方，银行和合作 PE 共同决定是否行使股权期权。若不行使股权期权，贷款到期偿还，若行使股权期权，双方按约定比例分享股权溢价收益。

三、办理流程

（一）受理与调查

1. 借款人填写贷款申请书，按照《汉口银行对公授信操作规程》要求提供的相关资料一并交经办机构审核；

2. 经办机构受理业务的经办客户经理对企业和授信业务的真实性、完整性、有效性进行调查，应着重对借款人的第一还款来源和偿债能力进行充分调查。包括但不限于以下内容：

（1）借款人资信状况，包括借款人征信记录、银企关系情况和信用等级等；

（2）借款人财务状况，重点对借款人的资产规模、所有者权益、现金流、对外担保等进行调查；

（3）对借款人核心技术专利情况、技术产业化运作前景、产生的现金流情况进行调查；

（4）本行认为需要调查的其他内容。

除上述调查内容外，需要补充关注的调查内容包括：

（1）PE 及其受托管理机构与授信申请人除投资与被投资关系外，是否还存在其他关联关系；

（2）PE 股权资金支付情况、股权登记过户情况以及 PE 与授信申请人之间签署的相关协议；

（3）PE 公司章程或合伙协议是否对于 PE 保证、股权保购等有限制性条款；银行授信到期日是否在 PE 剩余存续期内。

（二）贷款审查审批

贷款审查人应重点对贷款调查内容进行全面审查，核实借款人的贷款意愿和贷款行为，关注调查人尽职调查情况，并在审批表上签署核实结果，有权审批人签署审批意见。审查要点包括：

1. 借款申请人资格和条件是否具备；

2. 合作 PE 的准入是否符合要求，相关材料是否完整、合法、有效；

3. 申请借款的额度、期限、利率、还款方式、用途是否符合规定；

4. 借款人提供的资料是否完整、合法、有效；

5. 贷款经办人是否对借款人及 PE 进行了尽职调查，对借款人资信状况的评价分析是否准确、合规，其主要风险点揭示及风险防范措施是否合理、有效，是否客观、明确。

四、配套政策

（一）汉口银行主题营销活动单项奖励

配合汉口银行的"旺季营销"、"拓增上"、"步步高"等主题营销活动，设立投贷联动新增客户数排名奖励和新增户数客户经理奖励，积极推动投贷联动业务的发展。

（二）增设投贷结合新增客户数考核指标

在经营机构和业务团队绩效考核设定指标中增加投贷结合新增客户数指标，并赋予特定的分值，增加前端营销人员对投贷联动业务的重视，推进业务的有效开展。

五、主要做法

（一）加强与投资公司的合作

汉口银行利用与合作投资公司的业务关系，借助投资公司专业的投研报告，对目标企业进行独立的再分析判断，筛选符合授信标准的企业，制定授信方案，在投资公司投资资金到位的情况下，对企业进行分阶段授信和服务。

【案例】北京合力中税科技发展有限公司成立于2006年12月20日，注册资本1000万元，是一家从事涉税产品的软硬件研发、税控设备、系统集成和税务解决方案提供商。公司主要向大型连锁零售和制造企业等用户提供进项与销项增值税发票数据的抽取与录入、数据分享与交换、集中进行各地税务认证核销等一揽子服务解决方案，是中国领先的供应链电子商务解决方案和行业信息化服务的提供商。公司与家乐福、TESCO乐购、卜蜂莲花、欧尚超市、国美电器、苏宁电器等大型零售及制造业公司建立了良好的合作关系，业务发展迅速，资金需求量逐渐加大。该公司虽于2011年成功引入联想投资折合人民币2000万元的美元投资款，但由于受外汇局对结汇的严格监管，投资款的提用存在巨大困难，公司可供运用的周转资金依然非常紧张。汉口银行在认真了解企业运营的基础上，采用企业法定代表人个人连带责任保证的方式，于 2012 年 5 月为企业发放流动资金贷款 1000 万元，有效解决了公司的资金短缺问题。

（二）建立科技企业项目库

将汉口银行服务的科技企业进行入库动态管理，定期掌握优化财务结构或上市等需要引入战略投资者的企业，将合适的企业推荐给合作投资公司，在合作投资公司确定对企业进行投资后，汉口银行根据企业发展需要，对企业进行增贷及增值服务。

【案例】武汉优信光通信设备有限责任公司成立于 2001 年，初始注册资本 1755 万元，是一家主要从事光通信设备的研发、生产及销售的光器件制造型企业。目前，该公司生产的金属结构件以及光纤组件、尾纤产品精度已经达到国际领先水平，可以为速率达到 40G - 100G 的光模块厂商 FINISAR 等公司提供部件，精度控制在 1μm 内。2010 年，银行通过专业担保公司担保的方式为企业发放流动资金贷款 400 万元，以帮助企业加快国际市场的拓展。鉴于公司优异的技术、市场竞争优势和进一步发展的需要，银行将其推荐给君联资本，帮助企业进行股权融资。2011 年，君联资本在充分调查企业行业状况及自身经营状况的基础上，决定投资 6000 万元，以帮助企业加快发展。君联资本成功入股以后，企业快速发展，2012 年银行采取与君联资本"跟贷"的模式，在维持担保公司 400 万元流动资金贷款的基础上，通过信用贷款的方式将其授信敞口金额增加到 4500 万元，极大地满足了企业发展过程中的资金需求。

六、启示

如何突破科技金融风险收益不均衡的束缚，投贷联动业务不啻为一种好的选择。国内银行同业也都在积极进行投贷联动业务的探索，政策性银行一般利用自身投资机构开展，国有银行一般借助其境外投资机构迂回开展此业务，股份制银行一般利用战略合作投资机构开展此业务。

投贷联动业务既可解决借款企业融资难、融资贵问题，又可解决商业银行风险收益不对等难题，激发支持科技中小企业的积极性。汉口银行充分利用联想控股股东的优势，通过联想之星、君联资本、弘毅投资积极开展投贷联动业务，同时借助东湖高新区内科技企业聚集的优势，与湖北省高投、华工创投等本土投资公司建立深入合作关系，推动科技中小企业投贷联动业务的开展。

下一步，汉口银行拟对优质科技中小企业客户进行筛选，同时积极整合合作投资公司的已投资企业或拟投资企业，建立完善符合投贷联动业务的企业项目库，健全投贷联动业务规范管理制度安排，完善投贷联动业务政策奖励办法，推动投贷联动业务快速发展，进一步加大对科技型中小企业的支持力度。

襄阳市银政合作开办科技金融基金贷款

一、背景

近年来，随着经济发展加速和高新区的崛起，襄阳市大力实施"隆中人才计划"等引人、引智措施，襄阳市科技型企业不断增多，融资需求巨大。2012年汉口银行襄阳分行成立后，以"服务地方经济、服务中小企业、服务城市市民"为市场定位，良好地继承了总行科技金融创新的基因，率先在襄阳市开展科技金融业务。通过两年多的发展，汉口银行襄阳分行的科技金融业务取得了一些成绩，但发展速度和预期存在较大差距，问题主要是：多数初创期科技企业运营不规范、缺乏抵押物，经营风险很大，风险收益不对等，必然降低开展业务的积极性；科技型中小企业与银行间存在信息不对称，科技型企业找不到资金，银行找不到合适的科技型企业。

为了突破科技型小微企业贷款难的瓶颈，襄阳市政府与汉口银行襄阳分行共同出资设立了科技金融基金，汉口银行襄阳分行依托科技金融基金推出专利权、商标权、著作权和股权质押贷款的科技金融服务模式，填补了襄阳市银行业金融机构服务科技型小微企业的空白。这种"政府＋银行"的合作模式，既在一定程度上降低了银行的经营风险，又加强了银行与政府部门之间的信息共享，解决了信息不对称的问题，使科技企业融资难的问题得到了一定程度解决。

二、产品介绍

科技金融基金贷款，是指依托襄阳市政府与汉口银行共同成立的科技金融基金，结合汉口银行丰富多样的科技金融产品，为科技型企业提供信贷支持。该基金由襄阳市政府出资 5000 万元，汉口银行出资 5000 万元，共同成立总规模为 1 亿元的产业基金，用于补偿银行向科技型企业发放的知识产权质押贷款等贷款本金的净损失。

在具体操作上，主要以汉口银行投融通系列金融产品为主，形成包括知识产权质押、股权质押、保证保险质押、专利权质押、著作权质押等十多个产品库，全方位满足科技型企业的发展需要。

三、业务范围及特点

科技金融基金贷款业务以科技金融基金为依托，以设立科技金融中心为平台，重点投向光电信息技术、生物与新医药技术、文化创意、航空航天技术、新材料技术、高技术服务业、新能源及节能技术、资源与环境技术、高新技术改造传统产业等国家产业政策倡导的"三高六新"、战略新兴产业等业务领域行业类型中的科技中小企业。申请企业准入条件包括：

1. 获得市级（注：指行政区划市，不含县级市，下同）以上高新技术企业认定且在有效期内。

2. 近五年曾获得国家、省、市级科技企业技术创新基金、工业企业自主创新资金、科技三项费用等项目支持。

3. 被列入省、市政府科技主管部门的"成长路线图计划"，或被列入"科技攻关"、"大学生科技创业"、"科技初创企业培育工程"、"科技创业种子资金"、"科技型中小企业创新基金"、"上市辅导培育"等市级及以上科技计划支持的企业。

4. 拥有核心自主知识产权，即对其自主研发、生产或已获得授权许可的知识产品享有专有权利，包括发明专利、实用新型专利、非简单改变产品图案和形状的外观设计专利、软件著作权、植物新品种。且法定剩余有效期或排他使用权利不少于五年；拥有市级政府（含）以上科技成果鉴定证书。

5. 企业核心产品技术曾获得市级及以上科技进步奖、科技成果转化奖、科技型中小企业创新奖等科技项目荣誉，企业为项目完成单位或核心技术人员为项目主要完成人员。

6. 创业团队或核心技术人员为高校、科研机构中相关领域优秀人才，被列入市级及以上政府科技人才培养计划或被评为学科带头人等。

7. 上年度专业技术人员、科技研发人员、大中专以上文化程度的管理人员占企业固定职工总人数在 20% 以上；且企业每年的科技投入占企业年销售收入在 2% 以上；且企业技术性收入和科技产品销售收入的总和占当年销售收入在 30% 以上。

8. 企业所处行业为国家重点支持行业（光电子信息技术，高端装备制造，文化创意，高科技农业，生物与新医药技术，航空航天技术，新材料技术，新能源与节能技术，资源与环境技术，高技术农业，生物与新医药技术，资源与环境技术，高技术服务业，地球，空间和海洋工程），企业产品、技术处于业内领先水平，并经汉口银行科技专家认定为科技型企业或由本行合作风投机构投资认可的。

四、办理流程

（一）业务申请

申请贷款企业既可由襄阳市金融办批量推荐，明确各企业申请的贷款金额、期限、用途、还款来源等信息；也可由企业自行向汉口银行申请，汉口银行报襄阳市金融办确认。

（二）受理与调查

1. 借款人填写贷款申请书，与《汉口银行对公授信操作规程》要求提供的相关资料一并交经办机构审核；

2. 经办机构受理业务的经办客户经理对企业和授信业务的真实性、完整性、有效性进行调查，应着重对借款人的第一还款来源和偿债能力进行充分调查。包括但不限于以下内容：

（1）借款人资信状况，包括借款人征信记录、银企关系情况和信用等级等；

（2）借款人财务状况，重点对借款人的资产规模、所有者权益、现金流、对外担保等进行调查；

（3）对借款人核心技术专利情况、技术产业化运作前景、产生的现金流情况进行调查；

（4）本行认为需要调查的其他内容。

（三）贷款审查审批

贷款审查人应重点对贷款调查内容进行全面审查，核实借款人的贷款意愿和贷款行为，关注调查人尽职调查情况，并在审批表上签署核实结果，有权审批人签署审批意见。

（四）贷款发放

对于审批通过的企业，在与汉口银行襄阳分行签订借款合同及相关担保合同及完成相关手续后即可放款。贷款到账后，由汉口银行按照银监会"三个办法"和"一个指引"的要求对贷款资金的支付予以管理。

（五）风险补偿

如企业不能按期还本付息的，汉口银行及时核实科技型企业的还贷能力，向襄阳市金融办及财政局报告。对确实无法按期还款并由汉口银行确定列入损失类贷款的，经襄阳市金融办及财政局审核后暂由风险补偿基金按贷款金额的50%代偿，并由汉口银行拟订追偿方案。汉口银行负责向借款企业进行追偿，追偿所获资金扣除诉讼等实现债权的费用后，按照50%比例退回风险补偿基金账户；若企业破产或倒闭清算，或对企业诉讼依法裁定执行终结情况下，经双方确认，对代偿的最终损失部分予以核销。

五、配套政策

一是出台《科技金融基金管理暂行办法》，明确规定襄阳市科技金融基金主要用于对商业银行向市区科技型企业发放的知识产权质押贷款等所产生的贷款本金净损失进行补偿，也可用于其他科技金融领域。对科技主管部门推荐的贷款对象，合作金融机构优先安排和审批贷款。

二是规模保障，融资优惠。合作银行对纳入支持范围内的企业按照不低于基金规模的 10 倍发放贷款，贷款利率可上浮不超过人民银行公布的基准利率的30%，并不得收取贷款利息以外的任何费用。

六、主要做法

（一）坚持特色，主动作为，打造品牌影响力

汉口银行襄阳分行成立以来，始终坚持特色化经营的道路，率先在襄阳市推广、开展科技金融业务，通过媒体、车身广告、宣讲会等形式在全市普及科技金融知识，推广科技金融产品，汉口银行的科技金融知名度不断提升。2013年，汉口银行为襄阳市科瑞杰医疗器械有限公司发放贷款300万元，该笔贷款是襄阳市首笔科技金融贷款。科瑞杰医疗器械有限公司是一家研发、生产国家二类医疗器械产品的公司，其主打产品自动操作粪便检验仪在同类产品中销量第一，产值达2000多万元。该公司目前拥有自主研发的3项国家发明专利和20多项实用新型专利。2013年，公司计划扩大生产规模，推出新产品，但资金缺口较大。获悉此情况后，汉口银行襄阳分行主动上门对企业的创新能力和专利价值进行了全面评估，并以专利权质押为其发放贷款300万元。该笔贷款填补了襄阳科技金融贷款的空白，为企业打开了无形资产质押的融资新渠道，该事例被襄阳媒体多次报道，进一步增强了汉口银行科技金融的知名度和影响力。

（二）随势而为，加强沟通，积极争取政府支持

2014年以来，中央作出"大力发展金融市场，鼓励金融创新"以及"坚持金融服务实体经济"的指示，汉口银行随势而为，积极与市金融办、市科技局等部门沟通，并多次向政府汇报，宣传科技金融业务对助力襄阳科技企业发展，推进襄阳产业升级，促进"四个襄阳"建设的重要意义，以及拓宽中小企业融资渠道、降低融资成本的重要作用。汉口银行在支持实体经济、坚持金融创新上的努力，得到了市委、市政府领导的高度重视，市金融办、市科技局等相关单位也不断加大对汉口银行的支持力度，积极为汉口银行推荐符合条件的企业。襄阳先天下环保设备有限公司是一家专业从事工矿企业电气控制系统科研、开发、生产、销售、服务为一体的科技型企业。2014年该公司与宁夏天元锰业签订了千万元的脱硫设备及安装合同，资金压力非常

紧张，市金融办了解此情况后，认为该企业符合汉口银行科技企业的标准，推荐给汉口银行，汉口银行通过专业评估机构，对其 1 项实用新型专利评估 1000 万元，后向其发放了 400 万元专利权质押贷，极大缓解了企业资金压力，使企业顺利完成了宁夏的项目，打开了宁夏市场，也打开了银政合作的大门。

（三）全面布局，深度合作，建设多方合作大平台

襄阳市委、市政府提出建设"汉江流域中心城市"后，汉口银行提出了打造"汉江流域科技金融中心"的目标，正式成立襄阳市科技金融产业基金。同时以科技金融基金为依托，襄阳市委、市政府与汉口银行签署合作协议，设立了襄阳市科技金融中心，为科技企业提供一站式的融资解决方案。襄阳市金融办、科技局、工商局、专利局等政府部门与各类担保机构、投资公司同时派代表入驻科技金融中心，建立了信息共享、共同审定、全面合作的平台，政府相关部门也出台了一系列政策，进一步简化科技企业融资的审批程序。

湖北追日电气股份有限公司是一家湖北省、襄阳市两级重点扶持上市后备企业、湖北省高新技术企业、湖北省著名商标企业。2014 年该公司从青海和新疆等地接到大量的 EPC 承包项目（在履约光伏电站合同约 7 亿元），导致资金较为紧张，政府相关部门得知情况后，认为该企业符合科技金融基金贷款条件，便将此信息共享给汉口银行，汉口银行按照程序对其 2 项发明专利、10 项实用新型专利及 7 项外观设计专利评估 3791 万元。10 天后，该公司以专利权质押从汉口银行获得融资 1800 万元。这笔贷款及时解决了企业的资金压力，为企业发展提供了强力支撑。

七、主要成效

从襄阳第一笔专利权质押贷款，到襄阳科技金融中心成立，汉口银行襄阳分行根据本地实际，不断创新和完善科技金融业务流程和营销方式，在面对收益风险不匹配以及信息不对称两大难题时，该行积极与政府相关部门合作，协调各方力量共同解决科技企业融资难的问题，形成了"共享信息、共

识风险、共担风险、共促发展"的良好局面。科技金融基金贷款推出后，该行的科技金融业务飞速发展，2014年共为13家科技型企业提供科技金融基金贷款22460万元，得到了襄阳企业的一致好评。

八、启示

如何突破科技金融风险收益不均衡的束缚，解决信息不对称的难题，银政合作的科技金融基金贷款是一种有意义的尝试。国内银行同业也都在积极进行科技金融业务的发展，但大多无法解决风险收益不均衡、信息不对称等问题，科技金融基金贷款业务的出现既解决了借款企业融资难、融资贵问题，又解决了商业银行风险收益不均衡、信息不对称的难题，激发了支持科技型中小企业的积极性。汉口银行襄阳分行充分利用自身在科技金融领域积累的丰富经验和产品积淀，积极与政府部门建立良性合作，风险基金的成立不仅降低了商业银行的风险，更大的意义在于打造了一个银政合作共同支持科技企业发展的平台，在这个平台上共享资金，共享信息，共同助推科技企业的发展。

襄阳农村商业银行商户联保贷款拓市场促双赢

襄阳地处华中腹地，汉江中游，是一座有着 2800 多年建城史的国家级历史文化名城。这里交通便捷，商贾云集，素有"南船北马、七省通衢"之称，是湖北两个省域副中心城市之一，中心城区建成区面积 145 平方公里，人口 147 万人。这里商业发达，物流汇集，仅成熟的商圈就有 13 个，专业市场 30 个，大型商场超市 19 家，知名高端写字楼 30 栋，还有遍布城区街道的各类商户超过 20 万户。针对广大商户在经营过程中资金周转快、资金需求量大，特别是临时性周转资金需求量大的特点，襄阳农村商业银行（以下简称襄阳农商行）以市场为导向，坚持服务地方经济发展，积极创新商户联保贷款信贷产品，有效解决了商户的融资困扰。近五年来，累计发放商户联保贷款 48.6 亿元，有力地支持了辖内商户的发展壮大，推动了地方经济较快发展，同时也促使襄阳农商行自身经营效益的提升。

一、产品介绍

商户联保贷款，是指由符合襄阳农商行准入规定的商户组成联保小组，襄阳农商行按照联保保证金的放大倍数向联保小组成员发放的、由联保小组全体成员相互承担连带责任保证的贷款。

商户主要是指在法律允许的范围之内，经依法核准登记的，从事工商经营的自然人。商户联保贷款只能用于商家补充经营性流动资金。

商户联保贷款的操作程序：商户成立联保小组；确定授信额度；商户提出贷款申请；襄阳农商行贷款调查；贷款审查审批；签订贷款合同；缴存联保保证金；发放贷款；贷后管理及本息收回。

商户联保贷款遵循"综合授信、多户联保、单户定额、责任连带"的原则。本产品最大的特点：一是速度快，调查、审批环节手续简便，市场经营商户一般在 7 个工作日就能拿到所需贷款；二是方式活，本产品由市场经营商户自愿组合，联保互助，风险共担，客户借款成本减少，风险降低；三是额度高，根据商户实际资金需求、资产状况、还款能力来确定授信额度，单户最高贷款额度为 500 万元，全面满足商户经营活动需要，让商户步入经营的快车道。

二、主要做法

（一）把握市场，及时跟进

一是广泛调查，因势利导。随着襄阳经济不断发展，襄阳农商行辖内从事种植、养殖、加工、运输业的农户和个体工商户达 20 万户，逐步形成了以刘集花生、东津棉花、欧庙麦冬、双沟反季节蔬菜、石桥烟叶、程河柳编等一镇一品、一村一特的协会 60 余个，年均信贷资金需求额高达 20 亿元。这些专业组织经营户虽然有一定的经营收入，但自有资金全部投入流通，缺乏可用于抵押的资产，在申请信贷支持时往往受限，迫切需要襄阳农商行找准市场切入点，开发新的贷款品种。

二是量身定做，设计产品。在深入开展市场调查的基础上，襄阳农商行结合各专业组织成员的生产经营特点，专门为其量身定做了商户联保贷款这一信贷品种。即以协会牵头，商户成员相互之间组成联保小组，并向襄阳农商行按一定比例交存联保保证金，襄阳农商行在充分调查的基础上，按照联保小组缴存联保保证金的放大倍数对联保小组成员发放贷款，并由专业组织监督使用、联保小组成员共同承担连带担保责任。联保小组成员一般按 5 至 10 户确定，商户联保小组的授信按三种方式确定：按照联保保证金 5 至 8 倍的放大系数确定；单户授信不得超过资产总额的 50%，全体成员授信总额不得超过资产总额 40%；在确保风险可控的情况下，视经营情况合理确定授信额度。商户联保贷款期限根据经营项目合理确定，可以跨年度使用，但最长期限不超过一年。

三是全面建档，夯实基础。襄阳农商行组织专班对全辖范围内各个专业组织、市场、协会进行全面的摸底调查，共为辖内 60 多个经济组织、1 万多个经营户建立了经济档案。客户经济档案内容主要包括客户姓名、联系方式、经营项目、资产负债情况、年销售收入和利润、所属行业协会（或市场）名称、主要风险点、已在襄阳农商行办理业务情况、在他行办理业务情况、信贷资金需求、存储资金和电子银行业务服务需求、对接客户经理等。襄阳农商行安排专人将收集的商户经济档案进行汇总，综合分析商户经济信息和金融服务需求，并根据不同类型的商户，做好档案分类归集工作。通过筛选分类，深入了解商户所属行业发展的政策导向和产品优势，全面掌握各个专业合作组织的行业分布、发展水平，并从中筛选出信用好、有实力的经营户纳入重点支持客户名单。

（二）强化营销，抢占市场

一是主动搞好产品营销推广。为了把联保贷款品牌做大做强，襄阳农商行在刘集村召开现场会，总结推广刘集花生市场商户联保贷款的操作模式，并先后在东津镇棉花市场、欧庙镇麦冬市场、程河镇柳编市场等各大专业市场组织商户学习了解商户联保贷款信贷流程、具体操作要求等，受到了市场经营商户的广泛青睐与好评。

二是开辟贷款投放绿色通道。针对部分商户资金需求时效性强、要求贷款发放时间紧的特点，襄阳农商行在办理专业组织成员贷款时，采取集中收集资料、集中申报、集中审批，确保了贷款发放时效。2010 年 8 月，在对刘集花生市场发放贷款时，该行集中全辖 20 多个信贷人员，分成若干个工作小组，集中做好调查审核、资料收集、申报审批等具体工作，确保市场 152 户经营户所需 8400 多万元贷款在 1 个月内及时发放到位，提高了办贷效率。在农村各专业市场全面推开这一信贷产品的基础上，襄阳农商行又延伸到市区的各大专业市场如长虹食品城市场、白马服装广场、华中光彩大市场、邓城生资大市场等，使这一产品成为占领城乡信贷市场的主打产品。

三是完善贷款营销考核机制。为充分调动信贷人员营销积极性，推行了襄阳农商行领导包片、行长包市场、客户经理包户的责任制度，逐级落实责任，把贷款营销情况纳入个人业绩考核，对信贷人员按营销贷款额度计发工资，充分激发了信贷人员营销积极性。几年来，襄阳农商行信贷人员的足迹踏遍了辖区的每一个专业市场，不断将商户联保贷款工作向纵深推进。

（三）完善机制，严控风险

一是建立以联保小组为基础的风险自控机制。联保小组成员根据"自愿组合、诚实守信、风险共担"的原则组成。每个联保小组一般为5～10户，选举联保组长一人。要求组长除能力强、威信高外，还必须有雄厚的资金实力。襄阳农商行发放联保小组贷款后，还不定期召开联保组长碰头会，认真听取组长对联保成员的经营状况、资金运转情况的意见和要求。对个别违背小组集体意愿、转移贷款用途、非法经营的小组成员，襄阳农商行对其贷款立即追收，并与专业组织一道劝其退出联保小组。通过联保小组自我监督，有效提高了贷款风险防控能力。

二是建立以襄阳农商行为主体的风险监控机制。在抓好贷款监控机制上做到"四个严格"：一是严格准入管理。在合作对象选择上，坚持选择与襄阳农商行有长期业务合作关系的客户，申贷对象必须是专业组织会员。同时根据经营户的经营情况、信用状况，及时进行调整，从源头上保证了资金安全。二是严格资金用途管理。商户联保贷款只能用于经营性流动资金需要，并严格把好会计出口监控，确保交易真实存在，用途符合规定，杜绝贷款被挤占、挪用现象发生。三是严格资金归行率。贷款发放后，经营户销售资金的归行率不能低于贷款额度的75%，归行率达不到要求的商户，降低其下次贷款授信额度。四是严格贷后检查。要求信贷人员严格做好贷款的跟踪检查，坚持落实每笔贷款按月结息制度，对于在每月25日前不能结息的贷户，加大督办，加强催收，决不放松。通过加强检查、按月结息等举措，加强风险防控。

三是建立以市场协会为依托的风险互控机制。由于市场协会人熟、情况熟，具有信息对称、管理方便、措施便捷、力度大的特点，襄阳农商行在贷款管理上严格落实贷款风险层层承担机制，即联保小组成员对联保小组组长负责，联保小组组长对市场协会负责，市场协会对襄阳农商行负责，形成了联保小组成员、联保小组组长、市场协会、襄阳农商行四级齐抓共管的机制，有效防控了信贷风险。

四是建立以责任考核为支撑的防控机制。为了保持贷款收回率达标，襄阳农商行对当年到期贷款收回情况作出严格规定，要求当年到期贷款收回率必须达到100%，并严格实行"四包一挂"，对于达不到标准的信贷人员一律待岗清收，取消信贷放款资格，对到期三个月内收回的，返还所扣工资，若三个月后仍不能收回的，所扣工资抵还所欠贷款本息。近几年来，襄阳农商行通过实行严格的责任追究制度，商户联保贷款到期收回率始终保持在100%。

三、主要成效

（一）促进了商户盈利水平的提高

联保贷款通过多户担保，有效地缓解了商户抵押担保手续繁、费用高等贷款难题。依靠商户联保互助作用，贷款手续变得便利快捷、费用低，受到了商户普遍欢迎。刘集村村民闫某，经营花生业务近10年，襄阳农商行从当初贷款5万元，到现在年授信95万元，支持其做大做强，其生产经营从一个花生炒锅开始，到现在年吞吐花生达7000多吨，各项投资已过千万元。目前，刘集花生市场商户拥有固定资产在500万元以上有几十户之多。其他市场如朱集镇、东津镇、龙王镇的棉花市场，欧庙镇的麦冬市场等，在襄阳农商行信贷倾力支持下，市场逐步发展，商户经营逐步壮大。

（二）促进了市场经营规模的升级

自开展商户联保贷款以来，三年间累计发放贷款48.6亿元。首批重点支持的刘集花生市场，市场信誉逐年提升，市场经营户生意越做越大、越红火，产品远销广东、广西、福建、山东、香港等地，形成了"买全国、卖全国"的花生大市场，现已成为本地花生产业的"龙头"，年销售量达到6万吨，年产值超过7亿元，农民年人均增收4000元以上。花生市场所在地刘集村也由过去的贫困村，变成如今的富裕村，得到了地方政府的充分肯定。

（三）促进了襄阳农商行业务的快速发展

商户联保贷款的创新，不仅为襄阳农商行找到了一条安全、高效的支农载体，而且也带动了当地农商行其他金融业务的全面发展。自开办商户联保贷款以来，各类市场商户在该行存款每年递增30%以上，其中低成本资金占

比高达 60%；该行对辖内刘集等主要市场商户授信和实际贷款年均增幅在
20% 以上，贷款净投额占全年信贷投放的 35% 以上。通过规范的运作和管
理，联保贷款不仅收回率高、风险小，而且收益好，仅商户联保贷款全面推
广的当年就实现利息收入 750 余万元，贷款无一笔形成逾期。商户联保贷款
已成为襄阳农商行支农的主打品牌，受到了客户及地方政府的广泛赞誉，大
大提升了襄阳农商行的知名度，实现了很好的品牌效益。

湖北银行荆州分行推出 "1+1+1赢动力" 拳头产品服务小微企业

一、背景

荆州地处美丽富饶的江汉平原腹地，素有"长江经济带钢腰"之称。近年来，荆州经济发展迅速，地区生产总值达到1334.9亿元，农产品加工成为首个千亿级产业，固定资产投资、规模以上工业增加值、地方公共财政预算收入实现三年翻番。随着地方经济发展，湖北银行荆州分行自身也取得了存款突破160亿元，贷款近100亿元，纳税贡献连续三年超过1亿元的良好业绩，实现了荆州地区的机构网点全覆盖，并成为服务荆州小微企业的伙伴银行。

从2008年起，湖北银行荆州分行（原荆州市商业银行）致力于金融改革创新，推动小微企业成长工程，着力解决小微企业融资难问题，与荆州市沙市区政府合作，首创推出了"1+1+1赢动力"信贷产品项目。这一项目最核心的内容在于银、政共担风险，经银、政双方协定，沙市区政府拿出500万元财政资金建立风险补偿基金，银行按一定比例放大授信额度，政府负责协助银行共同防范授信风险，承担协调和协助追偿责任。对纳入项目支持范围的企业，给予利率优惠，承诺原则上不上浮利率；抵（质）押率也相应提高，担保方式也更加多样化，房地产、设备、提货单、应收账款等均可作为抵（质）押物。

此后，升级版的"1+1+1赢动力"信贷产品也相继面世。支持范围不再局限于规模以上工业企业，具备一定规模的商贸企业以及有发展潜力的企业也在支持之列。同时，单户企业贷款额度由上年的100万元至300万元调整为100万元至500万元，政府合作范围不仅仅限于沙市区，而是覆盖到荆州市包括县市区的各级政府。

2013年这一业务品种取得了快速发展，湖北银行荆州分行"1+1+1赢动力"信贷产品贷款余额突破5亿元，实现利息收入0.8亿元，成为湖北银行荆州分行小企业信贷拳头产品和特色业务之一。

二、产品介绍

（一）产品简介

"1+1+1赢动力"信贷产品作为湖北银行荆州分行服务小微企业主要金融产品，是由该分行辖内各经营机构与荆州市（各级）政府签订银政合作协议，通过银政合作，以荆州各级政府推荐并提供风险补偿基金为手段，以银行提供超值抵押及优惠利率贷款为载体，以政府培育规模以上工业企业和商业企业为目标，实现"政府赢发展、银行赢客户、企业赢效益"的三赢目的，故名"1+1+1赢动力"。

该产品的创新性在于，统筹利用多方资源，取长补短，以提高综合效益为目标，达到多方共赢的效果。在风险防范上，由银、政共担风险，即由企业申请，政府筛选、推荐，并由财政出资成立担保基金存入银行作为担保，银行核查后，按一定倍数放大资金量后投放给申请贷款的企业，并且在利率上给予优惠。既解决了银行风险防范的难题，又解决了政府财政不能直接担保的问题，更有效破解了小微企业有效抵押不足、难以贷到款的瓶颈制约。

（二）业务范围

该产品包括各类贷款、贴现、贷款承诺、保函、银行承兑汇票等表内外授信和融资业务。单户企业授信额度控制在500万元以内，授信期限原则上为一年。

该产品的主要服务对象为省级、各地市以及县级以上政府重点扶植的规模以下工业小型企业和限下商业小型企业，其中，工业小型企业原则上为年主营业务收入2000万元以下的小企业；商业企业原则上为年商品销售总额2000万元以下的批发企业、年商品销售总额500万元以下的零售企业和年营业总收入 200 万以下的餐饮业，能够覆盖广泛的小微企业客户群体。

（三）产品特点

1. 星级服务，五天放款。该产品采取单独的小企业审批流程，由湖北银行荆州分行小企业授信评审委员会独立审批，小企业授信评审委员会评审委员由该行具备相应审批资质的客户经理担任，一般为 3 人，贷审会召开时间以客户经理完成授信方案时间为准，随到随开，快审快批。老客户一般 5 天放款，新推荐客户一般一周内即可放款。

2. 制作"三表"，无任何手续费。无需客户聘请专业财务人员制作、审计财务报表及固定资产评估，全流程由该行小企业客户经理提供专业服务，以小企业客户经理在现场根据核实后的财务数据，由客户经理自行制作小企业贷前"三表"，无任何中间费用。

3. 担保广泛，方式灵活。担保方式多样化，房地产、设备、提货单、应收账款等均可作为抵（质）押物。该信贷产品可将房地产抵押从通常的抵（质）押率 50% ～ 70% 提高到 84%；设备抵押从通常抵押率 40% 提高到 60%；担保方式也多样化，房地产、设备、应收账款和仓单等都可以作为抵（质）押物。抵（质）押率的提高和担保方式的多样化最大限度地保证了企业的融资额度。

4. 利率优惠，　降到底。该信贷产品的贷款利率低于其他信贷产品标准，最低可达到人民银行规定的同期同档次基准利率，真正做到了让利于企业。

（四）客户准入基本条件

1. 符合国家产业导向和荆州市产业鼓励范围，以及通过环保检测，不属于"高投入、高能耗、高污染、低效益"企业，属于荆州市各级政府重点扶植企业；

2. 在人民银行及其他机构信用记录无违法违纪行为，无恶意不良记录；

3. 企业登记和纳税地均隶属各区（县/市）辖内，具有独立法人资格，持有合法有效的营业执照、税务登记证等相关证明；

4. 授信业务用途明确、合法，企业生产经营正常，销售收入稳定，有明确的生产经营计划和发展目标，产品有发展前景；

5. 能够提供与申请授信相适应的抵（质）押物，并提供合法有效的权属证明。

三、办理流程

政府推荐→正式受理→贷前调查→小企业授信评审委员会审批→签订合同→放款

1. 政府根据企业近年生产经营规模、纳税、拉动就业等情况进行筛选推荐，通过生产力、贡献度、特色化等情况择优培植；

2. 银行按照相关规定进行准入，并正式受理；

3. 企业提供银行所需资料；

4. 银行进行贷前调查；

5. 银行授信评审委员会审批；

6. 签订合同、放款。

产品具体操作方式为：由企业自愿申请，当地政府筛选后向银行推荐，并在当年财政预算中列支中小企业发展基金存入银行保证金账户，银行按1:20比例放大资金规模，经合规性审查后发放贷款。流动资金贷款和固定资产贷款均可，一次授信，可循环使用。

四、配套政策

（一）筹划建立"小升规"企业培育信息库

"小升规"企业是指上年底企业主营业务收入不足2000万元的规模以下工业法人企业，本年度主营业务收入首次达到2000万元及以上，符合工业企业规模标准的工业法人企业。通过建立"小升规"企业培育信息库，要从年主营业务收入300万元到2000万元之间的规模以上工业企业中筛选出一批极具发展潜力、成长性较好的企业纳入信息库，进行重点扶持、重点培养、重点监测。通过服务和培育，促进规模以下工业企业上规模、上水平，使之早日成长为规模以上企业。同时，从生产经营、要素保障、政策支持、融资服务、减轻企业负担、公共服务等方面，为"小升规"企业发展壮大创造条件，营造环境。荆州市对"小升规"企业培育信息库目前正在筹划建立中。

（二）设立小企业金融服务俱乐部

荆州市银行业协会定期召开小企业金融服务俱乐部活动，搭建了银行和企业之间的桥梁。一是鼓励和引导商业银行尤其是中小银行加大小微企业金融服务专营机构的建设、管理和资源配置力度；二是引导商业银行由单纯提供融资服务转向提供集融资、结算、理财、咨询等为一体的综合性金融服务；三是引导商业银行在提升风险管理水平的基础上，创新小微企业贷款抵（质）押方式，研究发展网络融资平台，拓宽小微企业融资服务渠道；四是积极推动商业银行加强与地方相关部门的沟通协作，争取在财政补贴、税收优惠、建立风险分担和补偿机制、不良贷款核销等方面获得更大支持。目前该行已有87个客户自愿加入了小企业俱乐部。

（三）对小微贷款实施单列考核，成立专营机构

小微企业作为服务定位之一对该行的利润贡献具有举足轻重的作用，但也存在经营风险较高，管理难度较大，担保抵押不足等不利因素。为了激发广大小微企业客户经理的放贷积极性，该行在充分考虑对小微企业贷款管理的难度和风险度后，建立了一套针对小微企业客户经理业绩考评和绩效挂钩体系。对小微企业贷款业务实行单独的资金计划、单独的考核体系。按照"责、权、利"相结合的原则，实行"收回就奖，允许不良"的激励机制。小微企业贷款绩效考核以笔数金额、利率高低、贷款质量三大要素为核心，分客户经理、支行二个层面进行考核。同时为了让小微企业金融服务全方位覆盖荆州城区及县市，该行在全市设置了小微企业信贷专营机构10家，2013年8月在松滋、石首相继成立了全市首家小微企业支行，实行挂牌经营。目前全市配备专职小微企业信贷人员100多名，能够为小微企业客户提供高效和专业的融资服务，全方位、多角度地满足小微企业客户的融资需求。

（四）严格防范贷款风险，管控措施切实可行

该行围绕"1＋1＋1赢动力"信贷产品全流程采取了有效的风险防范措施：

1. 严把准入关。该产品准入企业均由政府推荐，为政府重点支持企业，

产品销售渠道广，具有良好的发展前景，从而保证了该产品客户的优良性。

2. 调查核三表。该行客户经理受理企业申请后，严格实行双人实地调查，调查分析企业产品是否有市场、实际控制人的个人品德是否良好，并根据企业的电表、工资单、纳税申报表检验其经营情况、财务数据是否真实、有效，保证调查结果的真实有效。

3. 银政联防控。该产品除了银行常规贷后管理外，银行、政府通过定期或不定期召开联席会议，研究企业经营情况、实际操作中存在问题等。银、政、企三方每季召开专题会议，对授信项目进行后评价，发现风险隐患立即实施重点跟踪检查，对可能出现的风险及早判断，并及时采取相应措施，形成重大事项报告，并报银行和企业所在县市区政府，根据合作协议及时启动风险补偿机制。

4. 专项基金代偿。该产品由政府风险补偿基金承担风险。同时，政府可通过行政手段有效控制企业的违约意愿，大大降低了产品风险系数。该产品如出现逾期或不良，首先从中小企业发展基金账户中直接拨付给银行，不足部分在追偿借款主体行使保证追偿、抵（质）押担保权利后形成的未受偿部分，政府至少应代偿借款人对银行的未受偿部分（包括本息、费用、违约金等）的50%，同时政府另行划拨专项资金补足风险补偿基金账户余额，再由政府与银行共同追缴企业欠款后偿还银行剩余贷款及政府风险补偿基金。自产品开发以来，无一笔不良贷款发生。

五、推广情况

为加大对小微企业支持力度，湖北银行荆州分行在产品和服务模式上推陈出新，打造"金额可大可小、利率可高可低、期限可长可短、押品可有可无"的新型信贷文化，"1＋1＋1赢动力"信贷产品是这一新型信贷文化的代表之作。

"1＋1＋1赢动力"信贷产品推出后在荆州市小企业中获得了较好的市场认可度，几年来累计投放210836万元，累计支持客户620户，目前，该品种贷款余额55632万元。其中，2011年发放此类贷款22632万元，支持客户98

户；2012 年发放此类贷款 56115 万元，支持客户 179 户；2013 年发放此类贷款 80740 万元，支持客户 227 户。客户对象主要为荆州市商贸、纺织、机械加工生产、汽车零部件、塑料生产、交通运输等实体经济企业。在通过此产品有效支持了小企业发展的同时，该行自身也获得了良好经济收益，产品综合收益率约为 9%。"1 + 1 + 1 赢动力"产品已培植规模以上工业企业 100 多家。

【案例】荆州市某食品公司成为该产品的受益者之一，从 200 万元到 600 万元，连续三年三笔贷款让该食品公司度过最艰难时期。2013 年，该公司年销售收入超过 4000 万元，比上年增加了近 50%。"1 + 1 + 1 赢动力"信贷产品推出后，该食品公司近三年破例获得了 600 万元贷款。公司总经理回忆说："当时公司刚完成征地，急需一大笔资金建厂房、发展连锁店，如果没有这笔资金，企业过不了这道坎，难以取得今天的成果。"

下表为该食品公司销售、利润的前后对比：

单位：万元、%

项目	2012 年	2013 年	同比增减
销售收入	2859	4309	1450
可变成本	2230	3447	1217
固定支出	372	462	90
毛利润	629	862	233
净利润	257	400	143
销售利润率	9	10	1
成本费用率	10	11	1
净资产收益率	26	27	1
资产收益率	10	11	1

该食品公司在使用"1 + 1 + 1 赢动力"信贷产品后其销售、利润均有较大增加，在湖北银行日均存款达到 80 万元，并且向其上下游客户大力推荐湖北银行，现已成为"1 + 1 + 1 赢动力"信贷产品的忠诚客户。

六、主要成效

（一）促进了地方经济发展

湖北银行自成立以来，始终坚持"服务地方经济，服务中小企业，服务城乡居民"的市场定位，以"普惠金融"理念引导小微企业金融服务，积极探索，释放活力，不断增强小微企业金融服务能力。短短 3 年时间，湖北银行荆州分行小微企业贷款余额达到 45.5 亿元，每年小微企业贷款增幅均保持在 35% 以上，占全部贷款的 37%，不良贷款率仅为 0.64%。大量属于草根经济的个体工商户、手工业者和小企业主享受到了快捷、简便的湖北银行金融服务。

该产品推出以来，累计为 14000 余户小微企业提供了专业的金融服务。企业不仅获得了资金支持，优惠的贷款利率还降低了企业融资成本，增强了企业赢利能力。企业销售和利润增加的同时，也增加了对地方经济的贡献。2013 年，贷款客户税收比同期增加 12%；自业务开办以来，相关企业共增加1300 多个就业岗位，为荆州市经济社会的发展作出了较大贡献。

（二）搭建了小微企业全新融资平台

该产品为荆州市银、政、企合作开创了一个崭新模式，为破解小微企业贷款难的问题找到了一条行之有效的路径，为全市小微企业融资构建了一个全新平台。湖北银行荆州分行充分发挥财政资金的杠杆作用，形成了金融机构对中小企业乘数式的资金投放效果。这样的创新思路为破解小微企业贷款难问题提供了新的路径选择。在这样的担保体系下，银企双方紧密地连到了一起，最终实现了银、政、企三方共赢。

孝感市首推 "政府出资融智 +
政银集合贷" 信贷模式

一、背景

近年来，小微企业普遍面临着经济规模较小、抵押物匮乏、抵押担保落实难、信息不对称、抗风险能力较弱等问题，银行不敢贸然进入，难以获得银行贷款的全力支持。

（一）社会化信用评级认可度低，小微企业信贷通道不畅

当前，各类社会化信用评级机构提供的企业信用评级结果仅为部分地方法人金融机构采用，而各国有商业银行、股份制银行均有自成体系的评级授信系统，小微企业贷款需通过银行的信用评级。孝感市共有小微企业 2.4 万户，其中小微工业企业 8000 多家，普遍反映仅凭社会中介机构出具的信用评级报告很难得到银行的信贷服务，而一般又达不到进入银行信贷评级通道条件。据统计，孝感市 94% 的小微企业未进入银行信贷评级授信通道，在人民银行征信系统中没有信用记录；92% 的小微企业未申领贷款卡；57.5% 的小微企业没有在银行开立基本账户。

（二）现有担保公司担保能力有限，小微企业信贷受益面窄

孝感市 7 个县市中，共有各类信用担保公司 26 家，注册资本 16.5 亿元，户均只有 6300 万元，达到商业银行 1 亿元注册资本门槛的只有 6 家，受益的小微企业只有 176 户，占小微企业总量的 2.2%。同时，部分信用担保公司改变了创设初衷，主业由信用担保向直接融资转变，小微企业通过信用担保获得贷款的难度进一步加大。

（三）商业银行信贷门槛高，小微企业融资贵问题比较突出

按照商业银行现行信贷管理规定，小微企业申请银行贷款，额度不超过抵押物评估价值的60%，每次贷款均需对抵押物进行评估、公证、登记等环节，综合费用率达贷款总额的7%～10%，高于同期银行贷款基准利率，融资贵问题比较突出。多数小微企业得不到银行的信贷支持，只能通过小额贷款公司贷款、民间借贷融资，仅利率就达24%，加上抵押等，综合成本更高。

二、模式介绍

政银小微企业集合贷业务是由孝感市政府、工商银行湖北省分行按照一定比例出资设立的小微企业信贷风险担保金，对孝感地区符合条件的小微企业进行保证担保，对形成风险的融资进行补偿的一种融资模式。

（一）客户准入基本条件

1. 符合国家工信部对小型企业或微型企业界定标准，具备工商银行小企业信贷政策制度规定的基本准入条件；

2. 在孝感地区内经营期满一年以上；

3. 符合国家产业政策和工商银行行业信贷政策；

4. 具备履行合同、偿还债务的能力，无不良信用记录；

5. 纳入风险补偿风险担保金池；

6. 原则上需孝感市中小企业服务中心提供由工业和信息化部电子第五所对借款企业出具的书面咨询报告；

7. 必须接受孝感市中小企业服务中心和工商银行孝感市分行对其生产经营、资金使用等方面的监管；

8. 在工商银行开立唯一的存款账户，以封闭管理形式保障资金安全性。如客户在他行也有贷款，须开立一般存款账户，销售款归工商银行率超过融资占比；

9. 在工商银行开立保证金专户，并按办理融资额的10%存入保证金，用于还本付息；

10. 信用等级在 A + 级（含）以上；

11. 签署《账户管理协议》、《信贷资金托管协议》，保证贷款资金、销售款的封闭运行；接受孝感市中小企业服务中心和工商银行孝感市分行对其生产经营、资金使用等方面的监督和管理；

12. 工商银行其他要求。工商银行孝感市分行提供其他金融增值服务。包括但不限于配发工商银行的财智账户卡，为企业提供 7×24 小时的全天候结算服务；签订代发工资协议，由工商银行代发，减少企业工作量；签订水费、电费、税款等代收代付协议，通过工商银行系统办理。

（二）营销方案

孝感市政府、工商银行湖北省分行共同协商设立风险补偿金，其中政府出资 6000 万元，工商银行出资 4000 万元的风险拨备，共计 1 亿元。以风险补偿金为小微企业在工商银行辖属分支机构提供贷款担保，并对小微企业贷款损失进行补偿。风险补偿金拟解决不少于 100 户小微企业融资问题，向每户企业原则上提供不高于 800 万元人民币的融资；全部融资额度原则上按风险补偿金的 8 倍执行，担保贷款总额拟控制在 8 亿元以内。如受到国家宏观经济政策、信贷政策发生重大变化，以及孝感辖内企业资金需求不足等原因的影响，可根据企业实际需求办理。

风险补偿金重点支持生产型实体企业（制造业）中市场前景好，自身竞争能力强，经营有效益，符合国家产业政策、节能减排政策和环保要求的小微企业资金需求。

为更好地发挥政府推进和支持小微企业发展的主导作用，着力解决银行和企业信息不对称的问题，根据政府与工业和信息化部电子第五研究所（中国赛宝实验室，以下简称工信部五所）签署的有偿服务协议，工信部五所受政府委托，对辖内小微企业进行独立、客观的分析，出具书面咨询报告。报告内容包括但不限于公司法人治理情况、企业所处行业及主导产品市场竞争力现状和生命周期、企业经营分析及财务分析、企业存在的主要问题及改进建议等。孝感市中小企业服务中心在工信部五所咨询服务范围内向工商银行推荐拟融资客户名单，并提供咨询报告。工商银行收到咨询报告后应立即组织人员对小微企业进行双人实地尽职调查，对符合工商银行信贷政策的客户，工商银行审定后纳入小微企业风险补偿金融资名单。

对纳入风险补偿金名单的客户实行动态管理，对不符合条件的及时退出，并及时补充优质客户进入风险补偿金融资名单内。纳入风险补偿金管理名单的企业包括工信部五所已诊断并经工商银行审查认可的企业，对于工信部五所咨询范围以外的优质小微企业，经政府推荐，工商银行审查认可后可纳入该风险补偿金范围。对于纳入名单客户，原则上在工商银行辖属机构开立唯一账户，如客户在多家金融机构有融资的可开立多个账户，但在工商银行辖属机构须开立基本结算账户且该账户上的销售归行率高于工商银行融资占比。

集合贷融资利率原则上不超过 7.8%。如国家利率政策发生重大变化，由双方协商后按新的利率政策执行。

当借款人贷款本金出现逾期或贷款利息发生欠息连续 1 个月时，政府、孝感市中小企业服务中心和工商银行共同对借款人欠贷进行催收；在出现贷款逾期或欠息 2 个月且催收未果时，工商银行即向政府和孝感市中小企业服务中心提交书面代偿通知。孝感市中小企业服务中心应在 10 个工作日内按照逾期贷款本息 60% 划拨存放于工商银行的风险补偿金资金进行代偿；超出 10 个工作日补偿资金不能到位时，工商银行有权从风险补偿金账户内直接扣收。同时政府和孝感市中小企业服务中心协调督促政府相关职能部门采取措施协助进行清收。

贷款逾期或欠息 9 个月后，经处置抵（质）押物、追偿其他保证人代偿能力后，仍无法收回贷款本息的，政府协调工商、法院等部门，向工商银行出具符合条件的呆账核销法律文书，包括但不限于法院出具的《财产执行裁定书》、工商部门出具的《营业执行吊销（注销）通知书》等。由工商银行向上级行申请剩余贷款本息核销。对于核销后的贷款本息，孝感市中小企业服务中心和工商银行不放弃追偿权，以账销案存形式继续追偿，对追偿回的资金按 6:4 进行分配，将 60% 的资金划到孝感市中小企业服务中心账户上。

当小微企业政银集合贷不良率超过 2% 时，暂停办理此项业务。政府、孝感市中小企业服务中心和工商银行应采取各种措施，全力清收不良贷款，待不良率降到风险控制线以下后再启动。

三、业务流程

1. 企业向经信委提出申请；

2. 经信委评审（包括尽职调查并向工商银行提交推荐函、工信部五所诊断报告），同时通知工商银行进行基础调查；

3. 工商银行审贷后向经信委反馈初步意见；

4. 经信委通知工信部五所出具企业评价报告；

5. 工商银行向经信委反馈审贷结果。

四、主要做法

（一）政府主导出资融智，权威智库专业咨询评估更精准

为更好地发挥政府推进和支持小微企业发展的主导作用，着力解决银行和企业信息不对称的问题，孝感市政府与工信部五所签署了有偿服务协议，购买其智力成果，为小微企业健康发展"把脉问诊"，将其作为银行融资的外部参考依据。孝感市前期出资 400 万元，后期按每户企业 1.5 万元额度，委托工信部五所对全市小微企业进行独立、客观的分析，按企业出具书面咨询报告，为政府决策提供独立性、权威性、专业性的小微企业分析咨询报告，为企业经营管理提供建设性意见，为银行信贷融资提供外部参考依据。报告内容包括公司法人治理情况、企业所处行业及主导产品市场竞争力现状和生命周期、企业经营分析及财务分析、企业存在的主要问题及改进建议等。

【案例】孝感高新区的德美电控有限公司是"政府出资融智＋政银集合贷"模式的首家受惠企业，在拿到工信部电子五所出具的专业评估报告后，成功地从工商银行获得 760 万元银行贷款，解决了新春开工的资金紧张问题。总经理李红樱说："我们小微企业贷款，一般都要找担保公司。贷 100 万元，担保费少则两万多元，多则三四万元。'政银企集合贷'由政府担保，这笔费用省下了。另外，贷款抵押物只需普通贷款的 30%。算下来，综合融资成本由过去的 13% 下降到 7.8%，企业大大减负。如今，德美电控已经在兴建

二期新厂房，明年产值可以翻一倍。"

（二）政银聚合出资增信，小微企业专项风险补偿金针对性更强

由孝感市政府出资 6000 万元，工商银行湖北省分行出资 4000 万元用作风险拨备，共同设立 1 亿元小微企业贷款风险担保金。工商银行孝感市分行以此为担保，再按照 8 倍以上的放大倍数，给予小微企业贷款额度 8 亿元以上的信贷支持，前期解决不少于 100 户小微企业融资问题，待运作模式发展成熟后，进一步扩大风险担保金金额和小微企业受益面。

（三）明确相关部门职责，"政府出资融智＋政银集合贷"信贷模式推进更稳健

孝感市政府、人民银行孝感市中心支行负责信贷创新模式调查、研究、选定、监测、评估和推广工作。工信部五所负责提供孝感市小微企业评估咨询报告。孝感市中小企业服务中心负责政府风险担保金的管理与使用，建立风险担保金监管规章制度、操作办法和工作流程，拟订贷款使用计划，做好融资企业推荐、跟踪服务和政策指导工作，负责初选并制定小微企业风险担保名册，向银行推荐拟融资客户名单。工商银行孝感市分行及其下辖机构作为工商银行湖北省分行、孝感市政府指定该信贷模式唯一业务承办单位，负责此类贷款发放，在收到推荐名单后组织对小微企业进行双人实地尽职调查，对符合工商银行信贷政策的客户，工商银行审定后纳入小微企业风险担保融资名单。同时，对纳入风险担保金名单的客户实行动态管理，对不符合条件的及时退出，并及时补充优质客户进入风险担保金融资名单内。

【案例】武汉纵能机械制造有限公司 3 年前落户孝感高新区，受制于资金短缺"拦路虎"，规模一直做不大。2014 年 6 月，该公司获得政银企集合贷 800 万元，贷期一年，马上投入扩大生产。"这笔贷款只花了 2 个星期就审批完了。平时我们贷款，最快也得等一个半月。"董事长沈国雄说。政府搭建平台，促进了银行和企业的相互了解。2014 年销售业绩有望达到 1 亿元。

（四）实行贷款前端与后端风险控制，信贷创新模式风险可控度更高

政银企集合贷从贷款前端、后端进行风险控制。前端主要措施是，拟享受该模式贷款的小微工业企业，全部由工信部电子五所预先"把脉评估"，出具评估报告。孝感市中小企业服务中心负责与银行、财政部门的协调配合

和信息交流，定期通报小微企业政银集合贷运行情况，审核推荐小微企业进入工商银行的贷款申报程序，确保贷款投放更准确、有效。后端主要措施是企业按贷款额 10% 比例缴存保证金，作为贷款本息出现风险的第一还款来源；当集合贷不良率超过 2% 时，将暂停办理并清收不良贷款至风险控制线后，方能再次启动。按每年 5 亿元的担保贷款计算，即不良贷款造成的坏账损失最高不超过 1000 万元，对所出现的风险代偿，由孝感市政府与工商银行孝感市分行按 6:4 分别承担。

（五）实行政策倾斜，信贷创新模式推广复制路径更清晰

一是政策支持优先。政府主导加大对小型微型企业税收扶持力度，减轻生产经营者个人税收负担，提高小微企业增值税和营业税起征点，对小微出口企业按月优先办理退税。二是配套服务优先。政府职能部门加强对小微企业窗口指导，经信委、工商、财政、房产、土地、环保等部门简化对小微企业办证、抵押、环评手续，提高服务效率，同时督促职能部门按政府出台的优惠政策，降低抵押登记和评估费用。三是信息辅导优先。利用政府资料、数据等信息优势，及时提供给小微科技型企业市场、技术、资金、招商引资、项目开发等信息力度，引导、帮助、扶持小型微型企业经营模式转变、技术产品创新，增强盈利能力。四是实行公共资源倾斜。为保证小微企业融资来源和资金规模需要，孝感市政府在政府公共财政资源上向工商银行倾斜，逐步提高财政存款、公积金归集、住房维修基金归集等在工商银行的比例和份额，壮大工商银行资金实力，扩大专项信贷资金规模，用于支持小微企业发展。公务员及事业单位代发工资向工商银行倾斜，招商引资客户开户原则上选择工商银行。

五、主要成效

（一）示范效应明显

政银集合贷重点支持生产型实体企业（制造业）中市场前景好、自身竞争能力强、经营有效益，符合国家产业政策、节能减排政策和环保要求的小微企业资金需求，对孝感市经济结构调整和转型升级有着积极推动作用，对

解决小微企业融资难更具有示范效应。相比政府将资金直接支持企业的传统办法，这种通过银行的放大作用，用一定的财政资金撬动了银行 8 倍的信贷资金，可以使更多的企业获得金融支持，扩大了财政资金支持小微企业发展的覆盖面，也提高了政府资金的使用效率。

（二）小微企业受益明显

"政府出资融智 + 政银集合贷"模式，既提升了企业咨询评估报告的权威性、实用性，又大幅减少了企业因抵押、担保而产生的费用，有效解决了企业抵押和担保难题。目前申请并符合条件的客户已达到 265 户，提出的意向融资需求已超过 16.3 亿元，已让 56 户小微企业走上贷款的"绿色通道"。截至 2014 年 8 月，共发放 3.71 亿元贷款，另有 4600 万元即将发放，2.23 亿元在审批程序中。

（三）办理更加便捷实惠

小微企业贷款成本更低，政府与金融机构直接合作，减少了一些不必要的环节，同时限定合作银行贷款利率的上浮幅度，使小微企业的融资成本明显下降。企业贷款利率原则上不超过 7.8%，企业融资综合成本可以控制在 9% 以内。企业资产抵押，可以低至贷款额的 30%。小微企业贷款速度更快，工商银行湖北省分行已将纳入政银集合贷的贷款审批权下放到孝感市分行，800 万元以内的贷款由孝感市分行直接审批，贷款时间可由过去的最快一个月缩短至 15 日内。

（四）有效规避银行信贷风险

"过去对小微企业贷款，确实信心不足，怕风险。"工商银行孝感市分行高级经理何继远说。如今的信心来自专业评估机构、政府和银行的无缝衔接。企业是否有高成长性？经营风险是大是小？工信部电子五所对这些小微企业逐一进行独立客观分析，内容包括公司法人治理情况、企业所处行业及主导产品市场竞争力现状和生命周期、企业经营分析及财务分析、企业存在的主要问题及改进建议等，并出具书面报告。"每份报告中，我们最看重企业所处行业的前景分析和企业所处的地位，这是相当专业的结论，是贷款的主要决定因素之一。"何继远介绍。依托政府搭建的融资平台，工商银行孝感市分行实现了与孝感市经信委、工信部电子五所和小微企业客户的无缝对接。

农业银行大冶市支行
推行行业集约化客户服务模式

大冶市是一个以铁矿、铜矿、煤矿为主的资源枯竭型城市,县域经济发展迅速,2012年、2013年连续两年成为湖北省唯一的全国百强县市。为支持县域经济发展,农业银行大冶市支行紧扣地方经济特点,围绕中小微企业需求创新金融服务,加大信贷支持力度,形成了独具特色的行业集约化客户服务模式。2013年农业银行大冶市支行存、贷款规模达到120亿元,市场份额在全市15家银行业金融机构中均居首位,先后被中国银行业协会授予"最佳社会责任特殊贡献银行网点",被黄石市政府授予"黄石市小微企业服务十佳优秀单位"等称号。

一、模式介绍

行业集约化客户服务模式是农业银行大冶市支行与大冶经济资源型支柱行业组织联合,通过战略合作协议及集中授信,对行业内中小企业进行集约化服务。农业银行大冶市支行行业集约化客户服务模式发展经历了三个阶段:

一是服务初始阶段。大冶民营经济开始活跃时,一大批中小企业从事以铜、铁矿业贸易,但创业初期,资金短缺,缺乏有效抵押资产成为制约企业发展的"绊脚石"。针对这一情况,农业银行大冶市支行先后推出铜单质押、票据贴现业务,解决企业资金困难。二是扩大服务范围阶段。随着大冶资源经济起步发展、产业链条的形成,仅服务铜铁资源客户已不能满足众多中小企业市场客户需求。为了扩大服务范围,农业银行大冶市支行在全省试点小企业信贷业务,以资产抵押、企业互保为主体,开办了小企业简式快速贷款、小企业保证贷款。三是集约化服务阶段。自被确定为全国首批资源枯竭型城市后，大冶市加快了经济转型步伐，大冶县域经济出现了一镇一特色、一区一品牌的变化，形成了工业园区化、产业集群化转型发展态势。为适应小微企业市场变化，农业银行大冶市支行率先推进行业集约化客户服务工作，牵头成立了大冶矿业商会，对资源型中小企业推进集约化服务，目前商会350多家会员成为该行集约化服务主体对象，贷款达20亿元。

二、业务范围及特点

行业集约化客户服务主要面向三类客户：一是具有良好发展前景的资源型小微企业；二是资源型企业向食品加工、建材、服装、机电制造四大集群产业转型的小微企业；三是通过"以工辅农"方式向现代种养殖大户、家庭农场、互助合作社转型的中小企业。

行业集约化客户服务模式主要有以下三个特点：一是行业化，以资源型行业为主体，通过主体行业向其他行业辐射延伸；二是集约化，成立矿业商会，在行业组织中集中对会员进行集约化服务；三是优惠便利化，对商会会员实行多项优惠制度，扩大了企业的融资面，降低了企业的融资成本。

三、办理流程

办理流程分为三步：一是成立行业组织——矿业商会，农业银行与商会签订战略合作协议，明确双方的权利和义务；二是企业向矿业商会提出申请，商会对申请者进行资格审查，对审查合格者予以入会，会员向商会和农业银行分别提出用信申请，农业银行和商会同步对申请进行审核调查；三是商会向农业银行提出担保意向，农业银行按流程审查、审核、审批后，由商会担保公司提供担保，农业银行向会员个体放款。

四、配套政策

行业集约化客户服务是一种全新的服务模式，需要强有力的政策支撑。

为此，农业银行大冶市支行向上积极争取政策、规模、权限，为行业集约化客户服务模式注入政策活力。农业银总行将大冶支行作为全国"三农产品创新基地试点行"，为推进集约化客户服务提供了产品创新的有力支撑，给予了最优越的政策支持，超权限项目直接上报总行审批、新的金融服务产品先行先试、服务中小企业允许一定范围内的制度突破。农业银行黄石市分行将贷款审批权限100%下放给大冶市支行。如今300万元以下的贷款无需通过省市分行，大冶市支行有权直接审批发放，提高了行业集约化客户服务的办贷效率。进入宏观调控以来，信贷规模总体呈压减之势，但是行业集约化客户服务模式有单独配置的信贷规模。2014年，农业银行湖北省分行拿出2亿元的规模，专门配给大冶市支行，进行票据贴现等业务的发展。大冶市支行作为试点行，拥有单独的规模，还可以通过原有规模进行灵活的规模配置。

五、主要做法

（一）建立目录，确定服务对象

农业银行大冶市支行确立了"十百千万"目标服务客户拓展工程，即"拓展十大产业化龙头客户，支持服务百户中小企业，营销网络千名中高端个体工商户群体，支持万户农村从事种养加工的新型农户"，建立了客户服务目录，将中小企业按照资产、信用状况、经营情况分类建档。目前进入目录的客户有160多户。

（二）成立商会，推进集约化服务

一是成立矿业商会。2012年5月，为了对分散的资源型企业推进集约化服务，全市从事矿产开采、加工和贸易企业及个人按照自愿、平等原则组成了非营利性的社会组织——大冶矿业商会。二是组建行业担保公司。为了更好地向会员提供融资服务，大冶矿业商会组建了行业担保公司——湖北涛源担保公司。该担保公司以劲牌投资公司为发起人、法人控股股东，其余为个人自然人加入，公司注册资金规模达到3亿元。组建了行业担保公司后，不仅有针对性地解决了大多数小微企业会员有效资产不足、难以从银行获得融资的困境，而且有效降低了企业融资成本。三是农业银行积极参与运作。向湖北涛源担保公司授信 30 亿元，在授信项下对会员提供小企业信贷支持。在贷款利率上浮区间给予优惠，对担保公司会员贷款执行下调 10% 利率优惠。建立了"绿色通道"，对商会会员目录进行管理，简化调查环节，提高办贷效率，在七个工作日内完成。与此同时，农业银行开通"银期通"产品，引入第三方存管，让铜贸易型企业在期货市场上开办套期保值操作，提供了避险途径。

【案例】行业集约化客户服务助力鑫东公司发展

湖北鑫东公司是最早从事矿产贸易的九州矿业发展壮大后新成立的集种、养、休闲为一体的经营转型公司。起初由于九州矿业并没有从事过养殖行业，又苦于新成立的企业无有效资产、融资困难，发展受阻。但九州矿业加入商会成为会员之后，鑫东公司进入农业银行服务目录，获得湖北涛源担保公司担保资格，农业银行为鑫东公司提供了 1000 万元流动资金贷款支持。目前，授信总额 3000 万元，贷款余额 3000 万元。有了农业银行贷款支持，经过科学规划，鑫东公司从零起步发展成为拥有生猪养殖区 100 亩、蔬菜种植区 1200 亩、苗木花卉盆景园艺区 200 亩、生态农业休闲体验区 500 亩、林场 1000 亩的大型综合现代农业企业，其种植的绿色食品出口海外。

（三）丰富产品，优化集约化服务流程

农业银行大冶市支行通过对市场的深入调查、研究，面对不同需求的客户，整合优势产品，通过组合形成套餐，全面满足客户的金融需求。做到四个率先：

一是率先开办铜磅单质押贷款。针对铜贸易客户向大冶有色公司卖出铜矿后，因矿石精炼需要一个过程，货款不能及时给付，收到的是一张没有市场价值的磅单，期间时间跨度造成贸易客户沉淀了大量流动资金，再生产难以维继。农业银行针对性地率先推出了铜磅单质押（铜账户托管）贷款产品。以大冶有色金属铜提货单作质押，经上门验单后快速放款，化解客户贸易空档期资金不足的难题。

二是率先在同业中开通票据贴现业务。铁矿贸易客户卖出铁矿后收回的是大多是一张张票据，单个铁矿贸易客户的票据结算份额甚至占到 80% 以上，绝大多数矿业贸易客户存储着大量票据，为了再生产，急需将手中票据转化为现金。农业银行大冶市支行抢抓机遇，成立票据中心等职能部门，开办票据贴现业务，打造特色市场品牌，在其他金融机构争先模仿中，票据贴现业务市场份额依然达到80%。

三是在全省率先试点小企业信贷业务。为了扩大服务面，向铜铁矿产之外的客户提供服务，率先推出了小企业简式快速贷款、小企业保证贷款。针对小微企业有效抵押资产少的问题，开通了小企业简式快捷贷款，该产品具有"门槛低、手续简、速度快"的特色，开办之初深受小企业的欢迎，纷纷上门寻求贷款支持。在推进过程中，发现大多贸易类企业固定资产少、流动资产多，难以享受到资产抵押贷款的支持，农业银行又适时推出小企业保证贷款，让这部分企业取得农业银行评信2A以上企业的资信担保后，进入了农业银行信贷支持目录，获得了小企业信贷支持。期间，在大力发展企业互保贷款之后，为解决单个企业资信担保能力不足的问题，又与贷款担保公司合作开办了贷款担保公司担保贷款，做大保证担保业务量。在现有的法人信贷客户中，保证贷款占到40%。

四是不断创新，率先推出采矿权抵押、远期交割套期保值等产品服务，针对客户不同金融资产，推出采矿权抵押、白银T+D远期交割等产品。将采矿权、存货和白银T+D等买卖双方以一定比例的保证金确立买卖合约，不以实物交收，买卖双方可以根据市场的变化情况，买入或者卖出以平掉持有的合约作为抵押的新型信贷产品，拓展了企业金融产品服务的深度与广度。

【案例】30万元到5亿元，大泽铜业完成华丽蜕变。大冶市大泽铜业有限公司于2001年4月11日在大冶市一个拖车厂内成立，起步初期由于业务单一，仅仅从事铜矿贸易，常常苦于手中只有铜单，不能扩大业务规模。农业银行开办的铜单质押，让它获得30万元信贷支持，从此大泽铜业不断发展壮大，从起初的作坊小个体成长为有一定规模的集团公司，在银行授信从30万元提高到2014年的5亿元，业务从大冶起步扩展到根留在大冶、铜贸易却做到省外、国外，业务规模从不足百万元提升到年贸易额度达到80多亿元，业务领域从单一铜贸易拓展到与海通期货联手、农业银行协助从事白银T+D等套期保值，公司董事长项泽从个体小老板成长为在中国生产力学会的"创新中国"评比中荣获"中国企业创新优秀人物"。大泽铜业的华丽蜕变，正是农业银行大冶市支行行业集约化客户服务成功的缩影。

在优化集约化服务流程与服务方面，会员可享受多项成本、政策优惠：一是不收杂费。会员担保时，担保公司不收取保证金、调查费及文本合同费用等。二是享受利率优惠。担保公司与贷款银行约定利率浮动区限，取得与单个企业直接向银行贷款的低浮动利率；三是享受保费下调优惠，按照国家政策规定，担保公司可以按银行贷款基准利率50%收取保费，会员可享受下调10%～20%比率。四是享受银行"绿色通道"，银行实行会员目录管理，认可担保公司调查，在七个工作日内办理发放完成。

（四）加强管理，防控信贷风险

近年来，农业银行大冶市支行小微企业贷款年均累放超过20亿元，但没有发生信用风险，取得贷款发放零不良的记录。重点是强化贷前控险和贷后化险的"二险"防控，注重中小企业客户选择准入与贷后风险化解，确保小企业贷款良性循环。

一是做好贷前控险。包括客户选择、识别、准入后的把关等内容。在客户选择上，把重点放在确立的"1234"目标市场与目标客户上；在客户识别能力上，对贷款调查责任人实行资格管理和信贷目标客户目录管理；在客户准入上，注重中小企业"三品"、"三表"，即人品、产品、抵押品，电表、水表、纳税申报表，确保调查环节的真实性、准确性、完整性，严把授信调查关。对保证担保实行"双保险"，即由第三人提供保证担保的中小企业，追加保证企业主要股东及其配偶连带责任保证，将董事会全体成员、法人家庭成员纳入到保证人范围，以防止保证人不实、保证能力不足的情况出现。对借款企业的股东甚至家庭成员与偿还借款捆绑，防范企业法人意外信用风险。

二是抓好贷后化险。积极开展"信用村镇"、"重合同守信用"创建工作，结合送金融知识下乡活动，广泛开展"争当信用企业、信用村组、信用公民"的宣传教育活动。在抵押方式上，实行"两降两提升"，即逐步降低保证贷款比重，提升资产抵押贷款占比；逐步降低企业互保比重，提升担保公司提供的保证贷款占比。

六、主要成效

(一) 培育了地方经济支柱产业

在农业银行行业集约化客户服务经历的三个阶段中,每个阶段凸显了主力军地位,第一阶段较好地扶植了大冶资源产业起步发展,为大冶经济腾飞奠定了良好的基础,大冶地区生产总值的70%来源于资源产业;后两个阶段农业银行较好地化解了大冶加快经济转型中遇到的瓶颈问题,通过走以工辅农的服务路,将矿业作为支持重点的同时,让发展壮大后的资源小微企业拓展其他产业,实现经济成功转型,中小企业成为大冶市经济的支柱产业。

(二) 促进了小微企业快速发展

集约化服务促进了大冶市众多小微企业发展壮大。如大冶宏泰铝业自2001年农业银行支持100万元新增第二条生产线以来,发展成大型集团公司,拥有4个分厂、38条生产线、员工2100人,成为华中地区最大的铝型生产企业;大冶灵溪食品公司在农业银行多年支持下,形成了"金柯辣椒"名牌产品。

(三) 提升了农业银行大冶市支行自身经营管理水平

通过推进行业集约化客户服务模式,把质量经营放在重要位置上,从过去一贯性以"外延扩大"和"争地盘、壮块头"为主的经营思路转向以"强化内涵"和"练内功"为主的经营思路上来,整合客户资源以及自身优势产品,在资产质量、负债质量、管理质量、服务质量等方面上档次、上台阶。不断创新产品和服务,更好地与市场发展变化相对接。从铜单质押到现在的白银 T + D 远期交易,农业银行大冶市支行不断根据客户市场的变化调整策略,推出最适合客户的产品服务,通过优质的服务和产品助力中小企业发展,最终打造独特的"大冶农行模式"。

郧西县为农民工量身定做 "创业通" 贷款

一、背景

郧西县自然资源匮乏、工业严重滞后、农业分散经营、旅游业刚刚起步，打工经济占经济总量1/3 的国家级山区贫困县，如何找寻一条既能促进经济增长又能带动就业创业的发展路径？近年来，郧西县农商行针对该县 51 万人中就有 17 万人外出务工的特点，提出以支持农民工创业致富为着力点，推出了"农民工创业贷款"信贷产品。该产品在强化金融风险防范的前提下，将银行信贷支持与服务农民工创业有机结合起来，对不同资格主体、不同创业阶段、不同产业群体的农民工创业者，创新推出六种不同贷款模式，确保山区农民工创业者从起步、发展、壮大到成功的各个环节都有银行信贷扶持。

二、产品介绍

（一）"创业通"贷款概念

"创业通"贷款是指基于第一还款来源有保障，向异地创业并已具有一定实力和规模的郧西籍农民工采取担保方式发放用于生产经营的贷款。

（二）"创业通"贷款方式

1. 信用共同体模式，是向已经评级授信的由 3 户以上（含 3 户）的农民工自愿组成信用共同体的成员发放的贷款。信用共同体依据"自愿组合、诚实守信、多户联保、风险共担、利益共享、按期还款"的原则，单户贷款额度控制在 50 万元以内（含 50 万元）。

2. 抵（质）押模式，是以农民工自有或第三方资产作抵（质）押担保而发放的贷款，额度控制在 500 万元以内（含）。

3. 组合担保（保证和抵、质押）模式，主要根据借款农民工的实际情况，选择抵（质）押、自然人保证、企业法人保证、专业公司保证、联保等方式的合理组合为借款提供担保而发放的贷款。额度控制在 300 万元以内（含）。

4. 小微企业担保中心担保模式，是基于创业成功人士创办的企业或个人信用，由小微企业信用担保中心担保为创业已成功的农民工发放的贷款，额度控制在 100 万元以内（含）。

5. 专业公司担保模式，主要是向经营的项目符合产业政策、市场前景好、效益高的领军创业农民工发放的由金信担保公司担保的贷款，额度控制在 500 万元以内（含）。

6. 被评级授信的农民工创业贷款可以采取以下保证形式：

（1）由评级级别高、授信额度大的为同区域或异地的评级级别高、授信额度大的担保；

（2）由评级级别高、授信额度大的为同区域的多个评级级别低、授信额度小的担保；

（3）由评级级别低、授信额度小的为同区域的评级级别低、授信额度小的担保。

以上担保不能互为担保，对外担保额度和本人贷款额度不得超过授信额度。可提供担保额度计算公式为：

$$可提供担保额度 = 授信额度 - 贷款额度 - 已担保额度$$

三、业务范围

贷款对象仅限于郧西籍在异地创业，集中、连片、成规模便于跟踪管理的农民工及所办企业。在受理"创业通"贷款业务时，客户必须达到如下条件：

1. 贷款对象仅限于郧西籍在异地创业集中、连片、成规模便于跟踪管理的农民工及所办企业。

2. 贷款条件。（1）年龄在 55 周岁以下，具有完全民事行为能力的郧西籍农民工异地创业者；（2）身体健康，遵纪守法，资信良好，无不良信用记录，无不良嗜好及社会恶习；（3）有具体的经营项目和稳定的收入来源，具备还款意愿和按期还款能力；（4）经营的项目合法、合规，符合国家政策和社会发展规划要求；（5）经营的项目已步入正常轨道，连续经营期限在 3 年以上；（6）易变现净资产在 100 万元以上；（7）所经营的企业、项目及个人已在郧西农商行开立基本账户或结算账户；（8）能够提供农商行认可的担保方式；（9）由当地郧西籍创业者组成的商会或被评一级以上资信创业领军大户的推荐函；（10）农商行规定的其他条件。

3. 贷款用途。贷款主要用于劳务承包、生产加工、商贸流通等流动资金需求。

4. 贷款期限。根据生产周期和实际情况，由农商行与借款人一起协商确定。保证方式贷款原则上不超过 1 年。抵（质）押方式贷款最长不超过 3 年。对确因意外事故等不可抗力因素导致贷款到期无法偿还的，在风险可控的前提下可以合理展期，但只能展期一次。

5. 贷款利率。根据借款人的资信等级、贷款金额、贷款期限、资金及管理成本、现金流、风险水平和当地市场利率水平，按人民银行公布的基准利率和浮动幅度由借贷双方协商确定，可适当优惠。

四、办理流程

"创业通"贷款按照"先评级、后授信、再用信"的原则，采用"按年核定、随用随贷、余额控制、周转使用"的模式。评级、授信按年调整，动态管理。基本流程为：评级授信→业务受理→贷前调查审查→贷款审批→贷款发放→贷后管理→贷款收回。

五、配套政策

（一）引入担保机制

郧西县金信担保公司与农商行签订担保合作协议，提供 10026 万元的担保基金，按照 1:5 的比例放大，支持所有异地创业的农民工。

（二）实施部分金融服务费优惠

通过办理农民工银行卡，减免相应的手续费或小额账户管理费；在利率方面，根据信用等级和综合贡献率实施利率定价，对贷款户综合信用度、贡献率（个人信用、个人资产、担保方式、资金流等）进行评级打分，根据综合得分计算贷款利率幅度，即信用等级评分高的企业或农民工享受贷款利率优惠。目前利率幅度浮动区间基本保持在 15%～50% 之间。

（三）加强保险保障体系建设

积极宣传和开办农民工意外伤害险、大病医疗保险等险种，解决农民工创业过程中的安全隐患，也较好地防范了贷后风险。

六、实施情况

一是认真调研论证，制定信贷方案。为确保农民工创业贷款模式得以顺利实施，农商行进行了广泛的调研，在充分听取各方意见建议的基础上，拟定了操作性极强的《郧西县"农民工创业贷款"实施方案》，县政府成立领导小组负责组织协调推广，农商行成立专班负责农民工创业贷款的营销和管理；同时针对贷款对象不同，制定《郧西县"农民工创业贷款"管理实施细则》，重点支持农民工创业打工区域相对集中和产业链衔接紧密、有信贷需求的农民工，并对农民工创业的对象、原则、信用评级、授信额度、发放流程和风险防范措施等进行明确，确保信贷模式的针对性和操作性。

二是建好资信档案，筛选扶持重点。为广泛了解农民工信用状况，郧西县农商行成立外埠业务信贷部，1 名副行长负责此项业务，同时成立四个工作组，分赴打工密集区收集农民工的信用信息，对其姓名、身份证件、有无配偶、所在村组、家庭人口、劳动力、承包田亩、务工地、务工单位、年均收入、联系电话、银行存款账户以及个人信用记录等信息予以全部登记，由农商行、各乡镇和农民工所在公司三方确认其真实性。审查申请人提供的资产证明，多方调查申请人的信誉和行为，深入农民工异地创业工地实地考察项目进度及其他情况，确保资信状况真实可靠。在此基础上，按照农商行信用评级办法和标准，对农民工的信用状况进行评级、授信。

三是深入开展宣传，做好信息对接。一方面，充分利用农民工节假日返乡之际，在汽车站、码头和集贸市场开展信贷产品宣传；利用重大节庆日向各地农民工分发"致农民工的一封信"信息，以节日问候方式进行宣传；充分利用中国郧西七夕文化节邀请外出成功人士回乡开展联谊会形式进行产品推介。另一方面，组织4个专班分别深入河北左各庄、北京、西安、大同等打工人员密集地区上门进行宣传；采取登门拜访方式，通过组织当地的商会、企业名人、人大代表、政协委员、致富带头人开展座谈、自主引荐等途径进行信息对接和产品推介，让创业通产品宣传辐射全国。

四是做好贷后服务，强化风险控制。为强化贷后服务和风险管理，根据打工人员分布区域，分别成立华北、西北、华中三个片区贷后风险管理小组，规定各小组每月深入农民工务工地区上门咨询，了解经营状况，做好财务指导。同时为强化贷后信息收集，还在各地选择没有信贷业务但有其他金融业务的人员作为信息员，了解贷款户经营情况，以便作出风险评判。

截至2014年6月，累计办理农民工创业贷款14707笔，余额70470万元。这种既符合市场需求，又能规避信贷风险的新型信贷产品有效地服务"三农"，支持了县域经济发展，成为金融创新服务的一大亮点，得到地方政府的充分肯定和农民工的普遍赞扬。

七、主要成效

（一）有效解决了农民工创业贷款难题

过去农民工打工创业，由于其流动性大，本地金融机构无法掌握其准确信息，不能及时提供金融服务。在劳务输入地，农民工因没有户口，不是"本地人"，也不能享受贷款服务。通过创新信贷模式，填补了不同层次、不同阶段、分布不同打工地域的农民工金融服务空白，破解了农民工创业贷款的难题。截至2014年6月，已累计支持初期农民工创业贷款14069笔，余额38010万元；农民工组成信用共同体小组3218个，成员7382人，余额10070万元；支持农民工创业期间扩大经营规模贷款195笔，余额8900万元；支持创业比较成功的农民工贷款 409 笔，余额 8200 万元；支持返乡创业"以富带贫"的成功农民工贷款 34 笔，余额 10840 万元。

（二）搭建创业成功人士反哺地方经济建设的桥梁

自开展农民工创业贷款以来，郧西县创业成功农民工回乡创业热情高涨，发展实力增强，积极反哺支持家乡经济建设。郧西籍老板饶会均，致富不忘家乡人，投资 3 亿元，获农商行授信 8000 万元，回乡开发 4A 级风景区龙潭河和悬鼓观公园，吸纳就业 120 余人；湖北卓越集团公司董事长郧西籍人刘雁飞，投资 1 亿元，获农商行贷款 2880 万元，建成郧西第一个 4A 级五龙河风景区，成为西安至武汉旅游线上一个风景独特的节点。截至 2014 年 6 月，全县共引进回乡创业项目 9 个，总投资 6.1 亿元，解决家乡 1800 余人在家门口就业。

（三）形成政府、银行、农民工三方共赢局面

政府通过农民工创业贷款这一平台，与 30 多名创业成功农民工、24 个项目达成招商引资意向协议；农商行通过信贷支持年增加收入 2200 万元，通过工资代发、推广现代化支付结算工具和代理客户理财等方式，新吸收农民工存款 13 亿元，发行福卡 13000 张。2014 年 6 月，郧西县农民人均现金收入达到 2768 元，较年初增长 600 元。这种"以富带贫"，最后走向共同富裕的再创业发展模式，成为金融支持贫困地区农民走向富裕的又一成功之路。

八、启示

（一）作为决定地位

在创新农民工创业贷款模式过程中，人民银行充分发挥主导作用，从服务地方经济发展的大局出发，紧密结合地方经济实际，紧紧依靠其他金融机构，积极引导，主动作为，在创新思路、制定方案、设计模式、风险控制和组织推广运用中充分发挥协调和指导作用，有效提升基层央行在地方经济金融事务上的话语权。

（二）活力源自合力

实践证明，创新金融信贷机制激活农村金融市场需要多方联合发力。如

在此产品创新过程中，人民银行、银监部门一致要求金融机构涉农贷款增速不低于各项贷款增速，小微企业贷款增速不低于各项贷款增速；省、市联社也提倡各县级农商行要面向"三农"、面向中小企业、面向县域经济，积极创新符合本地区经济发展特点的信贷产品。同时地方党委政府、劳动就业、保险机构也都积极推动响应，联合发力，这些力量成为推动产品顺利实施、激活农村信贷市场的关键。

（三）思路决定出路

如何做大县域信贷市场这块"蛋糕"，郧西农商行经过了艰苦的探索，通过对农村金融需求进行详细的市场调查后发现，郧西有外出务工人员17万人，且净资产在百万元以上的农民工创业者有1.2万人以上，许多有好的生产经营项目的创业者因资金短缺而不能扩大规模。在谨慎试探性地发放了几笔贷款后，该行认为创业贷款市场前景可观。通过调查登记，有2669户农民工创业者有贷款意向，贷款需求10亿元，目前已累计发放7亿多元，成为该行一个重要利润增长点。

（四）便民就有市场

农民工创业贷款业务品种是为了集约经营、便于风险控制、提高办贷效率归结提炼而成，其管理办法是根据省、市联社相关制度制定的，对具体的操作流程进行了进一步的细化，各环节明了，手续简便，易于操作，在贫困山区和打工大县推广较易实现。

谷城县 "产业链融资"
助推 "城市矿产" 发展

一、背景

（一）谷城县具备产业链融资的良好条件

谷城县是全省唯一的国家级"城市矿产示范基地县"和省级"循环经济试点县"。近年来，谷城县坚持经济建设与生态建设一起推进、产业竞争力与环境竞争力共同提升，以谷城县再生资源园、国家城市矿产示范基地为发展载体和平台，致力于县域循环经济体系创新发展，城市矿产、汽车产业成为谷城县经济发展的支柱产业。在城市矿产、汽车及零部件生产企业中，中小企业占比超过90%。谷城县汽车零部件产业连续8年被列入全省重点产业集群，再生资源产业集群首次列入全省重点产业集群，汽车零部件产业园和再生资源产业园被认定为襄阳市首批特色产业园。

（二）中小企业"融资难"促使金融产品创新

2012年12月底，全县金融机构中小企业贷款余额31亿元，其中，城市矿产、汽车行业关联企业多达200余家，贷款占比为60%。而大多企业以房产、土地、设备抵押，不仅贷款形式单一，且抵（质）押贷款占比达到95%。由于企业经营发展需要资金，企业抵（质）押物已经全部抵（质）押银行，再难得到银行资金支持，企业融资难瓶颈问题就显现出来。如何为中小企业提供无担保抵押的贷款，人民银行谷城县支行经调查论证，决定引导金融部门开发推广产业链融资产品。

二、产品介绍

谷城县产业链融资采取"订单融资＋保理"的模式，是指企业以订单项下的预期销货款作为主要来源向金融机构申请国内订单融资业务，同时以按月履行合同后形成的应收账款申请国内保理业务的信贷产品。产业链融资让合作银行与企业之间的关系不再像传统融资那样单一。由于银行从静态看待企业财务状况，由单纯的资金提供商转变为得以全面了解企业、提供全方位服务的合作方，因此可以利用自身的信息优势和风险控制手段帮助企业改善经营并巩固产业链建设。另一方面也可以减少银行风险。

办理流程是：供应商接到核心企业的订单后，凭订单向银行提出融资申请；获取贷款并组织生产后，向核心企业供货，供应商将发票、送检入库单等提交银行，银行即可为其办理应收账款保理融资、归还订单融资；应收账款到期后，核心企业按约定支付货款资金到客户在银行开设的专项收款账户，银行收回保理融资。供应商当天提交订单或发票，当天就可融资，快捷方便。

供应商在网上接到核心企业的订单后，向银行提出融资申请，用于组织生产和备货；获取融资并组织生产后，向核心企业供货，供应商将发票、送检入库单等提交银行，银行即可为其办理应收账款保理融资、归还订单融资；应收账款到期后，核心企业按约定支付货款资金到客户在银行开设的专项收款账户，银行收回保理融资，这是产业链融资的整套办理流程。在具体操作中，供应商可以直接在银行信贷部门申请办理，银行信贷人员直接在企业产业链系统上确认应收账款，当天提交订单或发票，当天就可融资，快捷方便。产业链融资贷、还款期限灵活，有 6 个月、1 年两种，借款企业可以根据生产进度或经营需要自行选择。

三、产品主要特点

（一）创新性

产业链金融产品突破了传统的评级授信、抵押担保等信贷准入条件的限制，通过对企业现金流的监控，解决了因信息不对称而不敢融资的问题，既是银行信贷业务的创新，更是信贷理念的创新，使银行真正走近中小企业。

（二）实用性

供应商不论大小，均无需提供抵（质）押担保，便可轻松获取融资，解决了中小企业有效担保能力不足的难题。银行下放授权到经办支行，实行柜台前办理信贷业务，简化流程，企业可以直接到银行信贷部门办理产业链融资业务，实时获得融资，极大地提高了业务办理效率，符合中小企业融资"小、频、急"的特点，强化了中小企业融资时效性。

（三）扩展性

该项产品横向可以从生产型的中小企业扩展到贸易型、服务型的中小企业；纵向可以从企业的销售环节向前后延伸至生产环节、资金回笼环节，对企业的物流、资金流提供全程的金融服务。从核心企业的地域分布来看，可以从本地优质大型企业拓展到全国的优质大型企业，进而到全球的优质大型企业，从融资品种看，银行既可以直接提供贷款支持，也可以根据需要提供保理、票据等多元化的金融支持。

四、风险控制与管理

（一）流程链授权

综合考虑到县内不少中小企业财务管理不规范、信息披露不充分、银企间信息不对称等情况，以及中小企业经营规模小、抗市场风险能力弱、平均生命周期短等特点，银行在对中小企业贷款的审批流程和风险控制管理上狠下功夫，不断改进和完善对中小企业业务的服务支持，提升中小企业业务管理水平。试点中，银行信贷管理部门改变过去较复杂的审批程序，为中小企业量身定制了独立的信用评级体系，简化了评级授信流程，大大缩短了对中小企业贷款审批的"流程链"。与此同时，工商银行谷城县支行专门开发了中小企业信用风险评级系统，实现了评级操作和管理的电子化。通过对中小企业专门评级，实行个性化授权，大大提高了为中小企业服务的效率，也提高了风险防范能力。

（二）集约化管理

在贷款审批、贷后管理等方面，银行实行集中管理，企业直接到银行信贷部门中小企业金融业务操作中心办理业务，推行集约化经营。适度下放审批权限，大大缩短审批时间，提高资金使用效益。

五、主要做法

（一）政府推动，人行协调，各行参与

为进一步推进金融产品创新，最大程度地缓解中小企业融资难题，人民银行谷城县支行积极协调各银行业金融机构研究论证，决定在全县推广以谷城国家"城市矿产"示范基地内的企业和汽车零部件产业链上的相关企业为核心的产业链融资业务，最大程度地缓解中小企业融资难题。为此，谷城县政府及时转发人民银行谷城县支行拟订的《谷城县推广运用核心企业产业链融资的指导意见》，要求各金融机构根据自身信贷业务特点，结合谷城县域经济发展的实际，加大力度创新金融产品，开办和推广运用产业链融资信贷业务为支柱产业企业加强服务。

（二）加强领导，成立专班，明确责任

一是成立由县政府分管领导任组长，县政府金融办、人民银行谷城县支行主要负责人为副组长，县政府相关职能部门负责人和县内各金融机构负责人为成员的谷城县推广运用核心企业产业链融资工作领导小组，领导小组下设办公室，办公室设在人民银行谷城县支行，具体负责组织协调，有序推进产业链融资工作。二是明确成员单位职责。县政府金融办负责对产业链融资的组织与管理，人民银行谷城县支行负责对产业链融资业务指导及实施过程中的监督与规范，县直相关职能部门负责对产业链融资提供行政服务，各金融机构负责对产业链融资贷款申请人资格审查、信贷资金筹措、贷款发放、管理与收回。核心企业及上下游中小企业积极配合，提供真实的资料，配合金融机构的检查和管理。

（三）优化流程，提高效率

供应商在网上接到核心企业的订单后，向银行提出融资申请，用于组织

生产和备货；获取融资并组织生产后，向核心企业供货，供应商将发票、送检入库单等提交银行，银行即可为其办理应收账款保理融资、归还订单融资；应收账款到期后，核心企业按约定支付货款资金到客户在银行开设的专项收款账户，银行收回保理融资。在具体操作中，供应商可以直接在银行信贷部门申请办理，银行信贷人员直接在企业产业链系统上确认应收账款，当天提交订单或发票，当天就可融资，快捷方便。产业链融资贷、还款期限灵活，有 6 个月、1 年两种，借款企业可以根据生产进度或经营需要自行选择。

（四）确定核心企业，完善链条企业

根据谷城循环经济园区循环经济基地、汽车零部件产业链企业的实际，人民银行谷城县支行组织金融机构细化核心企业的标准，将信用等级高、资金实力强、经营效益好、带动中小企业发展数量多的 33 家企业认定为"城市矿产基地核心企业"。国家政策、金融支持双管齐下，迅速催生一批循环经济企业和产业。2011 年循环经济园区入驻企业只有 11 家，到 2014 年已达107 家。在此基础上，由金融机构对贷款客户进行调查，建立基础档案，理顺产业链条。摸清了谷城国家城市矿产示范基地及汽车零部件产业链的 107家上下游企业规模、行业地位、合作紧密度，并收集交易合同、交易发票等进行验证，对符合条件的中小企业试行产业链融资业务。

六、主要成效

（一）缓解了中小企业融资难

产业链融资是为服务循环经济园区的企业量身定做的金融产品，手续简单，操作方便，有效解决了企业贷款抵（质）押物不足的问题。产业链企业融资有"小、频、急"等特点，按照银行现有的融资流程，根本无法满足小企业对时效性的要求，同时人力成本也无法承担。工商银行谷城县支行推出柜台化办贷，企业可以在信贷部门直接办理产业链融资业务，效率大幅提高，深受企业欢迎。截至目前，谷城县金融部门已为湖北金洋、三环车桥等 63 家企业办理产业链融资贷款 127 笔、贷款金额 33 亿元。

（二）推动了银行的信贷产品创新

为给循环经济园区企业提供金融支持，谷城县金融部门给企业量身定制了产业链融资模式，突破了传统的评级授信、抵押担保等信贷准入条件的限制，以产业链的核心企业为依托，针对产业链的各个环节设计个性化、标准化的金融服务产品，通过对企业现金流的监控，为整个产业链上的企业提供灵活的金融服务，使企业手中的订单、应收账款等"死资产"变成了"活资金"，使银行真正走近中小企业，解决了企业的资金供应问题，促进了关联企业的成长壮大。截至 2014 年 7 月末，谷城县贷款余额 76.23 亿元，比年初增加 12.12 亿元，增幅为 18.91%，在襄阳市 6 个县市中排名第二。

（三）促进了循环经济的发展

产业链融资让银行与企业之间的关系不再像传统融资那样单一。改变银行从静态看待企业财务状况，由单纯的资金提供商转变为全面了解企业，并利用专业金融知识和风险控制手段帮助企业改善经营并巩固产业链建设，为企业提供全方位服务的合作方。同时，有效扩大了企业的生产和销售，提升了循环经济产业链企业整体质量和稳固程度，形成了银行、产业链企业、政府多方共赢的局面。

（四）提升了社会信用意识

谷城循环经济园企业相互联系、相互依存，促使企业更加关注自身的品牌和社会形象，更加注重保持良好的信用，信用意识显著提升，为银行信贷资金的安全提供了有效保障。目前，谷城全县金融机构 A 级以上信用企业达到 184 户，比 2013 年底增加 6 户，比 2012 年底增加 34 户。

老河口推 "中小微企业产业
发展引导基金" 信贷产品

一、背景

　　受融资渠道单一、无抵（质）押物、大型（国有）企业占据间接融资绝对地位等因素的影响，中小微企业一直处于"强位弱势"地位，融资需求无法得到有效满足，不少需求仍依赖民间借贷。这种资金供求矛盾在县域经济中表现更加突出。鉴于此，民生银行襄阳分行推出"小微金融"战略理念，针对襄阳县域经济中小微企业多、抵押担保物不足，而生产经营又缺乏融资支持的实情，通过与老河口市政府合作，向市场推出了中小微企业产业发展引导基金信贷产品，探索出了"基金＋企业＋银行"的中小微企业担保融资新模式，较好地缓解了中小微企业无资产抵押而无法融资的矛盾，走出了一条支持县域经济发展的新路子。

二、产品介绍

　　中小微企业产业发展引导基金信贷产品，即"基金＋风险金＋保证金"的中小微企业担保融资模式，以政府出资成立中小微企业产业发展引导基金为核心，企业按授信额的1%和10%分别缴纳风险金、保证金，银行引导基金作为担保基金，按不低于担保基金额5倍的放大系数授信，向加入该基金的用信企业提供融资帮助，较好地化解了中小微企业融资难问题。2013年5月，民生银行襄阳分行通过与老河口市政府合作，在襄阳市乃至全省率先设立中小微企业产业发展引导基金，以老河口市六大产业集群（装备、食品、再生资源、纺织服装、生物科技、铸造等产业）所涉猎的中小微型企业为主要服务对象，为中小微企业的流动资金贷款提供免担保、免抵押、低成本、方便快捷的信贷服务，既解了中小微企业发展资金燃眉之急，又解决了中小微企业贷款抵押品不足的难题，实现了银企双赢。

三、业务范围及特点

老河口市中小微企业产业发展引导基金由老河口市政府与湖北力达投资有限公司共同出资 2 亿元（政府出资 1.5 亿元，力达公司出资 0.5 亿元）作为保障资金，与民生银行襄阳分行合作成立，主要用于为处于初创期小微企业的流动资金贷款提供担保，是专为老河口市辖内中小微企业设计的专属授信服务产品。其具有五个特点：一是政府主导，组织由财政局、经信局、发改局等部门成员参加的基金理事会，代表政府管理中小微企业产业发展引导基金，并办理了注册登记手续，基金具有独立法人地位。二是基金只为特定区域的企业提供融资帮助，即只为老河口市的中小微企业提供民生银行融资的专享服务，且企业之间相互合作、相互监督、风险共担，具有排他性质。三是针对县域小微企业数量多、规模小、管理不规范等特点，授信操作遵循"流程清晰、手续简洁、批量办理"的原则，基金融资具有综合服务水平高、成本相对低的特点。四是参与融资的企业均是自愿申请加入的，且只有老河市政府推荐或同意的企业才能以基金为担保平台，基金具有信用的特性。五是政府为基金出资方，对以基金融资的企业不收取除利息以外的任何费用，银行也不收取除利息以外的任何费用，融资具有非营利性质。

四、准入条件

1. 企业符合国家产业发展政策和信贷扶持政策的要求，属于该基金规定范围内的中小微企业。

2. 企业法人或实际控制人具有完全民事权利能力和民事行为能力；原则上具有老河口市的城镇常住户口或有效居留身份，或有固定住所和生产经营场所。

3. 信用记录良好，无不良嗜好，无重大民间借贷行为，无重大经济纠纷和涉诉案件。

4. 其他企业不是申请人的关系人。

5. 自愿缴纳 10% 的保证金，并愿意向该基金项下所有融资企业在民生银行债务提供联保担保。

五、基本流程

1. 企业自愿申请加入该基金，由基金理事会审查合格后，向民生银行推荐、并提交书面的《入会申请书》。

2. 民生银行对拟加入基金的企业进行资格预审，并提交《资格预审表》。

3. 民生银行对资格预审合格的企业安排双人进行授信调查，面签《征信授权书》等书面材料，并将调查结果向基金理事会反馈。

4. 对授信调查意见无异议的企业采取会议集中宣讲、书面公告等形式，明确告知其加入基金的权利与义务。

5. 基金理事会出具《担保确认函》，授信企业到民生银行营业场所签署《借款合同》、《联保合同》等所需要的法律文本、办理有关开户手续后放款。

6. 贷款到期后，企业若愿意续贷，且符合该引导基金规定的贷款条件的，由民生银行安排双人按照续授信的流程进行审查，按照前述第（三）、（四）、（五）的步骤办理；企业若不愿意续贷，由该企业向基金理事会提出书面申请，经与民生银行商议后退付其 10% 的保证金。

六、主要做法及运作模式

（一）人行协调，政府主导

人民银行襄阳市中心支行出台了《关于加强金融支持小微企业健康发展的指导意见》、《关于促进信贷创新支持实体经济发展的指导意见》，引导金融机构创新产品，为企业提供优质服务。同时，根据民生银行开展小微贷的业务特点，结合老河口市经济发展实际，与老河口市政府、民生银行襄阳分行协商，成立中小微企业产业发展引导基金，政府职能部门负责筛选当地企业、为企业出具担保函，民生银行为小微企业提供金融服务，老河口市其他银行以基金理事会成员身份参与策划方案、开立基金账户等协调指导工作。

（二）民资参与，银行承办

湖北力达投资有限公司是一家致力于小微企业发展的投资公司，在老河口市设有力达中小微企业创业孵化建设项目基地，该公司出资 0.5 亿元，参股中小微企业产业发展引导基金，与老河口市政府出资的 1.5 亿元共同为中小微企业解决资金难题。民生银行襄阳分行按基金规模的 5 倍总体授信，企业只需交纳保证金，提供基本信息和资料，无需提供抵（质）押和反担保，就可方便快捷地获得贷款。同时，民生银行襄阳分行还充分利用金融资源优势，为企业提供账户结算、现金管理、信贷融资、资产重组及企业并购贷款、资本市场融资、短期融资券及中期票据发行承销、融资租赁、产业投资基金托管等金融服务。

（三）财政贴息，风险可控

老河口市政府为借款人提供部分贷款贴息，来源为基金中政府出资部分所产生的收益。希望得到基金支持的企业需向基金申请并交纳贷款额 10% 的保证金和 1% 的风险金，若贷款发生风险，银行从企业存入的保证金、风险金中抵扣，差额部分从政府基金中支付。成立了由老河口市财政局、经信局、人民银行老河口市支行等 9 部门以及力达投资公司共同组成的中小微企业产业发展引导基金理事会，对申请贷款支持的企业有严格的准入标准和甄别筛选程序；同时，基金运行稳定后将交由武汉民商小微企业互助服务中心进行专业的运作和管理，在很大程度上减少了银行的资金风险。

七、实施案例及主要成效

老河口市中小微企业产业发展引导基金成立以来，民生银行襄阳分行通过基金与信贷资金结合平台，已为老河口市 160 家中小微企业实际投放贷款 5.6 亿元，取得了初步成效。

（一）影响面大，杠杆撬动效应明显

政府借助公信力和执行力，发起成立产业发展引导基金，配套相应优惠政策，很快搭建了融资基金平台，调动了企业参与的积极性，老河口市95%以上的企业都积极参与。根据《合作协议》，一年内民生银行投放至少要达到5亿元，惠及200多户企业。政府用真金白银作为启动基金，撬动了5倍的信贷资金，起到了四两拨千斤的杠杆作用；银行作为支点，借助信贷资金倍数的放大有力地支持了企业的发展，杠杆与支点结合，两大功能效用更加明显。基金的成功运作实现了三方共赢：政府实现了支持优势产业、优秀企业发展的目的；企业解决了融资难、融资贵的难题；银行通过基金的模式分散了风险，加大了抗风险能力。

（二）受益面广，企业发展动力强劲

老河口市中小微产业发展基金的成立，缓解了小微企业融资中抵押担保不足的瓶颈，受到了企业的普遍欢迎，近200家企业已成为基金会员。正华管理、永信布业等多家小微企业普遍反映，基金担保贷款成本低、效率高，贷款不发生评估、审计、担保等费用，从贷前调查到发放信贷仅需一周。老河口市劲旺油脂加工有限公司是一家从事食用植物油脂加工、销售、饲料零售，政策允许的农副产品收购，货物进出口的企业，市场前景广阔，正处于高速成长期，流动资金存在缺口。民生银行襄阳分行了解这一情况后，依托中小微产业发展引导基金，迅速对该企业发放基金贷款500万元，企业及时投入到流动资金中，拉动销售增长约2000万元。同时，在获得流动资金补充后，企业新开发出两个小包装的精品油品种，提升了产品的利润空间，企业赞誉民生银行基金贷款助力企业加快发展，为企业增加效益。

老河口市生龙机械有限公司是一家从事汽车配件生产加工多年的企业，公司处于成熟期，其产品主要为康明斯等大型国企做配套，生产订单稳定，企业管理严格，产品质量较高。但是因为康明斯等强势企业的结算周期较长，使企业流动资金较为紧张。民生银行考察审核后，对该企业发放了450万元的基金贷款，全部用于流动周转使用，从而保持了全年的满负荷生产，全年销售增长1500多万元，工人流失率为零，新增用工20多人。

（三）激起竞争，优化金融资源配置

中小微企业产业发展引导基金具有无担保、成本低、申请便捷等优势，是省内首创，受到了金融业同行的高度关注。在老河口市中小微企业产业发展引导基金的示范效应下，一些银行不关注小微企业的状况正在得到改善。目前，中小微企业产业发展引导基金模式已成功复制到辖内枣阳市，枣阳市已建立了 1.5 亿元的枣阳市中小微企业产业发展引导基金。截至 2014 年 9 月末，民生银行襄阳分行依托此基金平台已在该市发放贷款 2.2 亿元，支持了 60 家小微企业的发展。

八、启示

如何化解中小微企业融资难、解决其无担保抵押无法获得银行贷款支持的矛盾，银政合作的中小微企业产业发展引导基金贷款是一个有益的尝试。各家银行同业也都在积极拓展小微金融业务，但大多无法破解需要担保抵押才能贷款的难题。民生银行襄阳分行充分利用自身经验与优势，积极与政府部门建立良性合作。引导基金的成立不仅降低了商业银行的风险，更重要的是打造了一个银政合作共同支持中小微企业发展的平台。在这个平台上共享资金，共享信息，共同助推中小微企业的发展，在襄阳乃至湖北省都具有良好的示范效果，引起银行同业和专业媒体的关注。《金融时报》2013 年 9 月 4 日头版进行了专题报道，在 2014 年首届湖北省县域金融创新产品评审活动中，该产品被评为湖北省县域金融创新产品二等奖。

云梦金融三种模式扶持园区小微企业

一、背景

为切实解决小微企业融资难、融资贵、融资慢的问题，云梦县出台了《创建小微企业信用体系建设实验区方案》，确立了以云梦县皮草产业园为试点，开展小微企业产业园区信用体系建设，引导各行社为园区小微企业量身定制信贷适用产品，推动金融资源向小微企业集聚，支持小微企业发展壮大。

二、模式介绍

（一）小微企业政银集合贷

小微企业政银集合贷业务主要是工商银行支持云梦县园区小微企业的融资模式。以孝感市政府和工商银行湖北省分行共同出资建立小微企业信贷风险补偿机制为担保，由工信部五所为小微企业出具诊断报告，工商银行云梦县支行依据诊断报告给予小微企业流动资金贷款支持。在办贷时小微企业只用提供少量抵押物，且融资利率较低。

（二）小微企业助保贷

小微企业助保贷业务主要是建设银行支持云梦县园区小微企业的融资模式。建设银行云梦县支行向目标客户库中的企业发放贷款，在企业提供一定担保的基础上，由企业缴纳一定的保证金和政府提供的风险补偿铺底资金共同作为增信手段。其配套政策是：县政府按照企业信贷资金需求情况先期拿出不低于 1000 万元建立助保金池作为风险补偿铺底资金，并筛选有发展前景、符合产业政策的小微企业建立目标客户库，建设银行云梦县支行按 10 倍比例放大向库中企业发放助保金贷款。

（三）小微企业联保贷款

小微企业联保贷款业务主要是农商行支持云梦县园区小微企业的融资模式。云梦农商行重点支持皮草园区内的小微企业发展，无须企业提供抵押品，通过园区内小微企业组成联保组，进行相互担保而发放的贷款。

三、业务范围及特点

（一）小微企业政银集合贷的范围与特点

业务范围：

1. 符合国家工信部对小型企业或微型企业界定标准，具备工商银行小企业信贷政策制度规定的基本准入条件；

2. 在云梦县内经营期满一年以上；符合国家产业政策和工商银行行业信贷政策；无不良信用记录；

3. 有云梦县中小企业服务中心提供的由工信部五所对借款企业出具的书面咨询报告；

4. 获得云梦小企业服务中心书面推荐，并提供保证担保；

5. 在工商银行开立保证金专户，并按办理融资额的 10% 存入保证金，用于还本付息；

6. 信用等级在 A 级（含）以上；

7. 接受中小企业服务中心和工商银行对其生产经营、资金使用等方面的监管；签署《账户管理协议》、《信贷资金托管协议》，保证贷款资金、销售款的封闭运行。

特点：

1. 要求抵押物品少，只需要 40% 的抵（质）押；

2. 审批流程短，在孝感市内审批；

3. 实行利率优惠封顶，年利率不超过 7.8%。

（二）小微企业助保贷的范围与特点

助保金贷款范围：贷款企业为县助保金管理办公室认定的目标客户库名

录客户。目标客户库企业可由助保金管理机构和建设银行云梦县支行各自推荐，经共同审查通过后进入助保金贷款入池企业名录，作为"助保贷"业务潜在目标客户。

特点：

1. 通过政府注入补偿资金，建设银行云梦县支行放大 10 倍放贷，提供征信平台；

2. 用评分卡模式，简化信贷审批流程；

3. 抵押门槛降低，只需提供40%的抵押物品；

4. 贷款额度规模有保证，不受宏观调控政策对建设银行信贷规模控制。

（三）小微企业联保贷款的范围与特点

云梦农商行开发的小微企业联保贷款适用于云梦皮草产业园试验区里的所有小微企业。

特点：

1. 无需抵押物担保。皮草产业园区小微企业自愿组成联保小组向农商行申请联保贷款，无需提供抵（质）押物担保。

2. 对象明确，准入门槛低。皮草产业园区小微企业合规合法经营，无不良信用记录，无违法行为，信用等级在 A 级（含）以上，可向云梦农商行申请联保贷款。

3. 成本低。皮草产业园区小微企业联保贷款利率按照国家规定的贷款利率执行。除贷款利息外，云梦农商行不收取其他任何费用。

4. 贷款期间原则上不超过 1 年，贷款额度不高于企业净资产总额的90%。

5. 保证金实行专户管理，对全体联保成员的贷款提供连带责任保证担保，在联保小组全体成员的贷款全部结清后支取。

四、业务办理流程及要求

（一）小微企业政银集合贷的办理流程

1. 提出申请。

2. 评定信用等级。按照工商银行小企业法人客户信用等级评定相关规定对借款人进行信用评级。

3. 授信。实行统一授信管理，借款人最高授信额度按不超过企业授信月份之前 12 个月销售归行额的 40% 予以核定，并不超过小企业单户融资限额。

4. 为贷款企业担保。由工商银行孝感市分行为符合小微企业政银集合贷客户的融资提供担保，办理担保手续。

5. 审批。小微企业政银集合信贷业务的客户评级、授信核定、押品认定由工商银行孝感市分行审核、认定后报省分行通过系统录入与审批。

（二）小微企业助保贷的办理流程

1. 县助保金管理办公室与建设银行云梦县支行签订《助保金贷款业务合作协议》。

2. 目标客户库中的企业，经县助保金管理办公室和建设银行云梦县支行共同审核确定。

3. 目标客户库中的企业按规定交纳助保金后即为"助保贷"客户，贷款企业按建设银行信贷业务要求申请贷款，建设银行云梦县支行发放贷款的同时反馈县助保金管理办公室。

（三）小微企业联保贷款的办理流程

按照"成立联保小组、确定授信额度、签订授信协议、贷款申请、贷款调查、贷款审批、签订贷款合同、缴存联保保证金、发放贷款、贷后管理、本息收回"的程序操作。

五、实施案例及主要成效

（一）政银集合贷的案例及效果

在小微企业政银集合业务宣传的过程中，工商银行云梦县支行对云梦县城北皮草工业园进行了重点营销。对以湖北天佑成皮草服饰有限公司、湖北雨蒂斯诺皮草服饰有限公司为龙头的 8 家皮草园企业分别向孝感市经信委和工商银行孝感市分行进行推介，全部获批准入。截至 9 月末，工商银行云梦县支行分别对湖北天佑成皮草服饰有限公司、湖北雨蒂斯诺皮草服饰有限公司各发放小微企业政银集合贷款 800 万元，对湖北思恩皮草服饰有限公司发放小微企业政银集合贷款 450 万元，对湖北梦月皮草服饰有限公司发放小微企业政银集合贷款 600 万元，另有两户（湖北杰蒂纳皮草服饰有限公司、湖北菲玲柏格皮草服饰有限公司）正在审查审批中，预计 2014 年工商银行云梦县支行对皮草工业园发放小微企业政银集合贷款将达 3600 万元。

（二）小微企业助保贷的案例及效果

湖北皎阳皮草服饰公司是云梦县政府引进的一家皮草加工企业，公司主营业务范围为皮草服饰加工及销售，是助保金池企业。由于行业特殊性，每年八九月份公司需要大量采购皮草，因此急需补充流动资金，建设银行云梦县支行用助保金贷款为该企业发放了 165 万元贷款，解决了企业流动资金需求。截至 2014 年 12 月底，建设银行预计将对目标客户库的 20 户企业发放 7200 万元助保金贷款。

（三）小微企业联保贷的案例及效果

2013 年末云梦农商行对接走访皮草园区企业，了解企业发展中资金需求信息，推动雅宝皮草园区湖北春辉皮草服饰有限公司、湖北爱索菲娅皮草服饰有限公司、湖北奥柏丝皮草服饰有限公司等 15 家小微企业按照自愿原则组成三个联保小组，按照联保贷款的要求准备申贷资料，实际授信合计 5900 万元。截至目前申请联保贷款的企业经营状况较好，无不良信用记录。

在金融部门的支持下，截至 2014 年 9 月末，云梦工业园区小微企业贷款余额达 16.64 亿元，较年初增长 66.1%，高于全县贷款平均增速 37.4 个百分点。其中，云梦县皮草产业园 44 家小微企业中，有 33 家企业与银行建立信贷关系，贷款 1.2 亿元，同比增长 7 倍，该园区外贸出口创汇 7427 万美元，同比增长 25.19 倍，增速居全省首位。

六、启示

（一）小微企业信用体系建设的示范效应较为明显

试验园区建设的稳步推进，提高了信息透明度，在客观上促使小微企业更重视和积累自身信用记录，照章纳税意识明显增强。截至 2014 年 10 月末，云梦皮草园中 44 家金融培育企业中已获得贷款支持 33 家，占培育总数的 75%，没有一户出现贷款逾期、利息拖欠或其他不诚信行为，贷款本息到期收回率达 100%。

（二）小微企业信用体系的信贷吸纳能力明显提高

依托云梦中小企业信用信息数据库，实现了小微企业及时建档，已建档小企业及时更新，有效提高了小微企业信用档案建立与更新工作的质量和效率。2014 年 1 月至 10 月，各金融机构为皮草园试验园区内小微企业贷款 33 户，贷款金额 1.2 亿元。

（三）小微企业信用体系建设的县域经济发展贡献度明显提高

得益于小微企业信用体系建设，信贷的快速跟进，2014 年 1 月至 9 月，云梦皮草园出口创汇 10981 万美元，云梦的外贸出口增幅实现了历史性突破，增幅位居全省第一。《湖北日报》以《皮草业"空降"云梦助外贸井喷》为标题对云梦皮草园作了报道。

（四）小微企业信用体系建设有利于进一步优化县域金融生态环境

小微企业信用体系试验园区的建设，有效地改善了云梦县金融生态环境，同时对辖内其他工业园区辐射作用明显加强。2014 年 1 月至 9 月，全县金融机构贷款净增 12.93 亿元，云梦县首次出现贷款净增额高于存款净增额。

（五）小微企业信用体系建设有利于进一步提升基层人民银行履职水平

在创建小微企业信用体系建设试验区过程中，人民银行县级支行承担了大量的组织协调工作，工作的出发点和落脚点都是为促进县域经济金融健康快速发展，得到了县委、县政府的高度肯定，也得到了相关信用创建工作单位的大力协同，受到的小微企业的广泛赞誉。金融机构对人民银行的工作也积极响应，在信用创建过程中，主动寻找和培植客户，推介金融产品，取得了良好的经济和社会效益。

武穴市力推 "银行＋园区＋担保公司" 融资模式

近年来，武穴市积极实施工业立市战略，大力推进工业园区建设，建有各级工业园区 12 个，落户园区中小企业达 132 家，园区经济已成为该市经济发展的新引擎。针对部分新落户园区的中小企业担保难、融资难的状况，该市推出了 "银行＋园区＋担保公司" 融资模式，为园区中小企业融资开辟了绿色通道。

一、产品介绍

"银行＋园区＋担保公司" 融资模式，简称 "银园保"，是园区中小企业通过担保联合体向担保公司提供反担保而获得银行担保贷款的一种融资模式。其核心在于加强信息沟通，银行提供资金、园区提供服务、担保公司提供担保，三方发挥自身优势并共担风险，对缺少抵押担保物的中小企业提供金融信贷支持，以提升融资担保能力，实现金融支持园区中小企业发展融资服务全覆盖。其中园区发挥了解企业的信息优势，为银行提供项目筛选、贷款审核、贷后管理等相关服务；企业以无形资产质押、入股担保公司、组建担保联合体等手段提供反担保；担保公司发挥增信作用，为企业向银行提供担保；相关银行按照相关贷审标准发放贷款。

二、产品特点及运作流程

该产品具有三个特点：一是条件简单，只要是园区内符合国家产业政策，无不良信用记录，资产负债率不超过 50％，申请贷款金额不超过净资产的70%的企业都可以参与。二是流程便捷，缩短了贷款办理时间。过去园区企业从向银行申请贷款到贷款发放至少需一个月时间。在"银园保"融资模式下，企业向园区提出贷款申请，园区管委会向银行和担保公司集中反馈企业经营发展、资产负债、资金需求等情况，银行和担保公司能够迅速掌握企业经营现状，既减少了企业与银行、担保公司的沟通环节，同时也缩短了银行贷前调查时间。通过园区、银行、担保公司三方合作，企业向银行融资时间缩短到了一个星期之内。三是形式灵活，在放款上，银行可以对单一企业放款，也可以对客户群进行集中批量放款，在担保上，企业可用知识产权、股权进行质押，也可用商品进行抵押，还可组成联合体进行联保。

具体操作模式：

模式一：园区中小企业提出担保贷款申请—园区管委会向银行、担保公司反馈企业情况—银行、担保公司开展调查—银行、担保公司确定贷款、担保意向—园区中小企业组建担保联合体（签订联保协议书、联保承诺书）并向担保公司提供反担保—担保公司提供担保—银行发放贷款。

【案例】武穴市龙升棉业有限公司、武穴市华容休闲渔业有限公司和武穴市兴程贸易有限公司是武穴市龙坪工业园区内三家企业。2014年三家公司由于流动资金不足分别需要500万元、500万元和400万元的银行信贷资金支持，因龙升棉业公司和兴程贸易公司现有可抵押资产不足，难以获得可满足经营的信贷资金支持。龙坪工业园区管委会结合企业经营现状，促成现有资产较多的华容休闲渔业有限公司与龙升棉业公司和兴程贸易公司三家公司组建担保联合体，签订《联保协议书》和《联保承诺书》，协议约定担保联合体每一成员向担保公司办理贷款担保时，由所有成员提供最高额连带责任保证，并承诺任何一家公司偿还贷款出现实际困难由担保联合体其他成员共同偿还。龙升棉业公司以价值334万元的厂房、设备等资产，华容休闲渔业公司以价值1900万元的厂房、土地、苗圃等资产，兴程贸易公司以价值257万元的住房、仓库、集体土地使用权等资产共同作为反担保抵押物向武穴市农业信用担保公司申请1400万元的银行贷款担保。通过武穴市农业信用担保公司提供担保，三家企业共计获得了武穴农商行贷款1400万元，满足了企业生产流动资金需求。

模式二：园区中小企业向园区管委会提出贷款意向—园区管委会调查汇总—园区管委会集中向银行、担保公司提出贷款和担保申请—银行、担保公司开展信贷调查—园区资产作担保公司反担保物—担保公司提供担保—银行发放贷款。

【案例】武穴市团山工业园是武穴市建成较早的工业园区，园区位于武穴城郊，交通便利、厂房等基础设施建设较好，落户园区企业达30余家。但园区中小企业大多是租赁园区土地、厂房经营，向银行贷款存在抵押物不足的问题。2013年园区管委会以3000余万元的土地、厂房等园区资产作为反担保物，通过武穴市中小企业担保公司担保，使园区内富源表业、大宋食品、自祥纸业、锦强塑业、跃进铸造等5家企业共计获得武穴农商行贷款2500万元，金仁旺食品公司获得武穴农行贷款400万元，湖北广力制造有限公司获得中国银行武穴市支行贷款200万元，有效解决了园区中小企业因抵押物不足贷款难的问题。

模式三：企业向银行提出贷款申请—园区管委会与企业实行联保向担保公司提供反担保物—银行、担保公司开展信贷调查—担保公司提供担保—银行发放贷款。

【案例】武穴市永安玻业有限公司是团山工业园内一家年销售收入过10亿元的规模以上企业。公司主要从事玻璃瓶、玻璃工艺品、光伏玻璃制造，市场竞争力较强，流动资金需求量较大。2013年公司新投资扩建了1条生产线，造成自有流动资金严重不足，需要银行2000余万元的信贷资金支持。因公司在园区只有部分土地、房产，大部分厂房是在园区租赁的，存在贷款抵押物不足的问题。团山工业园管委会以价值2000万元的土地、厂房等资产与企业以价值900万元的土地、房产等资产作为反担保物，通过武穴市中小企业担保公司担保，2013年中国银行武穴市支行、农业银行武穴市支行、武穴农商行3家银行共计对该公司发放流动资金贷款2300万元，满足了企业经营资金需求。

三、主要做法

（一）建立工作协调机制

武穴市政府下发了《武穴市推行"银行＋园区＋担保公司"融资模式实施方案》，成立了以分管副市长为组长、各园区管委会、金融机构、担保公司以及财政局、经信委、金融办、发改局等相关职能部门负责人为成员的工作领导小组，构建了高效、务实的协调联动工作机制，为"银园保"融资模式的推行提供了组织保障。

（二）建立园区企业信息档案

人民银行武穴市支行牵头组织相关部门采集园区内企业信息，园区管委会负责采集园区企业经营信息，银行机构负责采集企业信贷、信用等信息。企业开户银行综合两方面采集的信息按一企一档建立园区中小企业信用信息档案，共建有档案 132 户。中小企业信用信息档案主要包括三方面信息：一是企业基本情况，包括企业产品介绍、项目投资、经营状况、发展前景等；二是融资信息，包括开户银行、贷款、抵押物等；三是信用状况，包括信用等级、信息报告等。对所采集的企业信息根据不同情况实行按年度或季度更新，其中企业基本情况按年度更新一次，借款及信用状况通过企业信用信息基础数据库系统采集数据实行按季更新。园区中小企业信息档案在银行机构之间实现信息共享，让银行能较全面地掌握中小企业经营发展和信贷资金需求情况，为银行部门开展信贷营销提供了便利。

（三）强化信用培植工作

制定园区中小企业信用培植指导计划，落实中小企业信用培植责任银行，规模以上企业的开户银行为其信用培植责任银行，其他中小企业的贷款银行为责任银行，积极引导企业参加第三方信用评级。责任银行与培植企业签订《武穴市园区企业信用培植协议书》，提出了通过信用培植确保企业达到 A 级以上信用等级的工作目标；明确了主办银行的四项责任：一是制定企业信用培植计划，落实培植责任人及相关责任。二是加强对培植企业发展战略的指导，及时提供有关经济运行、产业政策等信息，帮助企业科学决策。三是组织对企业财务、信贷规定等方面政策辅导，采取洽谈会、上门服务等方式宣传和推介金融业务和融资新方式，加强对企业信贷营销服务。四是建立信用企业培植档案，按要求向市金融生态环境建设领导小组办公室报告培植进展情况；同时明确了企业要打造诚信品牌、按期偿还贷款本息、规范财务管理、建立现代企业制度四项责任。人民银行、武穴市支行经信局、财政局联合组织开展金融知识宣传和信用管理、财务管理培训，引导企业加强内部信用建设，建立内部信用管理责任制和信用约束机制，规范企业信用行为。

（四）组建信用担保共同体

以工业园区管委会和园区中小企业组建信用担保共同体联合出具的不动产、设备、库存商品等资产作为抵押物向担保公司申请信贷融资担保，再经担保公司向银行提供担保而使抵押担保物不足的园区中小企业获得银行信贷支持。根据各园区中小企业发展经营现状，已形成三种操作模式：一是园区内 3~5 家中小企业组建担保联合体，签订联保协议书、联保承诺书，以共同出具的资产向担保公司提供反担保；二是园区以现有资金和不动产设立担保基金，为园区内中小企业融资向担保公司提供反担保物；三是园区管委会与中小企业建立担保联合体，以共同出具的资产向担保公司提供反担保。

（五）出台优惠政策

武穴市政府对园区企业在项目立项、用地报批和税收等方面给予政策支持。相关职能部门在企业融资担保、评估和年检等方面给予政策优惠，中介机构和行政事业单位的经营服务性收费按规定标准下限的 20% 收取，行政事业单位收费项目属上级与本级共享的收费，上交上级部门的费用按最低标准收取。金融部门简化贷款手续，实行优惠利率（执行贷款利率最高不超过基准利率上浮 20% 的标准），加快贷款报审，取消企业融资除贷款利息以外的一切收费项目，降低中小企业融资成本。

四、主要成效

（一）解决了园区企业融资难问题

目前，全市已组建园区中小企业信用担保联合体12组，对6组20户企业发放贷款16000万元；工业园区管委会为园区内7家企业提供担保，共获取银行贷款3100万元；8家企业通过与园区管委会组建担保联合体取得银行担保贷款共计8200万元。

（二）全面推动了中小企业信用体系建设

银行通过开展中小企业信用意识培育、信用主体培植、金融服务创新等一系列工作，增强了中小企业主的信用意识，规范了企业信用行为，促进了金融生态环境建设整体工作水平不断提升。目前全市园区中小企业已有121家达到A级以上信用等级，占比达91.6%。

（三）促进了政、银、保、企四方互利共赢

通过推行"银园保"组合信贷模式，将银行、园区和担保公司组成一个信贷共同体，较好地解决了银企信息不对称问题，扩充了担保公司规模，扩大了担保公司发展空间，也让企业得到了实惠和便利，吸引了大量企业落户园区。仅2014年新落户园区的企业就达二十余家。

五、启示

（一）整合有效资源是增强企业贷款担保能力的基础

在我国现阶段的金融体制中，有效抵押资源不足是造成单个中小企业融资困难的重要经济障碍。武穴市工业园区构建联合担保平台的主要功效就在于整合企业、政府、中介乃至全社会的有效资源，以支持中小企业最大化地符合信贷条件。

（二）银行部门应将开展信贷主体培植、增强企业吸纳信贷资金能力作为服务地方经济发展的一项基础性工作来抓

在当前中央提出"保增长、促内需、调结构"的宏观形势下，银行部门

要抓准支持地方经济发展的切入点，推动金融资本与各类经济主体的对接。武穴市银行部门不断强化信用培植工作，有效提升了中小企业信用等级和吸纳信贷资金能力，支持了中小企业发展，促进了地方经济发展。

（三）坚持市场化运作是防范和化解融资风险的有效方式，更是吸引银行与园区企业合作的重要条件

银行部门以风险控制为前提，但要达到控制风险的目的，仅仅重视制度建设是不够的，必须坚持市场化运作方式。首先，贷款企业的审批完全按照商业银行模式进行，不搞特殊照顾；其次，通过各项制度和管理办法明确规定担保和反担保方应承担的责任。武穴市园区中小企业通过担保和反担保获得了银行信贷资金，也是银行防止发生贷款融资风险的"防火墙"。

赤壁武农商村镇银行创新
"小快活" 免抵押贷款产品

赤壁武农商村镇银行立足于地方性小金融机构服务小微企业的定位，为更好地解决小微企业抵押物不足与贷款难、贷款贵的问题，努力提升服务水平，于2013年6月推出了专注于服务小微客户的创新产品——"小快活"免抵押贷款金融产品，在赤马港支行设立小微企业信贷中心，组建了13人的小微金融服务团队，专职"小快活"产品营销，有效增强了金融对县域小微企业发展的信贷支持力度。

一、产品介绍

（一）产品定义

"小快活"免抵押贷款是赤壁武农商村镇银行应用国际成熟小额贷款分析技术推出的一项全新的贷款业务。该业务为大多数在过去无法获得贷款的小业主创造获得贷款的机会，以快捷、灵活的优势已赢得一定的客户群。

（二）适用客户

广泛的目标客户群：在业务覆盖区域内从事正当生产、贸易、服务等行业的私营业主、个体工商户和城镇个体经营者等微小企业主。

（三）产品特点

一是无需抵押，申请人和担保人都不需抵押任何房产或汽车类固定资产。二是无需任何手续费，除利息外无任何其他费用，且贷款利息精确到天。三是灵活的还款方式，可按每月等额（或不等额）本息方式还款。四是贷款金额可大可小：5000元至50万元人民币。

（四）申请条件

1. 贷款关联人年龄：申请人与保证人（包含贷款期限）年龄为 18 ~ 60 周岁，共同借款人及第二个保证人年龄不受此限制。

2. 准入条件：客户在本地实际经营期限在 3 个月以上；申请贷款 10 万元以上要求本地经营 12 个月以上。

3. 贷款期限：3 ~ 12 个月（用于流动资金），3 ~ 24 个月（用于固定资产投资）。

4. 贷款用途：用于流动资金或投资于固定资产（包括动产、不动产）。

5. 担保方式：自然人连带责任保证。

6. 保证人数：一个或多个保证人，不限于公务员，这是该行与其他行最大的区别。

二、主要措施

（一）主动上门

客户经理开展"扫街式"营销，主动走出去，对城区、郊区的主次干道、商业区、街道、社区、市场、集镇等，根据门牌号采取走街串巷、挨家挨户"地毯式"的营销宣传，主动地进市场、进园区、进社区、进商会、进楼宇，把金融服务送到小微客户门前。

[案例] 竹木加工扩大再生产贷款

2013 年 9 月，赤壁武农商村镇银行微贷客户经理下乡"扫街"，了解到赤壁市官塘驿镇竹木加工生意的任老板急需一笔资金购买机器设备以扩大经营。2012 年从外地务工回乡后，任老板在官塘驿镇经营生意，在赤壁市区无房产，产品订单增加，亟须购买设备扩大经营。客户经理实地调查该客户的具体情况和生意经营后，决定给任老板按照需求发放了 8 万元的贷款，帮助客户成功添加了设备，扩大了经营，增加了订单，竹木生意红火兴隆。2014 年 9 月，该客户又办理了续贷资金 10 万元。

（二）灵活操作

对小微企业和个体工商户，该行坚持"六看三知"。"六看"：即一看账本，二看产品，三看人气，四看人品，五看成效，六看存货。"三知"：一是"知行"，就是要知道经营者的发展思路和发展方向；二是"知底"，就是要知道贷款人的品性和对企业的发展驾驭能力；三是"知实"，就是对企业实际情况的逻辑交叉判断。通过"六看三知"真实还原客户的资产负债表、损益表、现金流量表，不需要客户再提供其他证明和材料。同时，支持额度从5000元到50万元不等，期限可长可短，抵质押品可有可无，重点关注还款能力和还款意愿，采取信用贷款形式。

（三）简化流程

在流程模式上，建立评级、授信、支用同步申报的"三位一体"操作流程，1天内完成贷前调查并提出上会申请，15分钟内决策，20万元以下的贷款3个工作日内办完，50万元以上贷款3～5个工作日内到账。

[案例] 养殖大户贷款

赤壁市凤凰山社区二组的邱老板是一个普通的农民，他在乡镇养猪，武农商村镇银行通过"扫街"了解到淡季猪的售价太低，客户想等到旺季来临再售出，现需要资金20万元用于购买猪饲料，去现场了解到客户已经营28年养殖，稳定性强，存货多，但抵押物只有土地证。该行通过后期调研和审贷后给他批复了需要的款项，让他渡过了难关，在旺季时把肉猪售出，客户不但没有亏本还赚了不少。客户认为该行的"小快活"贷款是一个非常好的产品，支持对象多，对于农户的适用性非常好，手续简单，非常适合农户。

（四）降低费用

该行通过"扫街"式营销直接受理审批，减免了如担保手续费、评估费、保险费、公证费等一系列中介费用和交易成本，借款客户除支付利息外没有任何附加费用，确保该行产品相较市场上其他同类业务融资成本最低。

[案例] 某饭店流动资金贷款

赤壁市河北大道某饭店老板王某，需求资金15万元，期限1年，该客户有房产证，但土地证为集体土地证，无法办理抵押贷款。在赤壁很多客户有这样的困扰，证件不全导致很难从其他银行贷到款。武农商村镇银行微贷客户经理在调查后发现该饭店经营状况很好，但经常签单到年底结账的单位很多，应收款回笼不及时，导致流动资金困难。在客户寻找到保证人后，该行 3 日内发放贷款 15 万元，帮助该客户解决了流动资金周转困难的局面。赤壁武农商村镇银行的"小快活"免抵押贷款，办理速度快，无任何手续费，手续严谨但不复杂，及时满足了流动资金周转需求，较其他银行服务更好、更快捷。

（五）扩大宣传

1. 坚持全面"扫街"宣传营销制度。全面扫街，以点扩面，扩大宣传和营销范围。根据所在的业务区域制定了行业内资金需求跟踪表和营销制度，分片责任到人，要求信贷员每周上街宣传和营销的时间不少于 20 小时，确保目标客户知晓微小企业信贷服务内容。

2. 加大周边商贸繁华区域宣传力度。该行利用双休日时间派业务员到大型商贸城和闹市区进行宣传。如在亿丰商贸城、建材市场、沃尔玛、中百等地方做宣传营销活动，促进更多的客户深入了解该行创新的"小快活"信贷产品和其他金融服务功能。

3. 深入乡镇街坊进行宣传。坚持增强金融服务"三农"理念，将"扫街"范围从中心城区扩展到周边城郊范围，制定每周六在乡镇摆摊设点和走家串户方式，向生产加工型的小企业主介绍信贷业务产品和便捷的服务内容。在乡镇人流量大的地方设咨询宣传点，对周边商铺进行宣传和调研。

4. 建立扫街宣传反馈跟踪服务卡。该行按信贷业务覆盖区域建立信贷跟踪服务卡，并描绘信贷服务地图。根据客户行业分类，建立客户信贷台账，客户经理即可方便地按图索骥，有针对性地开展宣传、营销，并做好客户的信贷跟踪服务，及时掌握客户对信贷资金的需求，提高金融支农支小服务质量。

三、主要成效

（一）金融支农支小服务水平提高

"小快活"免抵押贷款自开办以来，充分发挥了金融支农支小服务功能，取得了良好成效。截至 2014 年 9 月末，"小快活"免抵押贷款投放 297 户，贷款余额3574万元；共投放381笔，累计投放金额3963万元；单笔户均10万元左右，信贷支持微小客户呈现量多、面广的特点，深受小微客户欢迎。

（二）增强了社会影响力

通过快捷高效"扫街"营销，自开业以来，该行累计发现客户4800户，发放小微企业和个体工商户小额贷款508笔，获得了收益，提升了人气，带动了业务量，赢得了信赖。该产品获得"湖北省县域金融创新产品一等奖"。

神农架林区　"旅信贷"
融资模式促旅游经济发展

作为湖北省旅游圈核心区的神农架林区，旅游业在林区经济社会发展中起着举足轻重的作用。2013 年末，神农架林区三次产业的比重为 9.5:41.3:49.2。在旅游业带动下，第三产业中的交通运输、批发和零售、住宿和餐饮等相关产业的比重逐年增长。旅行社是旅游服务供应系统的中心，目前全区共有旅行社 28 家，受规模小、抗风险能力弱，其所有权多为租赁、无抵押担保等因素的制约，旅游企业贷款难、贷款慢、审批程序复杂，影响了旅行社的发展，特别是在旅游高峰期旅行社需要大量资金拓展业务时却难以贷款。

为此，在林区政府的支持下，人民银行神农架林区支行积极引导金融机构与林区旅委合作，开展"一行一企一品一策"特色金融服务，针对旅行社无抵押、额度小、周转快、需求急等融资特点，量身定做了"小微旅游企业（旅行社）评级授信贷款业务"（简称"旅信贷"）融资服务模式，为当地旅游企业融资开辟出便捷的绿色通道。

一、产品介绍

"旅信贷"是指由人民银行、金融办、旅委、农业银行、邮储银行通过联合组织对小微旅游企业开展评级授信，以旅行社质量保证金为保证，实行一次授信，循环使用，重点解决旅游企业短期经营周转资金不足的信贷需求。在操作中实行当日申请、当日放贷，专户管理、专款专用，评级授信动态监测管理。

（一）准入条件

通过"旅信贷"融资模式获取银行信贷资金需符合以下基本条件：

1. 经营 2 年以上的中小旅游企业（旅行社），有经营场所，各类劳动保障措施到位；

2. 全额缴纳了旅行社质量保证金，办理了责任保险；

3. 近 2 年无重大案件、责任事故；

4. 管理制度健全，安全措施到位；

5. 诚信经营，无不良信贷记录。

（二）操作流程

```
┌──────────┐   ┌──────────┐   ┌──────────┐   ┌──────────┐
│中小旅游企 │   │评级领导小组│   │评级领导小组│   │人民银行、 │
│业、旅行社 │──▶│办公室评级 │──▶│确定评级授信│──▶│旅委联合文 │──▶
│申报评级授 │   │（人民银行、│   │等级和额度 │   │件通知银行 │
│信材料    │   │旅委、农业银│   │          │   │授信      │
│          │   │行、邮储银行）│  │          │   │          │
└──────────┘   └──────────┘   └──────────┘   └──────────┘

┌──────────┐   ┌──────────┐   ┌──────────┐
│农业银行、 │   │银行、旅委 │   │取得明    │
│邮储银行实施信│──▶│对旅游企业 │──▶│显效果    │
│用放款    │   │管理、培植 │   │          │
└──────────┘   └──────────┘   └──────────┘
```

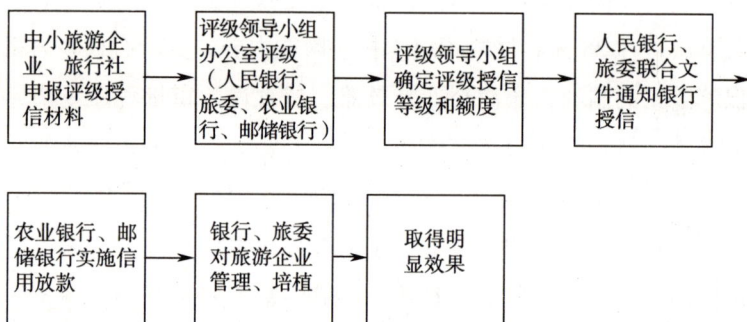

"旅信贷"流程图

旅游企业（旅行社）主体申请，提供真实有效的授信评级相关资料，报旅游企业（旅行社）金融授信评级领导小组办公室，金融授信评级领导小组对近两年企业经营状况、诚信守法情况进行评价，认定预授信，并在区内媒体上公示。公示期结束后，人民银行、旅委联合发文授信。授信旅游企业（旅行社）需用信时，提供金融授信评级领导小组授信文件，同时选择一家银行并提供银行认可的相关资料，银行审核后根据授信等级及时向旅游企业（旅行社）发放信用贷款。

二、主要做法

(一) 深入调研，部门协作，架金融服务金桥

2013 年初，人民银行神农架林区支行结合神农架旅游"十二五"规划和旅游特色，深入到木鱼镇进行调研，听取有关企业的意见和建议，经过反复调研论证、评估，结合旅游企业实际，推出了"旅信贷"业务。旅信贷业务涉及部门多，程序复杂，为顺利推进，人民银行神农架林区支行与神农架林区政府金融办、旅委加强协调，引导旅行社保证金存储招标行（农业银行、邮储银行）提高服务质量，简化服务程序，缩短审批时间，为旅游企业（旅行社）申请贷款开通绿色通道。

(二) 建章立制，规范操作，确保资金安全

一是建立工作机制。成立由神农架林区政府副区长为组长，由人民银行神农架林区支行牵头，神农架林区政府副秘书长、旅委、农业银行、邮储银行主要领导为副组长，人民银行、金融办、旅委、农业银行、邮储银行分管领导为成员的旅游企业（旅行社）金融授信评级领导小组；评级领导小组下设办公室，办公室设在人民银行，负责授信评级的日常管理工作。

二是出台文件。制定《神农架林区旅游企业（旅行社）评级授信暂行办法》，明确由人民银行神农架林区支行、神农架林区旅委组织银行实施。

三是明确对象。根据旅委提供的旅游企业（旅行社）全额缴纳 20 万元旅行社质量保证金存储行名单，确定授信银行（农业银行、邮储银行）。旅行社质量保证金虽然不能作为抵押物，但可以作为银行评定旅游企业（旅行社）信用等级的依据。

四是组织实施。在摸底调查基础上，农业银行、邮储银行对神农架林区 28 家旅游企业（旅行社）分三个等级进行了评级授信。其中评定一级企业 7 家，授信额度 15 万元，评级授信条件为上年度获得区级以上表彰，内部管理规范，有完善财务管理，经营收入 1000 万元以上，接待游客 1 万人次以上，未受到行业主管部门处罚，旅游投诉为零，无不良信用记录；评定二级企业 13 家，授信额度 10 万元，评级授信条件为内部管理规范，有完善财务管理，

经营收入 500 万元以上，接待游客 5000 人次以上，未受到行业主管部门处罚，无重大旅游投诉，无不良信用记录；评定三级企业 8 家，授信额度 5 万元，评级授信条件为内部管理规范，有完善财务管理，经营收入 300 万元以上，接待游客 3000 人次以上，无重大旅游投诉，无不良信用记录。授信总额 275 万元。

五是确定用信流程。旅游企业（旅行社）需用信时，应提供旅游企业（旅行社）金融授信评级领导小组授信评级文件，选择一家银行申请，银行核准后及时放贷。神农架林区假日旅行社 2013 年被评级领导小组评定为一级授信 15 万元，当年"十一"黄金周前期，经测算临时周转资金尚有 15 万元缺口，于是向农业银行木鱼分理处提出申请，木鱼分理处根据其提供的授信评级文件、旅行团协议，当日向该旅行社发放贷款 15 万元，黄金周结束后，该旅行社便将贷款本息归还。第三天，接到一个 200 多人的旅行团，急需资金周转，农业银行木鱼分理处根据签订的接团合同，当日发放贷款 15 万元，为其解了燃眉之急。仅一个月，神农架林区假日旅行社单笔贷款周转次数就达到 10 次。经一年多的培植，该旅行社在农业银行内部评级达到 A 级，其授信额度也调整为 20 万元。

六是实行银行资产风险处置保全办法。当银行资产出现风险时，立即报告评级领导小组办公室，办公室及时向人民银行和旅委通报，由旅委通知旅游企业（旅行社）整改，并督促还款。如拒不还款，旅委有权责令其停业整顿，如旅行社确实无力还款退出市场时，其缴纳的保证金优先偿还银行贷款。旅行社在开户行申请贷款时提供接团的签约信息（如旅行团的人员批次、酒店、签约合同），银行根据相关信息提供贷款，实时监督信贷资金流向，防范旅行社挪用信贷资金，确保信贷资金安全。

七是实行授信评级动态监测管理。旅行社按月向评级领导小组上报当月接待人次、收入、业务拓展情况，旅委按季召开信息通报会议。同时建立奖励制度，经神农架林区旅委考核确认，旅行社在当年组团达到 3000 人的，年终按 3 元/人予以奖励；达到 6000 人的，年终按 5 元/人予以奖励；达到 1 万人的，年终按 10 元/人予以奖励；评级领导小组办公室每年度对旅游企业（旅行社）开展复评，根据其规范经营、诚信经营、发展状况等情况，实行授信等级升降和取消。对长期诚实守信的旅游企业（旅行社）可提高信贷额度。如神农架假日旅行社、金桥旅行社在旅信贷支持下，业务得到长足发展，旅游企业（旅行社）金融授信评级领导小组办公室将这两家旅行社授信额度由 15 万元提高到 20 万元。

三、主要成效

（一）促进了旅游服务能力提升

神农架林区的 28 家旅行社全部获得了银行信贷支持。2014 年 1~8 月，林区累计接待游客 429 万人次，实现旅游经济总收入 167.26 亿元，同比分别增长 32.1% 和 30.9%。在 2013 年"十一"黄金周前夕，农业银行、邮储银行向 12 家旅行社发放"旅信贷"贷款 12 笔 150 万元，旅行社共组织旅游团队和散客 33.7 万人次，实现旅游总收入 1.9 亿元，旅游收入比同期增长 26%。在银行的支持下，神农架假日旅行社、金桥旅行社充分用好"旅信贷" 15 万元小额授信贷款，分别创造了单笔贷款使用周转次数 11 次/月和 10 次/月的最佳周转次数，发挥了资金的最大效率。神农架中和旅游有限公司获得 350 万元信贷支持，当年实现主营业务收入 2540 万元，同比增长 28.09%，由上年亏损 65 万元转为盈利 248 万元，组织接待旅游团队和散客人次比上年增长 24%。

（二）促进了旅游业的快速发展

农业银行、邮储银行共向旅行社累计发放"旅信贷"贷款 314 笔，累放金额 7227 万元。旅行社实际经济收入 8233 万元，比上年增长 22%。旅游接待能力的大幅提升，直接拉动全区 727 家住宿接待单位客房收入 2.08 亿元，同比增长 34.6%，餐饮收入 2.5 亿元，同比增长 34.8%；6 家交通运输企业收入 1.35 亿元，同比增长 39.3%；20 家旅游商品生产企业、237 家旅游商品经营户商品收入 4.14 亿元，同比增长 32%；12 家旅游景区、70 家旅游娱乐企业、5871 名旅游从业人员、17000 名旅游间接从业人员受益，实现旅游综合总产值 15.8 亿元。

在金融机构的大力支持下，神农架林区成功举办了国际生态旅游节、炎帝神农祭祀大典、百万博主 7 天徒步穿越神农架、大九湖环湖自行车赛等活动。以"旅信贷"产品推出为契机，金融机构发放旅游业基础设施改造贷款、流动资金贷款 5700 万元，累放贷款 2.8 亿元，拉动了景区提档升级，促进了景点建设大发展。如神农架大自然旅行社由于持续得到"旅信贷"的支持，旅游接待及景区营销能力大幅提升，其上游公司神农架大自然旅游发展有限责任公司也抓住时机，对官门山景区采取营收保理方式贷款 1.5 亿元，对景区内自然生态博物馆、珍稀植物园、野生动物园等进行升级改造，使该景区旅游接待能力由年 5 万人次增长到 10 万人次。

（三）促进了社会信用提档升级

通过对旅游业行业企业开展信用意识培育、信用主体培植、金融服务创新等工作，神农架林区旅游企业信用意识明显增强，自觉规范"有借有还"的用信行为，信用等级实现了提档升级。截至 2014 年 8 月末，28 家旅行社中，有 5 家经第三方信用评级机构评级达到 A 级以上信用企业标准；有 23 家经银行业内部信用评级达到 A 级以上标准，其中 AA + 级 2 家，AA 级 3 家，A + 级 7 家、A 级 12 家，授信额度也相应大幅增加。通过旅信贷的扶持，以旅游行业为引领，以点带面，选择一批有发展潜力的企业作为重点培植对象，整体推进信用建设。如神农架林晖绿色开发有限责任公司 2011 年经第三方评级仅达到 A 级标准，2013 年被评为 AA + 级，并得到了神农架林区信用联社 370 万元信贷支持，成为金融服务的示范窗口，当年被湖北省农业产业化经营领导小组确定为省级重点龙头企业。目前，全区经第三方评级 A 级以上的企业 11 家，其中达到 AA 级以上的企业 7 家。经银行内部评级达到 A 级以上的企业 55 家，达到 AA 级以上的企业 35 家。A 级以上的企业占全区贷款企业的 84.6%。

（四）促银企对接经营信息透明

通过旅游搭台、经济唱戏，旅游经济发展的信用信息互通，促进了政府有关部门同金融部门和旅游企业沟通交流，旅游经济发展战略和全区工作重点、新项目、重点项目、项目资金情况实现了信息共享，企业部门生产经营、财务状况、发展前景、融资需求及存在的问题等及时向政府和金融部门通报；金融部门将信贷政策、贷款条件、程序及新产品、新业务及时向政府和企业通报，实现了关键项目的对接。通过政府和旅游管理部门的介入，促进了政银企交流和沟通，减少了银行甄别和调查企业的难度，强化了对贷款企业贷后的监督，提高了银行信贷工作效率。同时，通过对旅游企业（旅行社）有效信贷支持，解决了短期周转资金不足的难题，化解了银企间信息不对称的矛盾，实现了银企有机对接，使神农架林区旅游接待能力大幅增强，银企双赢的局面正在显现。

第三篇
金融支持县域服务创新

通山县　"县校"　合作
打造　"县域金融工程示范基地"

2012 年，通山县政府和武汉大学中国金融工程与风险管理研究中心签订了战略合作协议，利用高校金融理论研究成果，促进山区县经济转型升级。两年来，在当地党委政府和人民银行的推动下，县域金融工程建设取得了初步成效，县域金融资源配置功能和产业经济发展空间得到了有效提升，社会融资方式和融资渠道得到了进一步拓展，为此通山县被湖北省人民政府确定为"县域金融工作示范基地"。

一、背景

近年来，贫困的通山县砥砺奋进，迎来了难得的发展机遇，然而地方产业欠优、信贷载体偏少，金融系统能够运用的措施和手段有限，能够应用的信贷产品几近饱和。如果墨守成规保守行事，山区脱贫致富就会错失良机，经济转型发展急需转变方式，探寻新的突围之路。

（一）经济发展方式急需转变

通山县地处湘鄂赣"中三角"、岳九咸"小三角"中心区，先后被列为国家比照西部大开发政策待遇的省级重点贫困县、湖北省脱贫奔小康试点县、国家首批绿色能源示范县、幕阜山片区集中连片扶贫开发核心区和全国旅游标准化城市咸宁的次中心城市。政策的惠顾带来了重大项目、重点产业和民生经济在通山县落户，与此同时，经济转型迫切需要完备的金融服务和功能强大的县域金融体系作支撑。

（二）缺乏有效信贷载体

连续三年，通山县的金融机构信贷投放增速全市排名第一，2012 年新增存贷比更是达到了115%，通山县经济社会发展呈现出"慢牛"格局。但与之不匹配的是，山区县金融与产业不相适应的矛盾日益突出，优质信贷载体偏少，信贷投放规模不大，县金融体系不完善，一系列问题制约了经济社会的快速发展。

（三）理论联系实际

武汉大学中国金融工程与风险管理研究中心是华中地区金融理论的研究前沿基地，通山县政府果断决策和武汉大学中国金融工程与风险管理研究中心签订合作协议，"县校"合作共同探求金融与产业互融发展的出路。人民银行通山县支行承接县域金融工作建设重任，组建金融服务中心，集中解决县域经济建设中金融服务的需求问题，山区脱贫致富有了新的空间，武汉大学中国金融工程与风险管理研究中心深入研究的"县域金融工程"理论体系就成为通山县经济提升发展的"助推器"。

二、项目实施情况

（一）努力构建金融工程建设的合力推进机制

通山县政府与武汉大学中国金融工程与风险管理研究中心正式签订合作协议后，县委、县政府把金融工程建设作为一项系统性工程进行了全方位部署。一是明确了金融工程建设路径。武汉大学专家组深入通山县进行了为期半年的调研论证，对通山的县域金融工程建设工作进行了顶层设计，制定了《通山县域金融规划实施方案》、《通山县主导产业金融工程方案》和《通山县城区建设投融资方案》，从不同层面提出了支持县域经济、主导产业和城市建设发展规划的路径。二是普及县域金融工程知识。武汉大学专家教授专程到通山县举办多场专题讲座，对金融机构和重点企业负责人进行辅导培训，分析了开展县域金融工程建设的必要性和可行性，做到了思想上的统一、行动上的一致。三是搭建企业融资新平台。积极推动武汉金融资产交易所、武汉股权托管交易中心、武汉农畜产品交易所、天风证券等投资机构入驻通山，设立分支机构。组织商业银行收集贷款准入、信贷投向、产品介绍及审批流程等方面的信息，编制和印发《通山县中小企业信贷服务指引》、《通山县经济金融合作协议书》。经信局、农委等部门积极参与，建立企业项目储备库，推介优质信贷载体，掌握企业资金需求动态，沟通资金供求双方的信息。

（二）积极培育优质信用载体，开拓企业融资新途径

积极组织研发适合中小企业需求、具有县域特色的中小企业信贷新产品。一是扶优培植企业。聘请专家开展企业上市结对培训，即每个培植对象分别与一名县级领导、一个职能部门、一家商业银行结对，一企一制分类指导，一企一法扶优培植，完善企业上市相关制度，积极解决企业困难。二是拓展融资渠道。综合运用股权挂牌交易、农畜产品网上交易、私募基金等多种市场化手段，促进金融与产业、资金与项目对接。如通过与武汉金融资产交易所、武汉股权托管交易中心、武汉农畜产品交易所等要素市场的洽谈，推荐3～5家规模以上的石材企业、能源企业、旅游公司进入"湖北省省级上市后备企业名单"。目前，湖北林宝香榧产业开发有限公司、通山酿造工业有限公司已交武汉股权托管交易中心托管。企业通过挂牌上市催生了多种新型融资模式，带动企业在资本市场寻求更多的资金来源。三是提高审贷效率。严格实行信贷业务限时办结制度，开辟产业集群整体授信的小企业贷款绿色审批通道。针对小企业信贷业务"短、小、频、急"的特点，制定差异化的客户准入标准和具体化的信贷管理要求，简化审批流程，提高小企业信贷业务效率。

（三）出台金融工程配套政策，推动融资投入环境优化

县委、县政府出台了县域金融工程建设配套的政策，对中小企业实现政策倾斜。如通过出台《关于推进全民创业的实施意见》，进一步完善金融政策扶持机制，健全服务体系，激发创业活力，培育创业主体；出台《关于通山县农村金融创新的实施意见》，拓展中小企业和农民专业合作组织融资抵押资产范围，探索采用无形资产、应收账款、在建工程以及项目本身抵押方式，尝试以林权、土地承包经营权、宅基地使用权、设备抵押、动产质押等作抵押办理抵押信贷业务；出台《金融支持县域经济发展的奖励办法》，每年按上年度贷款余额的2‰计奖，奖励资金纳入财政预算，调动了金融机构发放贷款的积极性。通过推动政策性森林保险试点，将农户水产品纳入农村政策性保险范围，鼓励和引导商业性保险业务向"三农"延伸，分化转移农

村自然灾害引发的信用风险。城建、土地、工商、税务等部门简化登记、评估手续，降低抵押收费和税收优惠等支持政策。通过创建"金融信用县"活动，建立信用信息共享平台，开展信用乡镇、信用村组、信用农户评比工作，营造了"守信光荣、失信可耻"的诚信氛围。

三、主要成效

（一）融资渠道更多

通过专家讲座、银企对接等活动，处于不同发展阶段的企业都可找到不同的融资渠道，除了银行贷款、民间借贷外，还可通过运用不同层次的资本市场找到匹配的融资渠道。如股权融资、基金融资等融资方式，不仅打开了新的融资渠道，更重要的是带来了融资观念的转变。

（二）银企对接更畅

县经济主管部门加强了对企业财务的管理与指导，帮助企业提高经营管理水平。2014年达到信贷准入门槛的企业比2013年增长23.6%，全县金融机构县域存贷比和新增存贷比分别为64%和95%，两项指标全市排名第一。年初组织的"金融支持县域经济发展早春行"和"通山县金融集市开市暨县域金融示范基地授牌"活动中，九宫山旅游开发有限公司、新康牧业等8家企业分别与工商银行、农业银行等金融机构现场签约2.98亿元。通过创新银企合作，突出了县域金融工程示范基地的重要特色，用金融手段来推动了农业现代化，保护了脆弱的农业产业，降低了农产品流通成本。如宏桥牧业有限公司与武汉农畜产品交易所合作，将生猪和原料引入电商市场，规避了市场风险。

（三）助推效力更强

通过实施金融工程，通山县委、县政府金融意识和助推经济效力更强。在着力解决实体经济融资难的同时，严格限制产能过剩行业、高污染高能耗行业的信贷规模，引导信贷资金流向重点企业，支持产业转型升级，县域优势产业和支柱产业提振了县域经济活力，优化了产业结构，促进了经济金融和谐发展。

红安县实施 "七大金融工程"
助推县域经济发展

近年来，红安县从传统的"工业治县"逐步向"金融治县"战略重心倾斜，抢抓大别山试验区建设等多重历史机遇，精心谋划金融政策与产业政策的落地对接，创新推出金融"七大工程"，促进了县域经济持续跨越发展。红安县 2011 年、2012 年连续两年获"湖北省县域经济发展进位先进县"称号，连续三年跻身全省"五快县市"行列，被湖北省委书记李鸿忠肯定为"黄冈跨越发展的代表作"，被黄冈市委称赞为"红安传奇"。红安县连续六年被评为"湖北省金融信用县"，连续三年被评为"湖北省保险先进县"，金融支撑县域经济发展作用日益凸显。

一、主要做法

（一）实施金融发展强基工程，提升金融工作水平

1. 普及金融知识。红安县邀请武汉大学叶永刚教授向 300 多名领导干部和企业老板授课，编印了 500 本《金融知识简明读本》，创办了《红安金融》电子期刊，开辟了"红安金融"网络专栏，启用了"金融视界"电视栏目，利用每年 9 月份"金融知识普及月"开展金融知识进企业、进社区、进工厂、进市场、进学校"五进"活动，全方位、多措施、广触角提高民众金融素养。

2. 建立金融联席会制度。在红安县政府的大力支持下，人民银行红安县支行将经信局、财政局、政府五大融资平台（城市投资公司、龙泉公司、旅游投资公司、交通投资公司和金圆投资公司）等县直单位作为金融联席会的新成员单位，按季通报县域金融运行情况，加大"金融信用县"创建力度，

形成政府主导、各成员单位协调联动的常态化工作机制。

3. 统筹规划金融业发展。2011年底，该县成立了金融办，明确了职能，抽调2～3名经济金融专业的大学毕业生组成专班履行相关工作。制定"十二五"金融发展规划，每年根据中央、省市经济工作会议精神下发《金融支持县域经济发展的指导意见》，加强了金融业参与地方经济发展的能动性，让金融工作目标更明确、针对性更强。

4. 校县合作引智、引才。红安县政府注重与各大高校院所的合作，以此来弥补各领域高端人才的不足，其中金融合作成效尤为突出。2012年，县政府与武汉大学签订《县域金融工程支持体系研究、设计与实施项目协议》，聘请叶永刚教授为县人民政府金融发展顾问。2012年至2014年间，金融办引进武汉大学、中国地质大学两名博士和一名研究生，提高金融工程的对接和实效性。

5. 严格考核督办。红安县每年都召开金融工作会部署全县金融工作任务，将各项目标任务层层分解，明确责任单位、责任领导和完成时间，纳入全县"六考"干部绩效考核工作机制中，由县委督查室按季度督办工作开展情况，并发文通报。

6. 推进"进村入户"普惠金融。一是推进非现金支付工具村组全覆盖，截至2014年10月末，全县布放转账电话1885部，村均4.74部；ATM 98台，POS机504部，乡镇覆盖率达100%。二是推进支付网络全覆盖，横向联网签约率达100%；电子缴库网点45家，网点比重达100%，收入比重为90%。三是推进村组联系点标准化、示范化发展，截至2014年10月末，共建联系点832个，其中标准点508个，占比为61%；累计办理村民刷卡1301万元，转账业务2.71亿元，小额现金调剂2302万元，代理新农保2599万元，残损币兑换111万元，零辅币调剂379万元。普惠金融便民惠民做法受得了国务院稳增长督导组的一致好评。

7. 创新服务方式，推行惠民工程。一是探索移动金融有成果。湖北银联、移动通信公司红安公司和农业银行红安县支行于2014年10月正式开展手机支付应用的合作，推出具有NFC功能的定制智能机，分别在沃尔玛等大型超市、移动通信公司、银行网点、公交和村组联系点开展多种营销活动，目前，已售出 NFC 功能的定制智能机 100 多台，沃尔玛、中百仓储、长征大药房等公共服务场所均实现了进场支付。二是在全市率先推广金融 IC 卡公交行业应用。截至 2014 年 8 月底，红安公交刷卡乘车人数已超过 6.2 万人次，总交易笔数达 52 万笔，日最高交易笔数 2932 笔，居民出行更加便利。

（二）实施信贷规模增长工程，增强金融服务能力

1. 构建对接平台。红安县出台《关于进一步加强政银企合作的意见》，与开发区指挥部、文化局、工商联、发改局、经信局等单位建立了常态化政银企协调沟通机制。如 2014 年 5 月举办园区企业银企对接，签约 25 个项目、金额 5.6 亿元；8 月举办文化旅游重点工程银企对接，签约 12 个项目、金额 2 亿元。

2. 创新信贷产品和服务。开展"金融润商"行动，推行"一行一品"金融创新机制，让"一对一"金融服务走进企业、商户和家庭。如工商银行针对新型产业园有大量在建和拟建标准厂房，推出了标准厂房按揭贷款，为永金精密机械、红安机械设备提供国内贸易融资贷款；农业银行推出履约保函、应收账款融资质押等微创新产品；建设银行创新推出"善融贷"，对符合条件的华源包装等企业发放纯信用贷款；邮储银行引入德国 IPC 微贷技术成效明显。为鼓励金融机构创新信贷产品，加大支小扶弱能力，红安县出台了《红安县政府性资金存放与信贷支持挂钩考核办法》，2014 年已累计调整财政性资金 11.2 亿元。截至 2014 年 9 月末，全县金融机构各项贷款 47.85 亿元，增幅 29.75%，贷款增速高出全市平均水平 12 个百分点，贷款增幅连续 6 个月位居全市第一。

3. 清理融资性收费，降低企业融资成本。2013 年，红安县试点推出融资收费监督卡制度，对融资企业发放融资服务收费监督卡。对已作房地产评估并收费的，不得再收取土地评估费；每年安排一定的财政预算对房产登记费、土地使用权登记费进行财政全额补贴；对土地评估费按照一定比例给予补贴。2013 年 6 月至 2014 年 6 月累计办理房地产抵押贷款 314 笔，贷款金额 13213.4 万元，涉及应收费用 131.47 万元，实际收费 34.31 万元，少收 97.16 万元，对企业优惠让利 73.9%，大大减轻了企业融资负担，有效缓解决了融资贵的问题。

4. 建立政府、银行、保险深度合作新机制。红安县出台了《关于金融支持现代农业发展的若干意见》、《"助保贷"助保基金贷款管理办法》，按照"政府牵头、银行参与、市场运作"的原则，政府运用"四个一批"农业专项供应资金设立中小企业担保资金池，银行按1:10比例放大、定向培育扶持新型农业经济主体。三年来，共对48776户农民、太平桥万隆养殖等184家专业合作社、闽湖畜牧等25家省市级重点涉农龙头企业进行了调查建档，累计发放贷款96500万元。

5. 注重与重点项目、政策的对接落地。一是助推新农村建设步伐。在"万名干部进万村入万户"活动中，金融机构重点支持了觅儿寺凉亭新村、太平桥马井新村、火连畈新村等7个重点新农村示范点的建设。累计发放新农村住房建设（政府贴息贷款1万元）农户贷款128笔、金额545万元，发放新农村建筑贷款2650万元。二是支持"棚户区"改造。以社团贷款方式发放开发贷款5.5亿元，建成集购物、休闲、娱乐、美食、文化等商业及住宅为一体的大型城市综合体，为棚户区居民提供2884套改善性住房。三是培植和壮大旅游支柱产业。与县旅游投资公司、鄂东公路携手，依托雄厚红色历史文化资源、非物质文化遗产及地方特色产品资源优势，发放项目贷款1.6亿元，全面启动"红安旅游接待及特色产品生产展示中心"和"红安两八线"项目建设，打造吃、住、游、娱、购一体的大别山红色旅游产业链。截至目前，旅游人数突破360万人次，旅游综合收入42亿元，分别增长31%、39%。

（三）实施信用体系建设工程，优化金融生态环境

1. 夯实基础。制定《红安县社会诚信体系建设规划纲要（2014—2020年)》，加大《征信业管理条例》宣传力度，已培植A级信用企业124家，当年新增32家，占全部贷款企业的93.4%；加大农村信用工程创建力度，2013年评定农村青年信用户300户、农村专业合作示范社8户，信用乡镇、社区实现全覆盖；加快中征应收账款平台建设，红安县机械设备制造厂、红安长信建设投资有限公司等10家企业已完成中征应收账款融资服务平台的登记注册工作。

2. 实施征信报告"三纳入"。将"信用乡镇"、"信用社区"创建纳入乡

镇目标管理和"六考"体系;将"企业信用报告"纳入政府工程招投标资格审查条件;将"个人信用信息报告"纳入县管干部选拔任用考察参考条件。先后有6家企业在政府工程招投标中资格被免,1人因信用记录不良未被选拔任用。

3. 政府主动作为。2014年6月,新红星麦面公司向建设银行借款900万元到期不能按时偿还,为避免形成不良,县政府出面协调,由县城投公司出资垫付,解决还款问题。2014年上半年,全县银行机构不良贷款率为0.78%,比年初下降0.02个百分点。

4. 金融债权"零容忍"。2014年7月,红安县金融工作领导小组向全县38个单位下发了《关于清收我县公职人员拖欠银行贷款的函》,催收151名公职人员共240笔合计594.6万元银行贷款,到11月末已有103名公职人员完成还款或与银行达成还款协议。

(四)实施融资平台拓展工程,提高平台融资比重

1. 做强城投公司。通过注入货币资金、划拨优质资产等方式,有效整合资产、资源、资金、资本,县城投公司注册资本增至28亿元,增强了企业抗风险能力,提高了企业的融资能力,有效支持和促进了城市建设。

2. 组建旅游投资、交通投资和金圆投资公司。根据近年来红安县快速发展的特点,分别在旅游、交通和开发区等融资需求量大的热点领域设立了投资公司。注册3亿元组建了文化旅游投资公司,注册2亿元组建了红安交通投资公司,注册2亿元组建了开发区金圆投资公司。着力加大旅游项目和交通项目、开发区建设重点项目市场化参与度,有效解决了红安县这三大投资热点领域的资金投入不足的矛盾。

3. 重组融资担保公司。政府出资7000万元参股,带动吸纳民间资本,重组原红安宏基担保公司为湖北国银担保公司,注册资本由2000万元增至2.58亿元。目前该公司的在保业务达到8.56亿元。

4. 扩股小额贷款公司。大别山小额贷款公司增资扩股至1.5亿元,9月末,累计发放贷款47笔,金额1.66亿元,其中,涉农贷款3862万元,向小微企业发放贷款9626万元,支农助小占比达81.25%。目前,大别山小额贷款公司是经湖北省政府同意在黄冈地区可以跨县域经营业务的试点单位。

（五）实施金融机构壮大工程，强化金融支撑作用

为引进更多金融机构，不断健全县域金融市场体系，出台了《红安县引进银行业金融机构奖励试行办法》，推出了一系列优惠政策：对新引进的银行机构，给予办公用房购房补贴、租房补贴、自建办公用房补助等；按照新引进银行注册资本的 1～2 倍资金量存入政府性存款，支持做大做强；新设银行第一年实际缴纳营业税地方留成部分的 50% 和前三年实际缴纳所得税地方留成部分的 50% 奖励给该机构，专项用于网点建设。对引进或聘用的高级管理人员，按其上一年度实际缴纳的工资薪金所得个人所得税地方留成部分的 100% 予以补贴，补贴期 3 年；实行"绿卡"制（免检制），其子女需在义务教育学校入学的，优先协调解决。2014 年成功引进红安长江村镇银行，已于 8 月 8 日正式营业。农村信用社也于 2014 年 7 月 2 日完成农商行的改制工作。农业银行红安县支行三农金融事业部支农能力进一步增强。湖北银行、民生银行纷纷来红安调研洽谈，均表示有设立分支机构的意向。红安的金融体制格局呈现多元化发展态势。

（六）实施直接融资工具创新工程，拓宽企业融资渠道

1. 做好优选培植工作。优选、培植一批县域优质中小企业进入债务融资工具发行后备企业资源库，推动短期融资券、中期票据、集合贷款信托等满足小微企业融资需求特点的创新产品运用。红安县机械设备厂成功入围湖北省中小企业集合债资源库；均宇纸业以融资租赁的方式解决生产设备需求，得到黄冈经济发展投资公司 5000 万元资金支持。

2. 做好培植帮扶。选择主业突出、经济效益好、成长性强的企业，加强跟踪培植、贴身服务和重点辅导，优选 3～5 家企业进入上市辅导期。聘请专家开展企业上市培训，完善企业上市相关制度，积极解决企业上市前的困难。借助"全市资本市场建设工作会"召开的契机，请专家来红安县进行资本运作的前期准备工作，组织 20 家企业去武汉光谷资本大厦考察和学习。

3. 出台激励措施。出台《红安县推动企业上市（挂牌）工作奖励试行办法》，鼓励企业采取股权托管、租赁融资、信托融资、基金融资等其他形式实现直接融资。2014 年 8 月 1 日，阿帆食品、紫云剑毫等 6 家优质企业在武汉股权托管交易中心率先挂牌，开启"大别山红色板块"。另有 13 家优质企

业正在辅导培植，目前，农商行已通过股权质押的方式向 2 家挂牌企业发放贷款 4000 万元。

（七）实施保险行业创新工程，完善保险机构管理制度

1. 成立保险联席会。出台联席会制度、营销员流动管理等办法，签订了保险行业自律公约，对照创建"保险先进县"的要求加大创建工作力度。

2. 制定下发《红安县保险行业反洗钱监管考核评价办法》。采用环境、产品、客户、控制、沟通 5C 标准，以非现场监管的方式对全县 20 多家保险机构反洗钱工作进行风险评估，推动保险行业更加有序，服务水平更加优质，业务人员素质得到提高。

3. 畅通保险服务投诉渠道。建立 5189315 维权专线，对任何保险服务消费者投诉 5 个工作日内必须调解到位，第 6 个工作日进行回访登记，两年来累计受理保险投诉 34 件，调解成功 29 件，客户回访率和满意度均达 100%。红安县创建"湖北省保险先进县"经验被《湖北日报》在 2014 年 7 月 8 日专版推广。

二、主要成效

（一）打响了红安品牌

在县域金融工程思想的指导下，红安县逐步形成了别具一格的不同于通山县的发展模式，形成了一套切合自身实际的做法。通过有针对性的调研、座谈和大型活动，红安县各级政府各部门都见证了红安一步步走出自己的路子。

（二）观念上的进步

随着县域金融工程的不断深入推广，政府、银行和中小企业发展理念发生了根本性转变，从以前"政府需要你们怎么做"逐渐转变为"你们需要政府做些什么"，从"等企业上门"转变成"主动上企业门"，从"靠银行的企业主"逐渐转变为"靠市场的企业家"。

（三）县域经济提速发展

截至 2014 年 6 月末，全县规模以上工业企业生产增速、外贸出口均居全

市第一，工业用电量跃居全市第三。全口径财政收入完成15.4亿元，同比增长21.0%，增速全市第二。其中，公共财政预算收入完成6.27亿元，同比增长22.1%。2012年以来，红安县招商项目364个（含产业集群子项目），协议投资额达到1510亿元，新建厂房面积210万平方米，投产企业94家；引进和培育投资总额1561.85亿元八大产业集群。在2014年全省半年工作总结会上，湖北省委书记李鸿忠再次称赞红安金融支持县域经济发展的做法。

大悟县构建县域农村金融宣传教育体系

2010 年，大悟县被中国金融教育发展基金会确定为"金惠工程"第二批试点县。为此，大悟县结合地方经济金融发展，强化农村金融教育工作组织建设和机制建设，建立了以政府为主导，人民银行组织协调，涉农金融机构为主体，各地方政府相关部门配合的农村金融教育培训体系，推动金融宣传教育工作向纵深发展。2011 年大悟县开展的农村金融教育活动获得中国金融教育发展基金会颁发的中国农村金融教育优秀成果二等奖，人民银行原副行长吴晓灵对大悟县农村金融教育工作给予了充分肯定。2013 年 12 月，大悟县"金惠工程"试点工作经中国金融教育发展基金会专家验收组评估验收合格，被授予"农村金融教育金惠工程培训基地"资格和称号，被中国金融教育发展基金会评为"金惠工程优秀奖"。

一、主要做法

（一）狠抓三个强化，大力建设农村金融教育组织体系

1. 政府推动，强化组织保障。大悟县成立了以县政府、人民银行大悟县支行、各涉农金融机构及相关部门负责人为成员的大悟县农村金融教育活动领导小组（以下简称活动领导小组），在人民银行大悟县支行设立了专门办公室，制定了《大悟县 2010—2012 年农村金融教育活动三年规划及实施方案》、《大悟县农村金融教育活动责任制》、《大悟县农村金融教育志愿者管理办法》等多项制度，明确了成员单位相应的工作职责和任务，形成了目标明确、齐抓共管、有序推进的工作格局，为全县规范化、制度化、科学化开展农村金融教育活动奠定了坚实基础。

2. 部门联动，强化组织协调。领导小组办公室多次组织召开专题会议，

按照规划安排和实施方案要求部署全县宣传教育工作；多次组织金融机构研究讨论活动具体事宜，还编发了 50 多期农村金融教育活动简报，督导辖内金融机构开展金融教育活动。同时领导小组办公室与县扶贫办签订了《农村金融教育活动合作协议书》，明确了双方的权利与义务，完善了信息共享、工作同步的协调机制。人民银行孝感市中心支行在大悟县 9 个乡镇建立了金融教育联系点，开展宣传工作。横向、纵向联动协调，确立了市、县、乡一体，政府、金融机构、社会群众一体的宣传工作机制。

3. 志愿者行动，强化主力军作用。大悟县组建了农村金融教育活动志愿者队伍，向社会各界发出倡议书，号召社会各界人士积极投身到农村金融教育活动中来，得到了热心于农村金融教育事业有识之士的热烈响应。目前共招募志愿者 103 人，其中，一级志愿者 5 人，二级志愿者 98 人。志愿者中 87 人为辖内涉农金融机构的业务骨干，16 人为县大学生村官。为提高志愿者队伍的业务素质，领导小组办公室通过集中学习讨论、专题讲座等方式分层次组织培训；建立了志愿者激励约束机制，通过表彰先进、奖励优秀志愿者等方式，调动志愿者参与农村金融教育活动的积极性。开展活动以来，先后有 5 名志愿者获得中国金融教育发展基金会表彰。近年来，志愿者按照统一安排参与开展了形式多样、内容丰富的农村金融知识宣传活动，共培训农民群众 8.9 万人次，县乡干部 400 余人次，村组干部 1500 余人次，金融从业人员 3600 余人次，中小学生 7800 余人次。

（二）借助三个渠道，大力开展农村金融知识宣传

1. 借助媒体资源，实施普适性金融知识宣传。大悟县借助地方电视台循环播放有关金融知识公益广告、字幕公告 100 多条、500 多期；借助移动通信平台向 1 万多城乡居民宣传金融知识点 100 多个，发送短信 10 万余条。人民银行孝感市中心支行与人民银行大悟县支行还联合拍摄了《茶山信用哥》、《假币真情》等金融宣传片、情景小品，通过在公开场合演出、公共场所播放、网络点播等多渠道对外宣传，以大悟茶山父债子还、守信树德、发展壮大和农村金融人性化服务的感人事迹，向社会宣传诚实守信的诚信意识。

2. 借助金融机构，推进全方位金融知识宣传。辖内金融机构设立了金融服务热线，在乡镇金融机构营业网点设置了咨询台，发放金融知识宣传资料，

利用网点电子屏幕循环滚动播放金融知识，为社会公众解答各类金融知识问题。各金融机构、志愿者利用营销贷款、吸纳存款等业务营销机会走访农户15000多户，通过上门一对一、面对面散发资料，宣传有关金融知识。同时，各机构还针对不同需求，开展个性化的宣传教育活动。人民银行大悟县支行多次开展"反假货币宣传月"、"征信知识宣传月"、反洗钱、金融消费者维权、国债知识等专题宣传活动。农业银行大悟县支行开展了金融产品现场推介会，农发行大悟县支行开展了"普及金融知识万里行"专题活动，邮储银行大悟县支行开展了"送贷下乡服务三农"主题活动，大悟农商行开展了"金融知识普及月"、"金融知识万里行"主题活动。

3. 借助示范点，推广"五个一"示范点金融知识宣传。按照农村金融教育活动"可持续、可考核、可复制"的目标，人民银行大悟县支行组织实施了"五个一"细胞工程，在经济比较活跃、信用环境基础较好、交通比较便利的两个乡镇选择了一个行政村、一家农民专业合作社、一家乡镇企业、一条街道、一所学校共五类不同农村对象与群体作为农村金融教育活动的示范点，采取定机构、定人、定进度、定职责，上门开展金融知识教育宣传，取得明显示范效应。通过多次逐户上门宣传、开设金融宣传教室等方式，对这些对象进行了针对性、个性化、系统性的金融知识教育宣传，试点对象中，户均受教育面达到95%以上，个人受教育率达到90%以上，小额信贷及相关金融服务需求满足率达到90%以上。通过试点宣传，探索出一套符合当地实际的教育方式和内容，目前正将试点范围向全县各乡镇推广。

（三）做到三个结合，大力深化农村金融教育内涵

1. 将农村金融教育活动与货币信贷政策传导相结合。大悟县将政银企合作交流平台作为金融知识传播的重要手段之一，每年组织召开农村金融知识宣传与银企对接现场签约活动。会上宣传金融产品，解读货币信贷政策，银企签订合作协议，实现了金融知识教育宣传与银企合作的有效对接。2010年，人民银行大悟县支行组织召开了金融知识宣传暨金融服务青年创业座谈会，对全县37位大学生村官、返乡创业的大学生开展了金融知识教育宣传与政策解读；2012年，大悟县召开了中小企业融资培训会，人民银行大悟县支行对政府分管领导、乡镇负责人、中小企业代表、各金融机构、信用农户代

表120余人传授"三农"政策和融资技巧，宣传涉农信贷产品；2013年，县政府实施了"金桥工程"，人民银行大悟县支行编撰重点项目、企业概况、融资需求情况，跨区域推介引导银企合作，引进了孝感市商业银行及县内各金融机构与县内企业开展签约合作。通过平台交流、专题培训让大家更好地了解和掌握融资的基本知识与技巧，提高企业与银行打交道的能力，有效沟通中小企业融资难问题。政府职能部门经过宣传培训，也能更好地掌握现行金融政策，更好地为当地中小企业服务。金融政策传导宣传得到了政府各部门、企业、农村青年信用示范户的高度赞扬，树立了良好金融服务形象。

2. 将农村金融教育活动与农村金融服务全覆盖工作相结合。大悟县政府印发了《村级惠农金融服务联系点建设实施方案》，全力推进农村金融全覆盖工作。人民银行孝感市中心支行组织在9个对口联系点通过集中搭台、入户上门、播放影像、现场演示、答难释疑、散发资料等方式，向农户广泛宣传有关小额信贷、残损币兑付、假币识别、国债、银行卡等金融知识。人民银行大悟县支行积极推进金融服务联系点在全县362个行政村的全覆盖，将金融知识宣传、基础银行服务延伸到乡镇村组。成立了大悟县金融消费者权益保护中心，推动金融消费者权益保护工作，增强群众的金融消费权益保护意识。大悟县在农村结算支付环境改善活动中，通过与农民息息相关的农村金融知识宣传来推动农村现代化支付工具的应用普及，提升农村金融服务水平。

3. 将农村金融教育活动与农村金融产品创新相结合。近年来，大悟县各金融机构根据社会各阶层的实际需要，发展和推出协会会员联保贷款、农户联保贷款、农村商户联保贷款、林权抵押贷款等符合"三农"实际的新信贷产品，支持了"三农"经济的发展。特别是大悟县新城花生协会会员联保贷款已成为全国支农十大信贷品牌产品，中央电视台《新闻联播》给予了专题报道，中国人民银行行长助理郭庆平也对该产品创新给予了签批肯定。

二、主要成效

（一）"三农"得实惠明显增多

通过"金惠工程"的实施，农村金融教育培训、宣传的深入开展，促进了辖内金融业快速发展，各项金融指标显著增长，农村金融意识、金融应用水平都有长足进展。截至 2014 年 9 月，全县涉农贷款比 2010 年底净增了 19.8 亿元，增长 154.9%。农户贷款净增 6.3 亿元，增长 123.9%，受益农户 4.1 万户，涉农贷款户数及信贷总额需求满足率均提高了 12 个百分点以上。下岗失业小额担保贷款、大学生村官创业贷款、妇女创业贷款、农户联保贷款、商户联保贷款等贴近民生信贷产品极大丰富了农村金融服务内容。

（二）金融生态环境明显改善

全县讲诚信的社会氛围逐渐形成，社会诚信意识明显增强。目前，全县到期贷款的回收率达到了 98% 以上。截至 2014 年 9 月，全县不良贷款率为 0.83%，较 2010 年底下降了近 2 个百分点。建立农村青年信用档案 727 户，评选农村青年信用示范户 287 户。17 个乡镇、15 个社区被评为信用乡镇、信用社区，大悟县连续四年都被评为湖北省金融信用县。农村支付结算环境大幅改善，大小额支付系统已在全县范围内开通，17 个乡镇均布设 ATM、POS 机，转账电话也实现了行政村的全覆盖，银行卡发卡量两年来增加 13 万张，增长 43%。

（三）金融业效益明显提高

截至 2014 年 9 月，全县贷款比 2010 年底净增了 27 亿元，增长 123.5%。存款净增了 68.8 亿元，增长 97%。2013 年，全县银行机构实现利润 1.9 亿元，上缴税收 4500 万元，经营效益不断向好，活力不断增强。良好的信用环境促进了县域金融服务体系建设，2012 年，大悟县农村信用社成为孝感市首家改制为农村商业银行的县域农村信用社，湖北银行在大悟县新设立一家支行，新增了一家融资担保公司和两家小额贷款公司，农村金融网点增加 9 个，农村金融服务能力明显提高。

（四）社会效益明显提升

农村金融教育的推广，推动了农村金融市场的发展，有力促进了地方经济与"三农"经济的发展，形成了良性循环，提升了社会效益。2013 年，大悟县实现地区生产总值较 2010 年增长了 53.5%，农业增加值增长了 51.6%，农民人均收入增长了 48.8%。大悟县设立零币调剂中心、成立金融消费者权益保护中心、创建国库服务"三农"示范县、开发"三农"信贷新产品，提升金融应用水平。

松滋市建 "两站" 助 "双惠"

近年来，松滋市不断延伸金融服务领域，进一步发挥金融普惠功能，大力开展惠农（民）金融服务站建设，在农村地区设立了 247 家惠农金融服务站，在城镇社区设立了 39 家惠民金融服务站。该市通过开展 "两站" 建设，为探索和实践县域普惠金融的 "双惠" 模式作出了有益的尝试，得到了湖北省政府原副省长赵斌、人民银行武汉分行行长殷兴山等领导的高度评价。2013 年 9 月，荆州市政府在松滋市召开了全市优化农村金融服务现场会，重点推介了相关工作和做法。松滋市惠农金融服务站建设成果在 "2013·武汉金融博览会" 上进行了展示，湖北省推进农村金融服务全覆盖工作领导小组在全省推广了松滋市惠农金融服务站的相关做法。

一、主要做法

（一）搭建架构，健全组织体系

松滋市政府先后出台了《关于设立 "惠农（民）金融服务站" 的指导意见》，成立了 "两站" 建设工作领导小组，由市长任组长，分管副市长任副组长，市金融办、人民银行、银监办、各乡镇、社区、金融机构和相关职能部门主要负责人为成员，提出了 "两站" 建设的指导思想、目标任务、组织领导和主要措施，明确了各金融机构、乡镇政府、社区、村组的职责、任务。并多次召开专题会议进行安排部署，开展广泛宣传动员，落实相关工作机制，在辖区形成了 "政府主导、人民银行推动、一家银行主办、各金融机构参与、村组社区配合" 的工作组织体系。

（二）建章立制，理顺 "两站" 运转机制

松滋市建立健全了 "两站" 业务运行、经费保障、考核评价和正向激励

四大机制，提出了高效、有为、细致、节俭的"八字"工作方针。在业务运行上，结合各村实际，因地制宜，倡导提供各具特色的惠农金融服务；组织金融业务讲师团分区域为服务站成员授课，促进基本职能任务的落实。在工作经费上，松滋市政府将"两站"建设纳入地方信用环境建设和推进农村金融服务"十二五"全覆盖工作体系，由地方财政统筹安排解决部分工作经费。经费剩余缺口部分，属于共用设施、设备费用的，由各银行、保险机构分摊；属于专用设施、设备的，由提供者自担。在监督考核上，采取"划片区域管理、不定期不定点巡查"的管理模式，组织成立了巡视辅导小组，对各站点工作开展业务巡查。市政府将"两站"建设纳入对信用乡镇、信用社区、乡镇领导班子的绩效考核，并加重考核领导班子的权重；人民银行松滋市支行也将"两站"建设纳入对金融机构综合考核评价管理。在正向激励措施上，本级财政在农村金融服务"十二五"全覆盖工作专项经费中列支"十佳惠农金融服务站"奖励费用，每家奖励 2000 元；对服务站推广"三农"政策性保险和农民工意外伤害险等工作，本级财政给予专项奖励和补助；金融机构以电话费、交通费补贴等形式解决了服务站部分日常费用开支。

（三）有的放矢，落实"两站"职责任务

惠农（民）金融服务站不但有信贷咨询、信贷产品推广、反假人民币、非现金支付工具推广和金融知识宣传等工作职能，还新增了下岗失业人员小额贷款和金融消费者权益保护等新内容。2013 年以来，将人民币反假工作站与"两站"整合，明确了职责，形成了覆盖整个县域的人民币反假网络体系。人民银行松滋市支行积极依托"两站"开展金融知识普及"六进"活动，即进乡村、进社区、进学校、进企业、进园区、进机关，启动了"金融知识巡回宣传大篷车"宣传，指导金融机构、社区积极开展金融消费者教育工作，提高了金融消费者的安全意识和自我保护能力；指导开展了金融消费侵权的维权投诉工作，集中解决了金融消费者对现代化金融产品不会用、不敢用的问题，让金融机构与金融消费者之间"零距离"、"心贴心"。

（四）精心布局，体现"全覆盖"职能要求

松滋市将惠农（民）金融服务站的职能定位为设在农村、社区的金融咨询代理机构，是金融机构满足农村金融需求、开展金融知识宣传、投放金融产品的桥梁。在全市247个行政村均设立了1家惠农金融服务站，每家服务站下设1～2个服务点；在全市39个社区设立了惠民金融服务站。服务站、点选址主要集中在社区或村委会、农村超市、农资门店、农村卫生室等人员来往频繁的地点，具备较强的辐射功能。服务站设站长1名，一般由社区或村委会的主要负责人担任，村干部、设站门店老板以及各银行、保险机构的包村业务人员为站员。在硬件设施配备上，每个站点必须达到"六有"标准，即有惠农（民）金融服务站匾牌，有服务站人员及职责公示栏，有转账电话、POS机等机具，有金融服务产品和金融宣传资料展示架，有专业的验钞机具，有免费的网上银行服务平台。

（五）筑牢篱笆，防控"两站"运行风险

一是明确"两站"为金融知识宣传、金融产品投放的窗口和桥梁，并非一个独立的经营性机构，以规避法律风险。二是组织各方签订了《金融服务合作协议》，明确规定了两站"五不准"，即不准私刻印章、不准违规办理金融业务、不准吸收存款、不准非法集资、不准收取任何费用牟利。三是要求各金融机构分别与服务站签订代理协议，加强业务指导和检查，防范业务操作风险。四是加强了业务巡查，采取"划片区域管理、不定期不定点巡查"的管理模式，成立了巡视辅导小组，对各站点工作开展业务风险巡查。五是提请公安机关加强服务站周边治安管理工作，降低了服务站资金风险。

（六）整体联动，探索普惠金融模式

松滋市政府坚持把"提高金融服务覆盖面、发挥金融惠民便民作用"作为"两站"建设的目标，推出了一系列金融创新措施：一是细化金融支持全民创业措施，引导金融机构区别返乡创业、离岗创业、二次创业、下岗再就业、高校毕业生和转业退伍军人创业等不同情形提出优惠扶持措施，实行创业贷款"三优"措施（资金计划优先、资金安排优先、贷款利率优惠），得到了创业者的高度评价。二是对辖区家庭农场、种植养殖专业大户、农民专业合作社实行名单制管理，引导金融机构开办土地经营权抵押、"共保贷"基金抵押、循环农业产业链贷款等信贷产品；探索完善了"征信助推、金融授信、贷款跟进、合作社发展"的金融支持农民专业合作社发展模式；采用星级制评分模式对农村青年信用示范户进行动态管理，根据星级开展"直贷"。三是在全省县域引入首家小微企业信贷专营机构；组织金融机构开展金融帮办服务，实行"一家小微企业、一个行领导、一个帮办专干、一抓到底"工作机制；结合县域产业集群发展现状，创新推出了白酒、化工、机械、农副产品加工等重点产业集群上下游企业产业链融资模式。四是推行了阳光信贷工程，要求金融机构从信贷受理、调查、评级、授信、审批、放款各环节实行阳光操作；推行首问负责制、一次性告知、一站式服务，切实改变客户往返多次跑贷款的状况；将贷款评级工作前置，加快贷款进程；聘请阳光信贷监督员，建立贷款回访制度，对客户的投诉及时回复。五是增加金融服务收费的透明度，让金融消费者拥有更多的知情权、选择权。

（七）完善机制，促"两站"持续发展

为使"两站"有效运转，松滋市根据"两站"具体情况分别建立了守信激励和失信惩戒机制。人民银行松滋市支行整合支农、惠农政策，将农户和农村经济组织的信用状况作为享受相关优惠政策的重要参考条件，出台了切实可行的激励措施，优先支持信用状况良好、具有示范带动效应的农户和农村经济组织快速发展；引导金融机构、小额贷款公司和融资性担保公司健全信用风险定价机制，依据农户和农村经济组织的信用等级制定并落实差别化的信贷支持政策和担保政策；鼓励金融机构将金融资源向信用等级较高的农户和农村经济组织倾斜，对信用村、信用社区、信用乡镇优先信贷配置，让信用农户和农村经济组织在金融服务中切实受益。该行按照《信用农户、信用村（社区）、信用乡镇评定办法》和"标准透明、程序公开、稳妥推动"的原则，研究制定对守信农户、农村经济组织综合激励和失信农户、农村经济组织联合惩戒的办法，做好信用等级评定工作，实现信用农户、信用村（社区）和信用乡镇评价全覆盖，充分发挥了信用典型的示范引领作用。松滋市政府每年出台《关于松滋市信用环境和金融生态建设工作的意见》，为"两站"健康、持续发展提供政策依据，使"两站"成为金融信用县市的良好窗口和展示平台。

二、主要成效

（一）金融服务水平显著提升

截至 2014 年 9 月末，该市各金融机构银行卡发行量 57 万张，其中农户 34 万张，占比 56.65%，户均持有银行卡 1.87 张；布放 ATM 120 台，其中，乡镇 55 台，每个乡镇均有 2 台以上；开通转账电话 1850 部，其中乡镇 1120 部，行政村覆盖面达 100%；建设助农取款服务点 675 个，行政村覆盖面达 100%；通过网银、转账电话等工具办理非现金结算 14500 笔，金额 7320 万元，结算时间由原来的平均 1 至 3 天缩短为 30 分钟之内，节约交易成本约 40 万元。保险涉农机构依托惠农金融服务站承保水稻保险 68 万亩，承保"两属两户"1.85 万户，两年来共办理涉农保险理赔 700 余万元。通过"两站"累计发放各类金融宣传资料 10.5 万份，开办金融知识辅导培训 180 场次，共培训 1.4 万人次。在"两站"配备人民币反假机具 400 套，培训人民币反假和相关法律法规知识 4000 人次。

（二）金融支持民生作用有效发挥

松滋市 2013 年下岗失业人员担保贷款余额 5239 万元，比 2011 年末增加 10 倍；生源地助学贷款余额 540 万元，比 2011 年末增加 15%；小微企业贷款余额 22 亿元，比 2011 年末增加 120%，有 265 家小微企业与银行新建信贷合作关系；累计为全市 1250 个青年信用示范户授信 2.8 亿元，通过信贷投入支持了王卫华等一大批农村青年信用示范户创业，辐射带动周边 6000 余个农户，户均增收 3000 余元。

（三）农村信用体系建设取得明显成效

松滋市以惠农金融服务站为平台和支撑，助推农民专业合作社发展，着力推进农村青年信用示范工程，环环相扣，层层推动，初步探索出一条"以人为本、普惠包容"的农村信用体系建设之路，取得了农村信用环境优化、农民信用意识提升、金融创新产品增加、信贷支农力度增强、农户融资成本降低的良好效果。如"养猪状元"孙术林领办的永兴畜牧专业合作社出现资金周转困难时，松滋农商银行、农业银行、邮储银行等涉农金融机构争相给予资金支持，比其通过民间借贷成本降低50%，一年少支付养猪成本25万元。在降低农户融资成本的同时，该市涉农金融机构积极改善金融服务，推出了许多创新信贷产品，如"欣农贷"、"农户宝"、"水产养殖富民贷"、农村经营权质押贷款等，扩大了农业生产经营主体的贷款品种选择面，2014年仅特色贷款品种的推出就新增贷款5亿元。

（四）加大了信贷支农力度

在"两站"平台的支撑下，各金融机构显著提升了涉农经营主体的金融支持力度。截至2014年9月末，涉农贷款增幅高于GDP增幅，贷款增幅比上年同期多增1.8亿元，增长39.5%，全市金融机构贷款余额73.15亿元，新增贷款9.39亿元。信贷资金的大力投入，加速了松滋市各项产业的产能提高，对松滋市社会经济的发展起到了积极推动作用，市场主体的信用意识也明显提高，为各金融机构掘金蓝海市场找寻了新的承贷主体。

（五）实现了金融机构与"三农"的同步发展

截至2014年9月末，松滋市有95%的信用农户获得了金融机构的授信，授信额度达到15.5亿元；有46%的农民专业合作社获得金融机构的授信，授信金额3.3亿元，1250户农村青年信用示范户全部获得金融机构授信，授信金额2.8亿元。全市金融机构利息收入比上年同期多增5000万元。松滋农商银行、农业银行、邮储银行、工商银行、人保财险松滋支公司等机构在农村地区的存款、贷款、中间和保险业务拓展明显提速，经营效益进一步提升，有4家机构在上级行（司）综合绩效考核中均名列前茅。同时，涉农金融机构继续保持了不良贷款双下降，新增涉农贷款达到了零不良的良好发展态势。

第四篇
直接融资和保险服务创新

襄阳市中小企业 "区域集优"
集合票据的成功实践

一、背景

为了进一步发挥金融市场在金融资源配置方面的基础作用，拓宽中小企业及低信用等级企业的融资渠道，近年来中国银行间市场交易商协会推出了区域集优直接债务融资模式。为缓解中小企业融资难、融资贵问题，支持地方实体经济发展，从 2012 年 4 月起，人民银行襄阳市中心支行积极推动襄阳市政府与中债信用增进投资股份有限公司（以下简称中债公司）合作，经过近一年的努力，成功推出了襄阳高新中小企业 "区域集优" 债务融资新模式，为襄阳市中小企业开辟了一条新的融资途径。

二、产品介绍

区域集优直接债务融资模式是在中国银行间市场交易商协会统一指导下，依托地方人民政府、人民银行分支机构，遴选符合条件的 2～10 个具有法人资格的各类企业（融资主体），在银行间债券市场采取统一产品设计、统一券种冠名、统一信用增进、统一发行注册方式共同发行的、约定在一定期限内还本付息，借助地方政府专项扶持措施，由中债公司提供信用增进服务，联合商业银行和其他中介机构为融资主体量身定做直接债务融资服务方案的债务融资模式。襄阳高新中小企业 "区域集优" 集合票据债务融资项目就是由襄阳市人民政府、人民银行襄阳市中心支行、中债公司三方签订襄阳市区域集优直接债务融资合作框架协议，明确协议各方权责义务，襄阳市政府以财政资金设立中小企业直接债务融资发展基金作为对发债企业的保障，选定中小企业密集的襄阳市高新区作为发债试点区域，遴选推荐优质企业作为发债主体，并由中债公司对企业进行培训和评级，实现信用增进，确定具有一定发债经验的中信银行武汉分行作为主承销商，最后遴选确定追日电气、欧安电气、远成鄂弓、湖北新火炬、宇清传动 5 家企业打包发行 2.27 亿元首期襄阳高新中小企业"区域集优"集合票据。

三、业务范围及特点

襄阳高新中小企业"区域集优"集合票据的企业筛选条件为：单个企业拟发行规模 2000 万以上 2 亿元以下（净资产规模达到 5000 万以上）；发券前，连续两年盈利；参与发债的企业主体信用评级为 BBB 级及以上；并属于可获得当地政府明确支持（如财政贴息、项目补助优先支持、税收优惠、政府背景担保公司提供担保等）的行业的中小企业非金融企业。

区域集优债这种融资方式的显著特点就是对政府的作用要求很高。要求政府主导发债工作，并设立中小企业直接债务融资发展基金。地方政府可以通过与合作方谈判，确定中小企业债券市场准入净资产标准，并帮助企业与律师、评估公司和担保公司开展合作。中小企业直接债务融资发展基金的作用：一是通过政府信用为企业增信，二是利用杠杆原理帮助缓释风险。在区域集优模式下，这种地方专项基金的规模与地方中小企业发债总规模挂钩，可以以一定规模的财政投入撬动十倍乃至数十倍的金融资源。

四、办理规则与流程

（一）办理规则

1. 注册：集合票据需在中国银行间市场交易商协会注册。

2. 金额：任一企业集合票据待偿还余额不得超过该企业净资产的 40%；任一企业集合票据募集资金金额不超过 2 亿元人民币，单支集合票据注册金额不超过 10 亿元人民币。

3. 期限：集合短期融资券期限不超过一年，集合中期票据期限不超过三年。

4. 担保：包括由主体信用评级为 AA 级及以上的担保公司承担连带保证责任、企业以其自有资产向担保机构提供抵押或质押等反担保、银行给予信贷支持等信用增级措施。

5. 效率：中国银行间市场交易商协会鼓励创新，支持为中小企业拓宽融资渠道，项目可进入"绿色通道"注册，有效提高发行效率。

6. 统一管理：集合票据由主承销商统一发行，募集资金集中到统一账户，再按各发行企业额度扣除发行费用后拨付至各企业账户；债券到期前，由各企业将资金集中到统一账户，统一对债权人还本付息。

（二）办理流程

符合准入标准的企业提出申请→初步筛选→入场尽职调查及制作各种发行材料（由主承销商中信银行参与完成）→发行审核→报送中国银行间市场交易商协会→路演、定价→债券发行→后续服务。

五、主要做法

（一）抢抓机遇，主动作为，有效推动"区域集优"融资模式先行试点

一是积极争取政府重视。根据人民银行武汉分行在 2012 年货币信贷工作会议上提出的大力推动"区域集优"债务融资工作的要求，人民银行襄阳市中心支行向襄阳市政府提交了《关于推动襄阳市与中债信用增进投资股份有限公司签署合作框架协议，启动"区域集优"债务融资模式的请示》，并多次向政府汇报，宣传"区域集优"债务融资模式对拓宽中小企业融资渠道、降低融资成本的优越性，对促进"四个襄阳"建设的重要意义，得到了市委、市政府领导的高度重视。市委副书记、市长别必雄和原市委常委、分管金融副市长傅振邦多次签批，要求人民银行与市金融办等相关部门抓紧协调沟通；省委常委、市委书记范锐平则亲自指示要"创造一切条件，争取进入湖北省第一批试点城市"。

二是面向企业大力宣传。企业是发债主体，为了使企业了解"区域集

优"这一新型债务融资工具的特点，人民银行襄阳市中心支行领导在市政府举办的"政策进企业"活动中，向200多家中小企业负责人进行了公开授课，就"区域集优"债务融资模式的管理政策、产品特点、工作流程、发行操作以及应注意的问题等内容进行了详细的解读和宣传。

（二）整体部署，多方联动，建立完善"区域集优"融资工作机制

一是推动襄阳市政府确定试点区域、落实主承销商。人民银行襄阳市中心支行经过综合考量政府实力、企业状况和银行特点，建议襄阳市委、市政府确定在经济基础较好、中小企业密集的襄阳市高新区进行试点，将具有一定发债经验的中信银行武汉分行作为主承销商，得到了市政府的支持。高新区政府及中信银行也表达了参与发债的意愿，明确专职人员负责此项工作。

二是推动高新区政府明确准入条件、遴选优质企业。在人民银行武汉分行的支持指导下，人民银行襄阳市中心支行多次与市金融办、高新区政府联系，就遴选企业工作进行协商；对照中债公司提供的企业准入条件，与高新区金融办、中信银行武汉分行专题研究，最终确定资信状况良好、发债意愿较强的追日电气、欧安电气、远成鄂弓、湖北新火炬和宇清传动5家企业作为发债企业，将企业名单及相关资料报中债公司，并对企业进行了培训和评级。

三是积极促成签订两个合作协议、深化发债工作。由于各项前期工作准备充分，2012年9月，人民银行襄阳市中心支行与襄阳市政府、中债公司三方签署了《襄阳市"区域集优"直接债务融资合作框架协议》，与襄阳市政府金融办、中债公司、中信银行武汉分行四方签署了《中小企业直接债务融资发展基金监管协议》，促使发债工作向纵深推进。

四是推动各方加强沟通联络、加快工作进度。中小企业"区域集优"债务融资工作涉及政府、职能部门、企业、主承销商、中债公司等多个部门。作为倡导者和发起人，人民银行襄阳市中心支行在广泛宣传的同时，积极做好与襄阳市和高新区两级政府、主承销商、中债公司、发债企业的沟通和协调。如针对高新区金融办反映企业对"区域集优"债务融资工具存有疑惑的情况，及时与中信银行武汉分行联系，使其派专人常驻高新区，通过培训、走访与企业"零距离"接触；针对初次遴选的13家企业净资产

普遍不足 6000 万元的情况，与中债公司、中信银行武汉分行商榷，阐明高新区经济发展状况及企业发展前景，取得理解和支持；针对担保措施，与中信银行、金融办及中债公司协商，暂不引进担保公司，以降低企业发行成本、加快项目推进进度等。框架协议签署后，人民银行襄阳市中心支行及时与中债公司联系，使其于协议签署的第二周即到拟发债的 5 家企业开展尽职调查，中诚信国际信用评级有限责任公司也于同一时间进场开展了评级调查。

（三）多方斡旋，设立基金，为"区域集优"债务融资提供资金保障

2012 年 5 月，人民银行襄阳市中心支行向襄阳市政府提交《关于建立中小企业直接债务融资发展基金的报告》，建议市政府出资 5000 万元设立中小企业直接债务融资发展基金，得到市政府的肯定；随后，多次向相关职能部门介绍常州、佛山等已成功发行"区域集优"票据的经验及基金的设立和管理情况；在政府的相关会议上，多次呼吁成立中小企业直接债务融资发展基金；取得政府的初步认可后，与市金融办、财政局等职能部门协商，就成立发展基金的具体细节进行研究。几经斡旋，推动政府于 11 月以财政出资 5000 万元设立中小企业直接债务融资发展基金，为发行"区域集优"集合票据提供保障。期间，努力向政府争取对发债企业财政贴息的优惠，获得了对发债企业 2% 的财政贴息支持，贴息资金由襄阳市政府和高新区政府各自承担一半。

（四）齐心协力，攻坚克难，确保"区域集优"集合票据及时上报注册成功

"区域集优"票据发行工作从发起到注册成功历时 8 个月，编撰《项目备忘录》及会议纪要 20 余期，撰写《募集说明书》、《评级报告》、《授信报告》等共计 30 余万字，涉及面广，面临三大难点：一是工作协调难。参与主体近 40 家 100 人，不仅跨部门而且跨区域；政府、银行、评级公司、信用增进部门、注册审批部门等，都有各自的工作程序和要求，工作环节多、流程复杂、工作量大，人民银行作为牵头单位难以掌握各项工作的主动权，沟通协调的难度较大。二是基金到位难。在"区域集优"模式下，风险缓释的核心是地方政府成立中小企业直接债务融资发展基金，作为对发债企业的专项

保障；在当前地方财政普遍吃紧的情况下，政府以财政出资建立偿债基金是票据成功发行的关键，也是最大挑战。三是企业遴选难。襄阳市中小企业普遍存在规模较小，评级较低的问题，初次推荐的16家企业在净资产、发行规模和评级等方面都与发行条件存在较大差距。经反复多次遴选沟通，确定4家企业上报中债公司，后应中债公司要求追加为5家企业。面对困难，注重与政府相关部门做好沟通联络，为主承销商做好协调服务，深入细致、不厌其烦地做好各种宣传协调，确保企业遴选、评级尽调、基金设立等工作顺利开展。特别是在资料上报中国银行间市场交易商协会后，及时向人民银行武汉分行汇报工作进度，得到了人民银行武汉分行的大力支持和帮助，使中国银行间市场交易商协会在20余天的时间里完成审批流程，进行了注册发行，创造了特事特办的特例。

六、主要成效

襄阳高新中小企业"区域集优"集合票据债务融资工作项目从2012年4月启动，历时7个月，协调跨部门、跨地区近40家单位。2012年12月22日，襄阳第一期2.27亿元中小企业"区域集优"集合票据在中国银行间市场交易商协会成功注册，并于2013年2月1日成功发行，是湖北省乃至中部地区的首单中小企业"区域集优"票据，标志着襄阳市"区域集优"债务融资推广工作走在了全省前列。2014年，以中国建设银行为主承销商的襄阳市第二期"区域集优债"5000万元发债计划已经上报中债公司审批，并争取年内发行。

区域集优集合票据的成功发行，凸显五个成效。即建立了一只中小企业直接债务融资发展基金，开辟了一条由基层央行主导和推动中小企业直接债务融资的新途径，完善了一项企业遴选机制，培育了一批承销商，发掘了一批优质企业，为在襄阳各县市区培育发债区域，全面推广"区域集优"直接债务融资模式提供了可资借鉴的经验，奠定了坚实的基础。

襄阳高新中小企业"区域集优"集合票据的成功发行，不仅为支持中小企业发展开辟了直接融资的新途径，降低了中小企业融资成本，更重要的是通过"区域集优"集合票据发行企业的遴选，进一步促进中小企业规范化运作，建立健全现代企业制度，提高信用级别，推动中小企业不断发展壮大，中小企业必将因为信用的不断增进而获得更多的发展支持，为辖区经济社会发展作出更大的贡献。

天门市试点推广政策性棉花保险

一、背景

　　天门市是全省棉花种植农业大市，年度棉花种植面积达 64 万亩左右。根据《湖北省人民政府办公厅转发省农业厅、省财政厅、湖北省保监局关于稳步推进 2010 年政策性"三农"保险工作意见的通知》文件要求，湖北省政府决定从 2010 年起在天门市启动政策性棉花保险试点工作。四年来，中华联合财产保险公司天门支公司在市委、市政府的正确指导下，按照"政府引导、市场运作，自主自愿，协同推进"的工作方针，在全市开展和推进棉花种植保险，基本形成了一套适合天门市实际的工作机制，棉花种植保险补偿功能逐步显现，减轻棉农种植灾害风险、保障棉农利益的防护效应得到了充分体现。

二、主要做法

　　（一）政府重视，部门支持，形成了坚强有力的组织保障

　　棉花政策性保险工作是国家通过保险补贴的办法，引导和鼓励农户自愿参加保险，抵御因自然灾害和病虫害造成的损失。2010 年湖北省政府选择天门市进行棉花保险试点，应该说是天门市的一次历史机遇，从上到下认识统一，建立了市政府、乡镇、村组、承办公司四个层次的组织保险体系。

　　1. 市委、市政府高度重视。棉花保险在 2010 年 7 月正式启动，市政府成立了棉花保险工作领导小组，市委常委、常务副市长任组长，两名分管副市长任副组长，财政、金融、农业、气象等单位负责人为成员，负责领导和

协调全市"三农"保险工作。领导小组下设办公室，统筹政策宣传、资金配套、乡镇承保理赔业务督导和工作考核等日常工作。2010年5月，市政府组织相关部门对天门棉花历年生产规模、生产技术、生产成本、劳动力结构、农田水利、受灾情况等方面进行了全面充分的调查，进行可行性分析，确定由中华联合保险湖北分公司具体经办、天门支公司具体承办的运作模式。同时结合天门农业生产实际，制定了天门市棉花试点工作实施方案，下发了《关于开展政策性棉花保险试点工作的通知》，为开展棉花保险试点工作指明了方向。四年来，市委每年组织市委办、市纪委检查了解工作进展情况，2012年还把棉花保险纳入"三万"活动的工作范围进行检查。市人大、市政府多次到承办公司和乡镇检查试点工作进展情况，听取汇报，发布督察通报，提出工作要求。2012年初，市政府专门组织财政部门对2010年以来的棉花保险情况进行了进村入户调查走访。市政府金融办、农业科、督查室多次分片进村督察，确保试点工作顺利开展。

2. 乡镇全力推动。各乡镇成立了以分管领导任组长的领导小组和工作专班，负责指导、协调，推动本地开展政策性保险试点的具体工作，做到了镇镇有专班，村村有协保员。全市共成立专班28个，聘请村级协保员655人，专班和协保员负责组织农户参加保险，努力做到应保尽保。出现灾情后，及时组织报案，配合承办公司核查灾情，确保赔款及时支付给农户。

3. 部门积极支持。市农业局作为政府的牵头部门，多次组织棉花保险专项调研，积极参加面积核定，组织乡镇农技人员协助承办公司进行灾害损失认定。财政部门积极参与面积确认，及时配套本级财政并申报上级财政保费补贴资金，敦促理赔，加强资金监管。四年累计配套市级财政资金535.5万元，及时拨付中央和省财政补贴资金3481万元。气象部门及时交流灾害性天气预报，提供气象证明，协助开展防灾防损和查勘定损工作。

（二）精心组织，把握关键，确保保险试点的扎实推进

1. 组建专业队伍，树立棉花保险的权威性。棉花保险政策性强、涉及面广。组建一支懂农业、懂农民、懂保险的专业队伍，架起棉农与保险之间的桥梁，用权威的声音取得棉农的信任，是试点工作的一个必要手段。为此，中华保险湖北分公司成立了专门领导小组，靠前指挥，天门支公司成立工作

专班，形成了保险专业队伍。还专门聘用5名长期从事棉花工作的专业人员组成专家组，其中1名享受国务院政府津贴的棉花专家，1名长期从事农村工作的老同志，2名农业本科毕业生，指导查勘、定损、防灾减灾等工作；聘请的655名村级棉花保险协管员更是农村工作的行家里手。有效地树立了棉花保险的权威性。

2. 重视政策宣传，提升棉农参保的积极性。一是舆论宣传推动。在试点初期，市政府专题召开全市政策性保险试点工作会议，周密安排舆论宣传工作，随后在全市掀起政策宣传的高潮。制作了电视宣传专题节目，通过电视台宣传15次，报纸宣传9次，广播宣传9次，互联网宣传2次，悬挂横幅433条，书写墙体标语63条，发放《给农户的一封信》26万份，印发《政策性棉花保险宣传手册》、《"三农"保险农历》36万份。2010年8月8日，中央电视台等新闻媒体对天门市棉花保险抗灾理赔工作进行了采访报道，农民反映强烈。二是以点代面推动，号召全市农村党员干部率先参与投保，起示范带动效应。各乡镇干部和保险公司业务人员一道，主动下乡入户走访宣传，从支持工作的农户入手，从基础较好的村组着手，从工作进度较快的乡镇动手，积极引导投保，乡镇和村组开展政策宣传632场，培训人员17144人次。三是政府督察推动。市委、市政府主要领导多次过问棉花保险工作试点推进情况，提出工作要求，定期组织分管金融、农业的副秘书长及政府相关部门，核查乡镇工作进展情况，发布督察通报，强化督察力度。

3. 严格承保理赔，增进取信于民的认知度。保险取信于民的关键在于承保理赔的公开透明。棉农对保险的认识也很朴实，如果保险费足够低，保险金额适当，领取贴款方便快捷，这个保险就值得买。承保公司把握这一关键环节，在承保理赔上下功夫，赢得棉农的信任。在承保方面，建立了公开、公正的保费收取程序；按政策规定给予棉农保费补贴，使农民负担的保费相对较少，每亩棉农支付保费7元，仅占亩平保费的25%；每亩保险金额达到400元。在理赔方面，方便快捷与化解矛盾是重点。一是建立棉花保险口径的查勘定损数据库，定损有据，防止攀比心理。由于棉花保险有起赔点的设置，理赔容易出现攀比现象，把握不好，可能引发社会矛盾。为此，承办公司会同农业部门在汪场、麻洋、蒋场等乡镇建立固定的灾情观测点和灾情比照点，建立了棉花保险口径的气象数据库、棉花生育和产量数据库，为科学定损提供气象和灾情数据支撑。二是赔付资金及时到账。2010年由于开办时间迟，赔付资金通过乡镇财政代为拨付。2011年起全部实行"一卡通"赔付，直接到户。三是特事特办，用高效服务感化人。2011年7月22日晚，蒋场、汪场镇一带出现龙卷风灾情，23日凌晨，承办公司查勘人员奔赴一线，查勘定损，及时将50万元理赔款发放到农民手中，帮助农民渡过难关。2012年7月13日蒋湖农场白湖分场出现暴雨灾情，大面积棉花受灾，承保公司及时组织现场查勘灾情，迅速组织赔付139576.92元，惠及农户292户。2011年由于遭受龙卷风和汉江秋汛灾情，彭市镇双河垸村赔付率达714.29%，最低的蒋场镇孙岭村赔付率也达83.91%。

（三）积极探索，优质服务，建立了规范有序的操作模式

1. 在保险公司层面，采取省级公司承办，市支公司具体操作的运作模式。利用省级公司人员、设备上的优势，发挥市支公司基层一线的作用，较好地弥补了支公司在人员设备、管理水平、操作经费等方面的不足，给试点工作顺利开展提供了有力保障。

2. 在操作程序上，建章建制，建立了"三到户"、"四统一"、"五公开"的承保理赔制度。

三到户，即承保到户，宣传到户、理赔到户。承保流程为：以村为单位，收集汇总农户基本信息，公司查验标的，保单到村，承保到户，村协保员逐户收取保费，乡镇统一汇入农险专户，见费出单。理赔流程为：出险后由农户、村组或乡镇及时报案，乡镇协助承办、公司现场抽样查勘，收集索赔资料，三方定损，理赔公示，赔付资金直达棉农"一卡通"账户。

四统一，即统一承保理赔标准，统一核算，统一方案，统一业务流程。严格执行《湖北省棉花种植保险试点实施方案》规定的保险内容、理赔标准，全市统一执行每亩400元的保险金额，7%的保险费率，保险期限自棉花移栽到大田成活起至棉花成熟开始采摘时止的标准，对保险期形成的基础条件、分段赔付限额、保险期内多次受灾的最高赔款有明确标准。

五公开，即政策公开，承保情况公开，理赔结果公开，服务标准公开，监管要求公开。公开方式包括印发《政策性棉花保险宣传手册》并发放到

户，承保公司及乡镇、村组专栏公开，对棉农书面形式公开等。

3. 在防灾防损方面，建立灾情预警和技术指导机制。棉花保险的根本目的不是简单的出险赔付了事，而是帮助棉农减轻灾害损失，因此防灾防损在保险工作中显得尤为重要。为此，市政府组织农业、气象、民政、承办公司制定了重大灾情预案，及时预警灾情，交流灾情信息，及时处置灾情，支持抗灾自救。同时，坚持在试点工作中把生产技术指导和宣传防灾减灾相结合，承保公司和农业部门共同组织技术培训和防灾减灾知识讲座 27 次，编发《棉花科学防灾减灾农历》、植棉三字经等资料 27 万份，针对棉花灾情的农时及时编印《棉花抗灾补救技术要点》22 万份，免费发放到农户，指导农民生产不忘防灾，受灾不忘抢管，促进防灾防损工作。

三、主要成效

（一）承保覆盖面高，棉农生产积极性得到有效保护

棉花生产具有生长周期长，受自然灾害和病虫害影响大的特点，过去因为灾害影响严重，天门的棉花种植面积数时高时低。但棉花政策性保险给棉农吃了定心丸，每年的棉花种植面积都稳定在 65 万亩左右，棉花总产每年达 5 万吨以上，保持了"全国优质棉生产基地"的光荣称号。四年来，全市棉花种植面积承保每年达 64 万亩以上，参保农户 18 万户以上，保险覆盖面达 100%。

（二）保险赔付率高，棉花生产风险补偿机制逐步完善

承保公司四年累计支付赔款 2968.7 万元，占收取保费总额 5355.5 万元的 55.4%。以一村一保单统计，2011 年承保 654 笔，理赔 542 笔，赔付村占比达 82.9%。2012 年这一比率上升到 89.6%。棉花保险实际上是政府买单，棉农受益，创新了财政支农强农的方式，健全了棉花生产风险补偿机制。

（三）惠农政策落实好，坚定了棉农灾后抢管的信心

市政府和承保公司一系列政策措施的有效落实，让广大棉农对受灾后的棉花管理，由消极变为积极。据农业部门调查，由于有保险作后盾，灾后的资金投入有保障，每年灾后施救肥料和农药投入亩平达 70 元以上，亩平挽回

经济损失 164.3 元，全市共挽回经济损失 1 亿元以上。

（四）合力作用发挥好，保险业务得到了有效拓展

在推进棉花保险试点中，市政府、乡镇、村组与承保公司通力合作，政府引导，公司努力，不仅扩大了保费收入，而且改善了保险在广大农村的印象，对于拓展保险市场起到了不可估量的作用。承保公司近四年保费收入在天门的市场份额占比也逐年攀升。全市农村财产保险也取得长足发展，平均年增长 10% 以上。

第五篇
金融支农支小政策指引
（2013 年以来）

国 务 院

国务院办公厅关于金融支持经济结构调整和转型升级的指导意见（节选）

（国办发〔2013〕67号）

一、继续执行稳健的货币政策，合理保持货币信贷总量

统筹兼顾稳增长、调结构、控通胀、防风险，合理保持货币总量。综合运用数量、价格等多种货币政策工具组合，充分发挥再贷款、再贴现和差别存款准备金动态调整机制的引导作用，盘活存量资金，用好增量资金，加快资金周转速度，提高资金使用效率。对中小金融机构继续实施较低的存款准备金率，增加"三农"、小微企业等薄弱环节的信贷资金来源。稳步推进利率市场化改革，更大程度发挥市场在资金配置中的基础性作用，促进企业根据自身条件选择融资渠道、优化融资结构，提高实体经济特别是小微企业的信贷可获得性，进一步加大金融对实体经济的支持力度。

二、引导、推动重点领域与行业转型和调整

坚持有扶有控、有保有压原则，增强资金支持的针对性和有效性。大力支持实施创新驱动发展战略。加大对有市场发展前景的先进制造业、战略性新兴产业、现代信息技术产业和信息消费、劳动密集型产业、服务业、传统产业改造升级以及绿色环保等领域的资金支持力度。保证重点在建续建工程和项目的合理资金需求，积极支持铁路等重大基础设施、城市基础设施、保障性安居工程等民生工程建设，培育新的产业增长点。按照"消化一批、转

移一批、整合一批、淘汰一批"的要求，对产能过剩行业区分不同情况实施差别化政策。对产品有竞争力、有市场、有效益的企业，要继续给予资金支持；对合理向境外转移产能的企业，要通过内保外贷、外汇及人民币贷款、债权融资、股权融资等方式，积极支持增强跨境投资经营能力；对实施产能整合的企业，要通过探索发行优先股、定向开展并购贷款、适当延长贷款期限等方式，支持企业兼并重组；对属于淘汰落后产能的企业，要通过保全资产和不良贷款转让、贷款损失核销等方式支持压产退市。严禁对产能严重过剩行业违规建设项目提供任何形式的新增授信和直接融资，防止盲目投资加剧产能过剩。

三、整合金融资源支持小微企业发展

优化小微企业金融服务。支持金融机构向小微企业集中的区域延伸服务网点。根据小微企业不同发展阶段的金融需求特点，支持金融机构向小微企业提供融资、结算、理财、咨询等综合性金融服务。继续支持符合条件的银行发行小微企业专项金融债，所募集资金发放的小微企业贷款不纳入存贷比考核。逐步推进信贷资产证券化常规化发展，盘活资金支持小微企业发展和经济结构调整。适度放开小额外保内贷业务，扩大小微企业境内融资来源。适当提高对小微企业贷款的不良贷款容忍度。加强对科技型、创新型、创业型小微企业的金融支持力度。力争全年小微企业贷款增速不低于当年各项贷款平均增速，贷款增量不低于上年同期水平。鼓励地方人民政府建立小微企业信贷风险补偿基金，支持小微企业信息整合，加快推进中小企业信用体系建设。支持地方人民政府加强对小额贷款公司、融资性担保公司的监管，对非融资性担保公司进行清理规范。鼓励地方人民政府出资设立或参股融资性担保公司，以及通过奖励、风险补偿等多种方式引导融资性担保公司健康发展，帮助小微企业增信融资，降低小微企业融资成本，提高小微企业贷款覆盖面。推动金融机构完善服务定价管理机制，严格规范收费行为，严格执行不得以贷转存、不得存贷挂钩、不得以贷收费、不得浮利分费、不得借贷搭售、不得一浮到顶、不得转嫁成本，公开收费项目、服务质价、效用功能、优惠政策等规定，切实降低企业融资成本。

四、加大对"三农"领域的信贷支持力度

优化"三农"金融服务，统筹发挥政策性金融、商业性金融和合作性金融的协同作用，发挥直接融资优势，推动加快农业现代化步伐。鼓励涉农金融机构在金融服务空白乡镇设立服务网点，创新服务方式，努力实现农村基础金融服务全覆盖。支持金融机构开发符合农业农村新型经营主体和农产品批发商特点的金融产品和服务，加大信贷支持力度，力争全年"三农"贷款增速不低于当年各项贷款平均增速，贷款增量不低于上年同期水平。支持符合条件的银行发行"三农"专项金融债。鼓励银行业金融机构扩大林权抵押贷款，探索开展大中型农机具、农村土地承包经营权和宅基地使用权抵押贷款试点。支持农业银行在总结试点经验的基础上，逐步扩大县域"三农金融事业部"试点省份范围。支持经中央批准的农村金融改革试点地区创新农村金融产品和服务。

五、进一步发展消费金融促进消费升级

加快完善银行卡消费服务功能，优化刷卡消费环境，扩大城乡居民用卡范围。积极满足居民家庭首套自住购房、大宗耐用消费品、新型消费品以及教育、旅游等服务消费领域的合理信贷需求。逐步扩大消费金融公司的试点城市范围，培育和壮大新的消费增长点。加强个人信用管理。根据城镇化过程中进城务工人员等群体的消费特点，提高金融服务的匹配度和适应性，促进消费升级。

六、支持企业"走出去"

鼓励政策性银行、商业银行等金融机构大力支持企业"走出去"。以推进贸易投资便利化为重点，进一步推动人民币跨境使用，推进外汇管理简政

放权，完善货物贸易和服务贸易外汇管理制度。逐步开展个人境外直接投资试点，进一步推动资本市场对外开放。改进外债管理方式，完善全口径外债管理制度。加强银行间外汇市场净额清算等基础设施建设。创新外汇储备运用，拓展外汇储备委托贷款平台和商业银行转贷款渠道，综合运用多种方式为用汇主体提供融资支持。

七、加快发展多层次资本市场

进一步优化主板、中小企业板、创业板市场的制度安排，完善发行、定价、并购重组等方面的各项制度。适当放宽创业板对创新型、成长型企业的财务准入标准。将中小企业股份转让系统试点扩大至全国。规范非上市公众公司管理。稳步扩大公司（企业）债、中期票据和中小企业私募债券发行，促进债券市场互联互通。规范发展各类机构投资者，探索发展并购投资基金，鼓励私募股权投资基金、风险投资基金产品创新，促进创新型、创业型中小企业融资发展。加快完善期货市场建设，稳步推进期货市场品种创新，进一步发挥期货市场的定价、分散风险、套期保值和推进经济转型升级的作用。

八、进一步发挥保险的保障作用

扩大农业保险覆盖范围，推广菜篮子工程保险、渔业保险、农产品质量保证保险、农房保险等新型险种。建立完善财政支持的农业保险大灾风险分散机制。大力发展出口信用保险，鼓励为企业开展对外贸易和"走出去"提供投资、运营、劳动用工等方面的一揽子保险服务。深入推进科技保险工作。试点推广小额信贷保证保险，推动发展国内贸易信用保险。拓宽保险覆盖面和保险资金运用范围，进一步发挥保险对经济结构调整和转型升级的积极作用。

九、扩大民间资本进入金融业

鼓励民间资本投资入股金融机构和参与金融机构重组改造。允许发展成熟、经营稳健的村镇银行在最低股比要求内，调整主发起行与其他股东持股比例。尝试由民间资本发起设立自担风险的民营银行、金融租赁公司和消费金融公司等金融机构。探索优化银行业分类监管机制，对不同类型银行业金融机构在经营地域和业务范围上实行差异化准入管理，建立相应的考核和评估体系，为实体经济发展提供广覆盖、差异化、高效率的金融服务。

十、严密防范金融风险

深入排查各类金融风险隐患，适时开展压力测试，动态分析可能存在的风险触点，及时锁定、防控和化解风险，严守不发生系统性区域性金融风险的底线。继续按照总量控制、分类管理、区别对待、逐步化解的原则，防范化解地方政府融资平台贷款等风险。认真执行房地产调控政策，落实差别化住房信贷政策，加强名单制管理，严格防控房地产融资风险。按照理财与信贷业务分离、产品与项目逐一对应、单独建账管理、信息公开透明的原则，规范商业银行理财产品，加强行为监管，严格风险管控。密切关注并积极化解"两高一剩"（高耗能、高污染、产能过剩）行业结构调整时暴露的金融风险。防范跨市场、跨行业经营带来的交叉金融风险，防止民间融资、非法集资、国际资本流动等风险向金融系统传染渗透。支持银行开展不良贷款转让，扩大银行不良贷款自主核销权，及时主动消化吸收风险。稳妥有序处置风险，加强疏导，防止因处置不当等引发新的风险。加快信用立法和社会信用体系建设，培育社会诚信文化，为金融支持经济结构调整和转型升级营造良好环境。

2013 年 7 月 1 日

国务院办公厅关于金融支持
小微企业发展的实施意见（节选）

（国办发〔2013〕87号）

一、确保实现小微企业贷款增速和增量"两个不低于"的目标

继续坚持"两个不低于"的小微企业金融服务目标，在风险总体可控的前提下，确保小微企业贷款增速不低于各项贷款平均水平、增量不低于上年同期水平。在继续实施稳健的货币政策、合理保持全年货币信贷总量的前提下，优化信贷结构，腾挪信贷资源，在盘活存量中扩大小微企业融资增量，在新增信贷中增加小微企业贷款份额。充分发挥再贷款、再贴现和差别准备金动态调整机制的引导作用，对中小金融机构继续实施较低的存款准备金率。进一步细化"两个不低于"的考核措施，对银行业金融机构的小微企业贷款比例、贷款覆盖率、服务覆盖率和申贷获得率等指标，定期考核，按月通报。要求各银行业金融机构在商业可持续和有效控制风险的前提下，单列小微企业信贷计划，合理分解任务，优化绩效考核机制，并由主要负责人推动层层落实。

二、加快丰富和创新小微企业金融服务方式

增强服务功能、转变服务方式、创新服务产品，是丰富和创新小微企业金融服务方式的重点内容。进一步引导金融机构增强支小助微的服务理念，动员更多营业网点参与小微企业金融服务，扩大业务范围，加大创新力度，

增强服务功能；牢固树立以客户为中心的经营理念，针对不同类型、不同发展阶段小微企业的特点，不断开发特色产品，为小微企业提供量身定做的金融产品和服务。积极鼓励金融机构为小微企业全面提供开户、结算、理财、咨询等基础性、综合性金融服务；大力发展产业链融资、商业圈融资和企业群融资，积极开展知识产权质押、应收账款质押、动产质押、股权质押、订单质押、仓单质押、保单质押等抵质押贷款业务；推动开办商业保理、金融租赁和定向信托等融资服务。鼓励保险机构创新资金运用安排，通过投资企业股权、基金、债权、资产支持计划等多种形式，为小微企业发展提供资金支持。充分利用互联网等新技术、新工具，不断创新网络金融服务模式。

三、着力强化对小微企业的增信服务和信息服务

加快建立"小微企业—信息和增信服务机构—商业银行"利益共享、风险共担新机制，是破解小微企业缺信息、缺信用导致融资难的关键举措。积极搭建小微企业综合信息共享平台，整合注册登记、生产经营、人才及技术、纳税缴费、劳动用工、用水用电、节能环保等信息资源。加快建立小微企业信用征集体系、评级发布制度和信息通报制度，引导银行业金融机构注重用好人才、技术等"软信息"，建立针对小微企业的信用评审机制。建立健全主要为小微企业服务的融资担保体系，由地方人民政府参股和控股部分担保公司，以省（区、市）为单位建立政府主导的再担保公司，创设小微企业信贷风险补偿基金。指导相关行业协会推进联合增信，加强本行业小微企业的合作互助。充分挖掘保险工具的增信作用，大力发展贷款保证保险和信用保险业务，稳步扩大出口信用保险对小微企业的服务范围。

四、积极发展小型金融机构

积极发展小型金融机构，打通民间资本进入金融业的通道，建立广覆盖、差异化、高效率的小微企业金融服务机构体系，是增加小微企业金融服务有效供给、促进竞争的有效途径。进一步丰富小微企业金融服务机构种类，支

持在小微企业集中的地区设立村镇银行、贷款公司等小型金融机构，推动尝试由民间资本发起设立自担风险的民营银行、金融租赁公司和消费金融公司等金融机构。引导地方金融机构坚持立足当地、服务小微的市场定位，向县域和乡镇等小微企业集中的地区延伸网点和业务，进一步做深、做实小微企业金融服务。鼓励大中型银行加快小微企业专营机构建设和向下延伸服务网点，提高小微企业金融服务的批量化、规模化、标准化水平。

五、大力拓展小微企业直接融资渠道

加快发展多层次资本市场，是解决小微企业直接融资比例过低、渠道过窄的必由之路。进一步优化中小企业板、创业板市场的制度安排，完善发行、定价、并购重组等方面的政策和措施。适当放宽创业板市场对创新型、成长型企业的财务准入标准，尽快启动上市小微企业再融资。建立完善全国中小企业股份转让系统（以下称"新三板"），加大产品创新力度，增加适合小微企业的融资品种。进一步扩大中小企业私募债券试点，逐步扩大中小企业集合债券和小微企业增信集合债券发行规模，在创业板、"新三板"、公司债、私募债等市场建立服务小微企业的小额、快速、灵活的融资机制。在清理整顿各类交易场所基础上，将区域性股权市场纳入多层次资本市场体系，促进小微企业改制、挂牌、定向转让股份和融资，支持证券公司通过区域性股权市场为小微企业提供挂牌公司推荐、股权代理买卖等服务。进一步建立健全非上市公众公司监管制度，适时出台定向发行、并购重组等具体规定，支持小微企业股本融资、股份转让、资产重组等活动。探索发展并购投资基金，积极引导私募股权投资基金、创业投资企业投资于小微企业，支持符合条件的创业投资企业、股权投资企业等发行企业债券，专项用于投资小微企业，促进创新型、创业型小微企业融资发展。

六、切实降低小微企业融资成本

进一步清理规范各类不合理收费，是切实降低小微企业综合融资成本的必然要求。继续对小微企业免征管理类、登记类、证照类行政事业性收费。规范担保公司等中介机构的收费定价行为，通过财政补贴和风险补偿等方式合理降低费率。继续治理金融机构不合理收费和高收费行为，开展对金融机构落实收费政策情况的专项检查，对落实不到位的金融机构要严肃处理。

七、加大对小微企业金融服务的政策支持力度

对小微企业金融服务予以政策倾斜，是做好小微企业金融服务、防范金融风险的必要条件。进一步完善和细化小微企业划型标准，引导各类金融机构和支持政策更好地聚焦小微企业。充分发挥支持性财税政策的引导作用，强化对小微企业金融服务的正向激励；在简化程序、扩大金融机构自主核销权等方面，对小微企业不良贷款核销给予支持。建立科技金融服务体系，进一步细化科技型小微企业标准，完善对各类科技成果的评价机制。在银行业金融机构的业务准入、风险资产权重、存贷比考核等方面实施差异化监管。继续支持符合条件的银行发行小微企业专项金融债，用所募集资金发放的小微企业贷款不纳入存贷比考核。逐步推进信贷资产证券化常规化发展，引导金融机构将盘活的资金主要用于小微企业贷款。鼓励银行业金融机构适度提高小微企业不良贷款容忍度，相应调整绩效考核机制。继续鼓励担保机构加大对小微企业的服务力度，推进完善有关扶持政策。积极争取将保险服务纳入小微企业产业引导政策，不断完善小微企业风险补偿机制。

八、全面营造良好的小微金融发展环境

推进金融环境建设，营造良好的金融环境，是促进小微金融发展的重要基础。地方人民政府要在健全法治、改善公共服务、预警提示风险、完善抵质押登记、宣传普及金融知识等方面，抓紧研究制定支持小微企业金融服务的政策措施；切实落实融资性担保公司、小额贷款公司、典当行、投资（咨询）公司、股权投资企业等机构的监管和风险处置责任，加大对非法集资等非法金融活动的打击惩处力度；减少对金融机构正常经营活动的干预，帮助

维护银行债权，打击逃废银行债务行为；化解金融风险，切实维护地方金融市场秩序。有关部门要研究采取有效措施，积极引导小微企业提高自身素质，改善经营管理，健全财务制度，增强信用意识。

2013 年 8 月 8 日

国务院办公厅关于金融服务
"三农" 发展的若干意见（节选）

（国办发〔2014〕17号）

一、深化农村金融体制机制改革

（一）分类推进金融机构改革。进一步深化农村信用社改革，积极稳妥组建农村商业银行，培育合格的市场主体，更好地发挥支农主力军作用。完善农村信用社管理体制，省联社要加快淡出行政管理，强化服务功能，优化协调指导，整合放大服务"三农"的能力。研究制定农业发展银行改革实施总体方案，强化政策性职能定位，明确政策性业务的范围和监管标准，补充资本金，建立健全治理结构，加大对农业开发和农村基础设施建设的中长期信贷支持。鼓励大中型银行根据农村市场需求变化，优化发展战略，加强对"三农"发展的金融支持。深化农业银行"三农金融事业部"改革试点，探索商业金融服务"三农"的可持续模式。鼓励邮政储蓄银行拓展农村金融业务，逐步扩大涉农业务范围。稳步培育发展村镇银行，提高民营资本持股比例，开展面向"三农"的差异化、特色化服务。各涉农金融机构要进一步下沉服务重心，切实做到不脱农、多惠农。

（二）丰富农村金融服务主体。鼓励建立农业产业投资基金、农业私募股权投资基金和农业科技创业投资基金。支持组建主要服务"三农"的金融租赁公司。鼓励组建政府出资为主、重点开展涉农担保业务的县域融资性担保机构或担保基金，支持其他融资性担保机构为农业生产经营主体提供融资担保服务。规范发展小额贷款公司，建立正向激励机制，拓宽融资渠道，加快接入征信系统，完善管理政策。

（三）规范发展农村合作金融。坚持社员制、封闭性、民主管理原则，在不对外吸储放贷、不支付固定回报的前提下，发展农村合作金融。支持农民合作社开展信用合作，积极稳妥组织试点，抓紧制定相关管理办法。在符合条件的农民合作社和供销合作社基础上培育发展农村合作金融组织。有条件的地方，可探索建立合作性的村级融资担保基金。

二、大力发展农村普惠金融

（四）优化县域金融机构网点布局。稳定大中型商业银行县域网点，增强网点服务功能。按照强化支农、总量控制原则，对农业发展银行分支机构布局进行调整，重点向中西部及经济落后地区倾斜。加快在农业大县、小微企业集中地区设立村镇银行，支持其在乡镇布设网点。

（五）推动农村基础金融服务全覆盖。在完善财政补贴政策、合理补偿成本风险的基础上，继续推动偏远乡镇基础金融服务全覆盖工作。在具备条件的行政村，开展金融服务"村村通"工程，采取定时定点服务、自助服务终端，以及深化助农取款、汇款、转账服务和手机支付等多种形式，提供简易便民金融服务。

（六）加大金融扶贫力度。进一步发挥政策性金融、商业性金融和合作性金融的互补优势，切实改进对农民工、农村妇女、少数民族等弱势群体的金融服务。完善扶贫贴息贷款政策，引导金融机构全面做好支持农村贫困地区扶贫攻坚的金融服务工作。

三、引导加大涉农资金投放

（七）拓展资金来源。优化支农再贷款投放机制，向农村商业银行、农村合作银行、村镇银行发放支小再贷款，主要用于支持"三农"和农村地区小微企业发展。支持银行业金融机构发行专项用于"三农"的金融债。开展涉农资产证券化试点。对符合"三农"金融服务要求的县域农村商业银行和农村合作银行，适当降低存款准备金率。

（八）强化政策引导。切实落实县域银行业法人机构一定比例存款投放当地的政策。探索建立商业银行新设县域分支机构信贷投放承诺制度。支持符合监管要求的县域银行业金融机构扩大信贷投放，持续提高存贷比。

（九）完善信贷机制。在强化涉农业务全面风险管理的基础上，鼓励商业银行单列涉农信贷计划，下放贷款审批权限，优化绩效考核机制，推行尽职免责制度，调动"三农"信贷投放的内在积极性。

四、创新农村金融产品和服务方式

（十）创新农村金融产品。推行"一次核定、随用随贷、余额控制、周转使用、动态调整"的农户信贷模式，合理确定贷款额度、放款进度和回收期限。加快在农村地区推广应用微贷技术。推广产业链金融模式。大力发展农村电话银行、网上银行业务。创新和推广专营机构、信贷工厂等服务模式。鼓励开展农业机械等方面的金融租赁业务。

（十一）创新农村抵（质）押担保方式。制定农村土地承包经营权抵押贷款试点管理办法，在经批准的地区开展试点。慎重稳妥地开展农民住房财产权抵押试点。健全完善林权抵押登记系统，扩大林权抵押贷款规模。推广以农业机械设备、运输工具、水域滩涂养殖权、承包土地收益权等为标的的新型抵押担保方式。加强涉农信贷与涉农保险合作，将涉农保险投保情况作为授信要素，探索拓宽涉农保险保单质押范围。

（十二）改进服务方式。进一步简化金融服务手续，推行通俗易懂的合同文本，优化审批流程，规范服务收费，严禁在提供金融服务时附加不合理条件和额外费用，切实维护农民利益。

五、加大对重点领域的金融支持

（十三）支持农业经营方式创新。在部分地区开展金融支持农业规模化生产和集约化经营试点。积极推动金融产品、利率、期限、额度、流程、风险控制等方面创新，进一步满足家庭农场、专业大户、农民合作社和农业产业化龙头企业等新型农业经营主体的金融需求。继续加大对农民扩大再生产、消费升级和自主创业的金融支持力度。

（十四）支持提升农业综合生产能力。加大对耕地整理、农田水利、粮棉油糖高产创建、畜禽水产品标准化养殖、种养业良种生产等经营项目的信贷支持力度。重点支持农业科技进步、现代种业、农机装备制造、设施农业、农产品精深加工等现代农业项目和高科技农业项目。

（十五）支持农业社会化服务产业发展。支持农产品产地批发市场、零售市场、仓储物流设施、连锁零售等服务设施建设。

（十六）支持农业发展方式转变。大力发展绿色金融，促进节水农业、循环农业和生态友好型农业发展。

（十七）探索支持新型城镇化发展的有效方式。创新适应新型城镇化发展的金融服务机制，重点发挥政策性金融作用，稳步拓宽城镇建设融资渠道，着力做好农业转移人口的综合性金融服务。

六、拓展农业保险的广度和深度

（十八）扩大农业保险覆盖面。重点发展关系国计民生和国家粮食安全的农作物保险、主要畜产品保险、重要"菜篮子"品种保险和森林保险。推广农房、农机具、设施农业、渔业、制种保险等业务。

（十九）创新农业保险产品。稳步开展主要粮食作物、生猪和蔬菜价格保险试点，鼓励各地区因地制宜开展特色优势农产品保险试点。创新研发天气指数、农村小额信贷保证保险等新型险种。

（二十）完善保费补贴政策。提高中央、省级财政对主要粮食作物保险的保费补贴比例，逐步减少或取消产粮大县的县级保费补贴。

（二十一）加快建立财政支持的农业保险大灾风险分散机制，增强对重大自然灾害风险的抵御能力。

（二十二）加强农业保险基层服务体系建设，不断提高农业保险服务水平。

七、稳步培育发展农村资本市场

（二十三）大力发展农村直接融资。支持符合条件的涉农企业在多层次资本市场上进行融资，鼓励发行企业债、公司债和中小企业私募债。逐步扩大涉农企业发行中小企业集合票据、短期融资券等非金融企业债务融资工具的规模。支持符合条件的农村金融机构发行优先股和二级资本工具。

（二十四）发挥农产品期货市场的价格发现和风险规避功能。积极推动农产品期货新品种开发，拓展农产品期货业务。完善商品期货交易机制，加强信息服务，推动农民合作社等农村经济组织参与期货交易，鼓励农产品生产经营企业进入期货市场开展套期保值业务。

（二十五）谨慎稳妥地发展农村地区证券期货服务。根据农村地区特点，有针对性地提升证券期货机构的专业能力，探索建立农村地区证券期货服务模式，支持农户、农业企业和农村经济组织进行风险管理，加强对投资者的风险意识教育和风险管理培训，切实保护投资者合法权益。

八、完善农村金融基础设施

（二十六）推进农村信用体系建设。继续组织开展信用户、信用村、信用乡（镇）创建活动，加强征信宣传教育，坚决打击骗贷、骗保和恶意逃债行为。

（二十七）发展农村交易市场和中介组织。在严格遵守《国务院关于清理整顿各类交易场所切实防范金融风险的决定》（国发〔2011〕38号）的前提下，探索推进农村产权交易市场建设，积极培育土地评估、资产评估等中介组织，建设具有国内外影响力的农产品交易中心。

（二十八）改善农村支付服务环境。推广非现金支付工具和支付清算系统，稳步推广农村移动便捷支付，不断提高农村地区支付服务水平。

（二十九）保护农村金融消费者权益。畅通农村金融消费者诉求渠道，妥善处理金融消费纠纷。继续开展送金融知识下乡、入社区、进校园活动，提高金融知识普及教育的有效性和针对性，增强广大农民风险识别、自我保护的意识和能力。

九、加大对"三农"金融服务的政策支持

（三十）健全政策扶持体系。完善政策协调机制，加快建立导向明确、激励有效、约束严格、协调配套的长期化、制度化农村金融政策扶持体系，为金融机构开展"三农"业务提供稳定的政策预期。

（三十一）加大政策支持力度。综合运用奖励、补贴、税收优惠等政策工具，重点支持金融机构开展农户小额贷款、新型农业经营主体贷款、农业种植业养殖业贷款、大宗农产品保险，以及银行卡助农取款、汇款、转账等支农惠农政策性支付业务。按照"鼓励增量，兼顾存量"原则，完善涉农贷款财政奖励制度。优化农村金融税收政策，完善农户小额贷款税收优惠政策。落实对新型农村金融机构和基础金融服务薄弱地区的银行业金融机构（网点）的定向费用补贴政策。完善农村信贷损失补偿机制，探索建立地方财政出资的涉农信贷风险补偿基金。对涉农贷款占比高的县域银行业法人机构实行弹性存贷比，优先支持开展"三农"金融产品创新。

（三十二）完善涉农贷款统计制度。全面、及时、准确反映农林牧渔业贷款、农户贷款、农村小微企业贷款以及农民合作社贷款情况，依据涉农贷款统计的多维口径制定金融政策和差别化监管措施，提高政策支持的针对性和有效性。

（三十三）开展政策效果评估，不断完善相关政策措施，更好地引导带动金融机构支持"三农"发展。

（三十四）防范金融风险。金融管理部门要加强金融监管，着力做好风险识别、监测、评估、预警和控制工作。各金融机构要进一步健全制度，完善风险管理。地方人民政府要切实担负起对小额贷款公司、担保公司、典当行、农村资金互助合作组织的监管责任，制定完善风险应对预案，守住底线。

（三十五）加强督促检查。各省、自治区、直辖市人民政府要按年度对本地区金融支持"三农"发展工作进行全面总结，提出政策意见和建议，于次年1月底前报国务院。

2014 年 4 月 20 日

国务院关于进一步促进资本市场
健康发展的若干意见（节选）

（国发〔2014〕17号）

……

二、发展多层次股票市场

（四）积极稳妥推进股票发行注册制改革。建立和完善以信息披露为中心的股票发行制度。发行人是信息披露第一责任人，必须做到言行与信息披露的内容一致。发行人、中介机构对信息披露的真实性、准确性、完整性、充分性和及时性承担法律责任。投资者自行判断发行人的盈利能力和投资价值，自担投资风险。逐步探索符合我国实际的股票发行条件、上市标准和审核方式。证券监管部门依法监管发行和上市活动，严厉查处违法违规行为。

（五）加快多层次股权市场建设。强化证券交易所市场的主导地位，充分发挥证券交易所的自律监管职能。壮大主板、中小企业板市场，创新交易机制，丰富交易品种。加快创业板市场改革，健全适合创新型、成长型企业发展的制度安排。增加证券交易所市场内部层次。加快完善全国中小企业股份转让系统，建立小额、便捷、灵活、多元的投融资机制。在清理整顿的基础上，将区域性股权市场纳入多层次资本市场体系。完善集中统一的登记结算制度。

（六）提高上市公司质量。引导上市公司通过资本市场完善现代企业制度，建立健全市场化经营机制，规范经营决策。督促上市公司以投资者需求为导向，履行好信息披露义务，严格执行企业会计准则和财务报告制度，提高财务信息的可比性，增强信息披露的有效性。促进上市公司提高效益，增强持续回报投资者能力，为股东创造更多价值。规范上市公司控股股东、实际控制人行为，保障公司独立主体地位，维护各类股东的平等权利。鼓励上市公司建立市值管理制度。完善上市公司股权激励制度，允许上市公司按规定通过多种形式开展员工持股计划。

（七）鼓励市场化并购重组。充分发挥资本市场在企业并购重组过程中的主渠道作用，强化资本市场的产权定价和交易功能，拓宽并购融资渠道，丰富并购支付方式。尊重企业自主决策，鼓励各类资本公平参与并购，破除市场壁垒和行业分割，实现公司产权和控制权跨地区、跨所有制顺畅转让。

（八）完善退市制度。构建符合我国实际并有利于投资者保护的退市制度，建立健全市场化、多元化退市指标体系并严格执行。支持上市公司根据自身发展战略，在确保公众投资者权益的前提下以吸收合并、股东收购、转板等形式实施主动退市。对欺诈发行的上市公司实行强制退市。明确退市公司重新上市的标准和程序。逐步形成公司进退有序、市场转板顺畅的良性循环机制。

三、规范发展债券市场

（九）积极发展债券市场。完善公司债券公开发行制度。发展适合不同投资者群体的多样化债券品种。建立健全地方政府债券制度。丰富适合中小微企业的债券品种。统筹推进符合条件的资产证券化发展。支持和规范商业银行、证券经营机构、保险资产管理机构等合格机构依法开展债券承销业务。

（十）强化债券市场信用约束。规范发展债券市场信用评级服务。完善发行人信息披露制度，提高投资者风险识别能力，减少对外部评级的依赖。建立债券发行人信息共享机制。探索发展债券信用保险。完善债券增信机制，规范发展债券增信业务。强化发行人和投资者的责任约束，健全债券违约监测和处置机制，支持债券持有人会议维护债权人整体利益，切实防范道德风险。

（十一）深化债券市场互联互通。在符合投资者适当性管理要求的前提下，完善债券品种在不同市场的交叉挂牌及自主转托管机制，促进债券跨市场顺畅流转。鼓励债券交易场所合理分工、发挥各自优势。促进债券登记结算机构信息共享、顺畅连接，加强互联互通。提高债券市场信息系统、市场监察系统的运行效率，逐步强化对债券登记结算体系的统一管理，防范系统性风险。

（十二）加强债券市场监管协调。充分发挥公司信用类债券部际协调机制作用，各相关部门按照法律法规赋予的职责，各司其职，加强对债券市场准入、信息披露和资信评级的监管，建立投资者保护制度，加大查处债券市场虚假陈述、内幕交易、价格操纵等各类违法违规行为的力度。

四、培育私募市场

（十三）建立健全私募发行制度。建立合格投资者标准体系，明确各类产品私募发行的投资者适当性要求和面向同一类投资者的私募发行信息披露要求，规范募集行为。对私募发行不设行政审批，允许各类发行主体在依法合规的基础上，向累计不超过法律规定特定数量的投资者发行股票、债券、基金等产品。积极发挥证券中介机构、资产管理机构和有关市场组织的作用，建立健全私募产品发行监管制度，切实强化事中事后监管。建立促进经营机构规范开展私募业务的风险控制和自律管理制度安排，以及各类私募产品的统一监测系统。

（十四）发展私募投资基金。按照功能监管、适度监管的原则，完善股权投资基金、私募资产管理计划、私募集合理财产品、集合资金信托计划等各类私募投资产品的监管标准。依法严厉打击以私募为名的各类非法集资活动。完善扶持创业投资发展的政策体系，鼓励和引导创业投资基金支持中小微企业。研究制定保险资金投资创业投资基金的相关政策。完善围绕创新链需要的科技金融服务体系，创新科技金融产品和服务，促进战略性新兴产业发展。

五、推进期货市场建设

（十五）发展商品期货市场。以提升产业服务能力和配合资源性产品价格形成机制改革为重点，继续推出大宗资源性产品期货品种，发展商品期权、商品指数、碳排放权等交易工具，充分发挥期货市场价格发现和风险管理功能，增强期货市场服务实体经济的能力。允许符合条件的机构投资者以对冲风险为目的使用期货衍生品工具，清理取消对企业运用风险管理工具的不必要限制。

（十六）建设金融期货市场。配合利率市场化和人民币汇率形成机制改革，适应资本市场风险管理需要，平稳有序发展金融衍生产品。逐步丰富股指期货、股指期权和股票期权品种。逐步发展国债期货，进一步健全反映市场供求关系的国债收益率曲线。

六、提高证券期货服务业竞争力

（十七）放宽业务准入。实施公开透明、进退有序的证券期货业务牌照管理制度，研究证券公司、基金管理公司、期货公司、证券投资咨询公司等交叉持牌，支持符合条件的其他金融机构在风险隔离基础上申请证券期货业务牌照。积极支持民营资本进入证券期货服务业。支持证券期货经营机构与其他金融机构在风险可控前提下以相互控股、参股的方式探索综合经营。

（十八）促进中介机构创新发展。推动证券经营机构实施差异化、专业化、特色化发展，促进形成若干具有国际竞争力、品牌影响力和系统重要性的现代投资银行。促进证券投资基金管理公司向现代资产管理机构转型，提高财富管理水平。推动期货经营机构并购重组，提高行业集中度。支持证券期货经营机构拓宽融资渠道，扩大业务范围。在风险可控前提下，优化客户交易结算资金存管模式。支持证券期货经营机构、各类资产管理机构围绕风险管理、资本中介、投资融资等业务自主创设产品。规范发展证券期货经营机构柜台业务。对会计师事务所、资产评估机构、评级增信机构、法律服务机构开展证券期货相关服务强化监督，提升证券期货服务机构执业质量和公信力，打造功能齐备、分工专业、服务优质的金融服务产业。

（十九）壮大专业机构投资者。支持全国社会保障基金积极参与资本市场投资，支持社会保险基金、企业年金、职业年金、商业保险资金、境外长期资金等机构投资者资金逐步扩大资本市场投资范围和规模。推动商业银行、保险公司等设立基金管理公司，大力发展证券投资基金。

（二十）引导证券期货互联网业务有序发展。建立健全证券期货互联网业务监管规则。支持证券期货服务业、各类资产管理机构利用网络信息技术创新产品、业务和交易方式。支持有条件的互联网企业参与资本市场，促进互联网金融健康发展，扩大资本市场服务的覆盖面。

七、扩大资本市场开放

（二十一）便利境内外主体跨境投融资。扩大合格境外机构投资者、合格境内机构投资者的范围，提高投资额度与上限。稳步开放境外个人直接投资境内资本市场，有序推进境内个人直接投资境外资本市场。建立健全个人跨境投融资权益保护制度。在符合外商投资产业政策的范围内，逐步放宽外资持有上市公司股份的限制，完善对收购兼并行为的国家安全审查和反垄断审查制度。

（二十二）逐步提高证券期货行业对外开放水平。适时扩大外资参股或控股的境内证券期货经营机构的经营范围。鼓励境内证券期货经营机构实施"走出去"战略，增强国际竞争力。推动境内外交易所市场的连接，研究推进境内外基金互认和证券交易所产品互认。稳步探索 B 股市场改革。

（二十三）加强跨境监管合作。完善跨境监管合作机制，加大跨境执法协查力度，形成适应开放型资本市场体系的跨境监管制度。深化与香港、澳门特别行政区和台湾地区的监管合作。加强与国际证券期货监管组织的合作，积极参与国际证券期货监管规则制定。

八、防范和化解金融风险

（二十四）完善系统性风险监测预警和评估处置机制。建立健全宏观审慎管理制度。逐步建立覆盖各类金融市场、机构、产品、工具和交易结算行为的风险监测监控平台。完善风险管理措施，及时化解重大风险隐患。加强涵盖资本市场、货币市场、信托理财等领域的跨行业、跨市场、跨境风险监管。

（二十五）健全市场稳定机制。资本市场稳定关系经济发展和社会稳定大局。各地区、各部门在出台政策时要充分考虑资本市场的敏感性，做好新闻宣传和舆论引导工作。完善市场交易机制，丰富市场风险管理工具。建立健全金融市场突发事件快速反应和处置机制。健全稳定市场预期机制。

（二十六）从严查处证券期货违法违规行为。加强违法违规线索监测，提升执法反应能力。严厉打击证券期货违法犯罪行为。完善证券期货行政执法与刑事司法的衔接机制，深化证券期货监管部门与公安司法机关的合作。进一步加强执法能力，丰富行政调查手段，大幅改进执法效率，提高违法违规成本，切实提升执法效果。

（二十七）推进证券期货监管转型。加强全国集中统一的证券期货监管体系建设，依法规范监管权力运行，减少审批、核准、备案事项，强化事中事后监管，提高监管能力和透明度。支持市场自律组织履行职能。加强社会信用体系建设，完善资本市场诚信监管制度，强化守信激励、失信惩戒机制。

……

2014 年 5 月 8 日

中国人民银行

中国人民银行关于加大金融创新力度
支持现代农业加快发展的指导意见（节选）

（银发〔2013〕78号）

一、创新货币信贷政策工具和实施方式，
鼓励和支持金融机构切实加大对"三农"的信贷投入

（一）积极发挥货币政策工具调控作用，支持涉农金融机构加大对"三农"的信贷投放。对农村中小金融机构执行较低的存款准备金率，充分发挥差别化存款准备金率政策正向激励作用，增加涉农金融机构支农资金来源。人民银行各分支机构要认真按照《中国人民银行关于拓宽支农再贷款适用范围做好春耕备耕金融服务工作的通知》（银发〔2013〕58号）的要求，加强支农再贷款管理，做好拓宽支农再贷款适用范围的有关工作。继续完善再贴现业务管理，支持农业企业尤其是农业中小企业获得融资。

（二）加大信贷政策指导力度，督促和引导金融机构改进和提升"三农"金融服务。人民银行各分支机构要着力改进和完善信贷政策实施方式，通过加大窗口指导、推动银政企合作、加强舆论宣传等多种有效形式，引导辖区内各银行业金融机构积极创新信贷业务，将更多资金投向稳定发展农业生产、强化农业物质装备、提高农产品流通效率、完善农产品市场调控等现代农业产业体系，切实满足专业大户、家庭农场、农民合作社、农业产业化龙头企业等新型生产经营主体多元化资金需求。积极落实"四化同步"的战略部署，探索做好城镇化建设的各项金融服务工作，继续改进和加强农田水利金融服务工作，支持和鼓励银行业金融机构对符合条件的企业发放中长期贷款

进行高标准农田建设。

（三）深入开展涉农信贷政策导向效果评估，着力提高信贷政策执行效果。人民银行各分支机构要认真按照《中国人民银行关于进一步做好涉农和中小企业信贷政策导向效果评估工作的通知》（银发〔2012〕107号）的要求，进一步完善涉农信贷政策导向效果评估制度方法，加大评估基础数据采集力度，提升评估制度的科学性和有效性。各银行业金融机构要积极配合做好涉农信贷政策导向效果评估工作，认真落实好"三农"信贷政策各项要求，力争实现涉农贷款总量不低于上年，增速不低于各项贷款平均增速的目标。

（四）认真落实县域法人金融机构考核监测政策，增强机构可持续发展能力。充分发挥县域法人金融机构新增存款一定比例用于当地贷款省级考核审查小组和人民银行分支机构的作用，加大考核宣传和沟通力度，积极争取各级政府及有关部门制定实施有效的配套激励政策。继续加强县域法人金融机构考核数据质量管理和统计执法检查，确保考核数据准确完整、考核政策得到顺畅传导和落实。人民银行各分支机构要严格按照县域法人金融机构新增存款一定比例用于当地贷款考核政策的有关规定，综合运用存款准备金率、支农再贷款等各项激励约束措施，提高县域法人金融机构支农意愿和能力。积极做好农村信用社改革进展情况的后续监测考核，切实动态反映存在问题，督促相关农村信用社整改到位。

二、积极推进体制机制创新，大力培育
多元化、适度竞争的农村金融服务体系

（五）深化农村信用社改革，发挥农村信用社支农主力军作用。继续综合运用市场资本参与、政策扶持和监管约束的合力，引导农村信用社不断完善法人治理结构，建立完善财务健康、内控严密、治理有效、服务"三农"的真正市场主体。农村信用社要充分发挥贴近农村、网点众多、经营灵活等优势，顺应农业现代化发展趋势，加快业务创新，全面提升"三农"金融服务水平。

（六）支持农业发展银行深化改革，强化农业发展银行支农政策性职能定位。研究完善农业发展银行改革方案，通过国家注资、解决政策性财务挂账、分账管理和分类核算等措施，进一步强化其政策性职能。鼓励农业发展银行加强内部综合改革，完善信贷风险管理机制，全力支持国家粮棉油收储，积极支持中央和省级肉、糖、化肥等专项收储，切实做好收储资金供应管理工作。围绕城乡发展一体化、农业现代化和新型城镇化，大力开展农业开发和农村基础设施建设中长期政策性信贷业务。

（七）鼓励各商业银行积极创新服务"三农"新模式。鼓励国家开发银行利用传统优势支持现代农业、新农村建设和新型城镇化发展。继续深化中国农业银行"三农金融事业部"改革，进一步做实"三级督导、一级经营"的管理体制和"六个单独"的运行机制，切实加大金融产品和服务模式创新力度，探索商业性金融服务"三农"的可持续模式。充分发挥中国邮政储蓄银行网点覆盖面广、系统资源丰富的优势，强化县以下机构网点功能建设，下沉信贷业务，丰富信贷产品。鼓励其他商业银行在风险可控前提下，创新信贷管理体制，完善产品研发和管理支持保障体系，围绕区域优势和特色农业产业建立专营服务机构和专业支行，将更多资金投向农业产业化、农业机械化、农业科技研发推广、农田水利建设等现代农业重点领域。

（八）大力培育村镇银行、贷款公司、农村资金互助社等新型农村金融组织。鼓励新型农村金融组织充分发挥决策独立性强、经营灵活性大的特点，积极开发贷款新品种，拓展经营新模式，支持各类农村生产经营主体发展。支持新型农村金融组织向具有条件的乡（镇）、村设立机构和开展业务。规范发展小额贷款公司，支持小额贷款公司利用信息优势，坚持小额、分散和服务"三农"的信贷投放原则，进行市场化经营，满足农户信贷需求。适时推进小额贷款公司资产证券化试点。

三、大力推进农村金融产品和服务
方式创新，有效满足现代农业发展融资需求

（九）大力推动符合现代农业生产经营主体需求的金融产品和服务方式

创新。全面总结多年来农村金融产品和服务创新的经验、成效与模式，积极配合地方政府开展各类农村产权的抵押贷款创新试点。继续开展农村金融产品和服务方式创新示范县创建工作，大力宣传一批有特色、有效果、可推广的创新金融产品。各银行业金融机构要积极开展大型农机具抵押、动产质押、仓单和应收账款质押等新型信贷业务。探索开发针对农民合作社、家庭农场的贷款专项产品，重点加大对管理规范、操作合规的农民专业合作社示范社支持力度。结合农户、农民合作社、龙头企业之间相互合作、互惠互利的生产经营组织形式新需求，健全"企业＋农民合作社＋农户"、"企业＋专业大户"、"企业＋家庭农场"等农业产业链金融服务模式，发挥龙头企业的主导作用，提高农业金融服务集约化水平。

（十）着力推动基于订单农业的金融产品创新，健全订单农业信贷抵押担保机制。探索将订单企业、农户的履约情况与农村信用体系建设相结合，依托信用体系的正向激励机制，强化订单签订者的履约意识，对信用等级高、信用记录好的农户发放信用贷款。支持订单企业合理利用期货市场进行套期保值，规避农产品价格风险。加强订单农业、涉农信贷与涉农保险的协作配合，鼓励银行业金融机构将符合信贷条件、有贷款需求的参保农户（企业）投保情况作为授信要素，在同等条件下放宽抵押担保条件，简化审批流程，优先发放贷款。鼓励地方财政部门按照农业保险保费分担政策和拨付程序，把财政保费补贴资金及时足额拨付给保险经办机构。

（十一）深化林业金融合作，完善林业贷款贴息政策。国家开发银行、农业发展银行要发挥中长期资金来源优势，扩大林业中长期贷款投放。鼓励各银行业金融机构加大对林业经济合作组织、林下经济、国有林场、公益林等重点领域信贷产品和信贷模式的创新开发，满足林农和林业企业多元化资金需求。积极开展林权抵押贷款、农民小额信用贷款、"林业经济合作组织＋林农贷款"等业务，加大对林下经济发展的有效信贷投入。支持金融机构拓展"贷款＋保险"模式，对投保林业保险的新造林按保额合理确定贷款额度，增加造林、育林投入。拓宽国有林场多元化融资渠道，采取多种有效措施支持公益林发展。

四、积极推动债券市场创新，有效拓宽
各类农村生产经营主体多元化融资渠道

（十二）充分发挥债券市场功能，有效拓宽涉农企业多元化融资渠道。鼓励符合条件的涉农企业通过发行短期融资券、中期票据、中小企业集合票据等融资工具扩大融资规模。坚持鼓励金融创新与防范风险并重的原则，积极创新发展中小企业区域集优直接债务融资模式，共同推动涉农企业依托银行间债券市场开展直接融资。鼓励符合条件的商业银行发行专项用于小微企业贷款的金融债券，确保资金全部用于支持包括涉农企业在内的小微企业融资。

（十三）鼓励社会资本积极支持专业大户、家庭农场、农民合作社等新型生产经营主体发展。支持各类社会资本在依法合规的前提下，加大对发展前景好、经营规范的新型生产经营主体的投资。鼓励各类企业和社会经济组织通过注资、入股、人才和技术支持等方式，支持新型生产经营主体发展。

五、加强农村金融基础设施建设，积极改善农村金融生态环境

（十四）进一步深化农村支付环境改善工作。继续在全国范围内推广银行卡助农取款服务，实现2013年底前在农村乡镇的基本覆盖。发挥银行卡助农取款服务点紧贴农民的优势，丰富服务点的综合金融服务功能，探索开展代理缴费、转账、汇款等服务。深入推广农民工银行卡特色服务。鼓励各商业银行、支付机构以经济落后地区、金融网点欠缺地区为重点，大力开展支付业务创新。支持农村粮食、蔬菜、农产品、农业生产资料等各类专业市场使用银行卡、电子汇划等非现金支付方式，减少现金流通。探索依托超市、农资站等组建村组金融服务联系点，引导基础性金融服务功能向村组延伸。稳步开展各类财政转移支付资金直补到户的非现金支付工具支持。加大农户贷记卡"一卡通"的推广力度。

（十五）继续发挥经理国库职能，拓宽国库服务"三农"范围。积极配

合有关部门各项惠农政策的落实，推动国库直接支付各类涉农资金，将资金更安全、更快捷地拨付至农户在任何一家银行开立的收款账户。推动财税库行横向联网系统建设，扩大联网系统的应用范围和覆盖面，为农村地区纳税人提供多种缴税方式。积极推动"国债下乡"，指导储蓄国债承销团的农村金融机构网点办理凭证式国债和储蓄国债（电子式）发售业务，为农民提供多元化稳健的投资渠道。加强对农村地区金融机构办理国库业务的指导与检查，提高国库服务水平。通过合理布局基层国库机构，满足在农村地区设立的开发区国库建设需求，保障各项建设资金和财政扶持资金及时到位，助推农村经济发展和城镇化建设。

（十六）持续推进农村信用体系建设，改善农村信用环境。深入开展信用与金融知识宣传、农户信用信息征集与评价，积极推进"信用户"、"信用村"、"信用乡（镇）"建设工作。加大农户和农业企业信息数据库建设的力度，多渠道整合社会信用信息，支持守信农户和企业融资，发挥农村信用体系在提升农村生产经营主体信用等级、增强金融机构支农意愿、增加农村经济活力等方面的重要作用。探索将农民合作社纳入农村信用体系建设，鼓励银行业金融机构在信用评定基础上对示范社开展联合授信，增加农民合作社发展资金。完善人民银行征信中心动产融资（权属）登记公示系统，推动其在应收账款质押融资和融资租赁业务中的应用。

六、加强金融政策与财税政策的有效配合，
完善金融支农的政策扶持和保障体系

（十七）推动落实县域金融机构涉农贷款增量奖励、农村金融机构定向费用补贴、农户贷款税收优惠、小额担保贷款贴息等政策。人民银行各分支机构要积极配合地方政府开展农村集体产权制度改革，支持地方政府全面开展集体林地、集体建设用地、耕地、宅基地等各类土地确权登记颁证，完善交易流转、抵押登记、处置变现等中介机构和服务体系，切实盘活农村集体资源、资金、资产，为农村各类产权流转和抵（质）押贷款提供配套服务。鼓励探索"三农"信贷政策实施的有效方式，加强与地方政府合作，形成政

策合力，共同促进现代农业发展。同时，人民银行各分支机构和银行业金融机构要高度关注辖区农村经济金融运行中出现的苗头性、倾向性问题，正确把握涉农信贷投向，加强农村金融风险预警和管理，有效防范农村金融风险，切实维护农村金融稳定。

2013 年 3 月 22 日

中国人民银行　科技部　银监会　证监会保监会　知识产权局关于大力推进体制机制创新扎实做好科技金融服务的意见(节选)

（银发〔2014〕9号）

一、大力培育和发展服务科技创新的金融组织体系

（一）创新从事科技金融服务的金融组织形式。鼓励银行业金融机构在高新技术产业开发区（以下简称高新区）、国家高新技术产业化基地（以下简称产业化基地）等科技资源集聚地区通过新设或改造部分分（支）行作为从事中小科技企业金融服务的专业分（支）行或特色分（支）行。对银行业金融机构新设或改造部分分（支）行从事科技金融服务的有关申请，优先受理和审核。鼓励银行业金融机构在财务资源、人力资源等方面给予专业分（支）行或特色分（支）行适当倾斜，加强业务指导和管理，提升服务科技创新的专业化水平。在加强监管的前提下，允许具备条件的民间资本依法发起设立中小型银行，为科技创新提供专业化的金融服务。

（二）积极发展为科技创新服务的非银行金融机构和组织。大力推动金融租赁公司等规范发展，为科技企业、科研院所等开展科技研发和技术改造提供大型设备、精密器材等的租赁服务。支持发展科技小额贷款公司，按照"小额、分散"原则，向小微科技企业提供贷款服务。鼓励符合条件的小额贷款公司、金融租赁公司通过开展资产证券化、发行债券等方式融资。积极推动产融结合，支持符合条件的大型科技企业集团公司按规定设立财务公司，强化其为集团内科技企业提供金融服务的功能。

（三）培育发展科技金融中介服务体系。指导和推动地方科技部门、国家高新区（或产业化基地）、金融机构和相关中介服务机构建立和培育发展科技金融服务中心等多种形式的服务平台，推动创业投资、银行信贷、科技企业改制服务、融资路演、数据增值服务、科技项目管理、人才引进等方面的联动合作，为科技企业提供全方位、专业化、定制化投融资解决方案。加快发展科技企业孵化、法律会计服务、人力资源管理等机构，为中小科技企业融资提供服务。

二、加快推进科技信贷产品和服务模式创新

（四）完善科技信贷管理机制。鼓励银行业金融机构完善科技企业贷款利率定价机制，充分利用贷款利率风险定价和浮动计息规则，根据科技企业成长状况，动态分享相关收益。完善科技贷款审批机制，通过建立科技贷款绿色通道等方式，提高科技贷款审批效率；通过借助科技专家咨询服务平台，利用信息科技技术提升评审专业化水平。完善科技信贷风险管理机制，探索设计专门针对科技信贷风险管理的模型，提高科技贷款管理水平。完善内部激励约束机制，建立小微科技企业信贷业务拓展奖励办法，落实授信尽职免责机制，有效发挥差别风险容忍度对银行开展科技信贷业务的支撑作用。

（五）丰富科技信贷产品体系。在有效防范风险的前提下，支持银行业金融机构与创业投资、证券、保险、信托等机构合作，创新交叉性金融产品，建立和完善金融支持科技创新的信息交流共享机制和风险共控合作机制。全面推动符合科技企业特点的金融产品创新，逐步扩大仓单、订单、应收账款、产业链融资以及股权质押贷款的规模。充分发挥政策性金融功能，支持国家重大科技计划成果的转化和产业化、科技企业并购、国内企业自主创新和引进消化吸收再创新、农业科技创新、科技企业开展国际合作和"走出去"。

（六）创新科技金融服务模式。鼓励银行业金融机构开展还款方式创新，开发和完善适合科技企业融资需求特点的授信模式。积极向科技企业提供开户、结算、融资、理财、咨询、现金管理、国际业务等一站式、系统化的金融服务。加快科技系统改造升级，在符合监管要求的前提下充分利用互联网

技术，为科技企业提供高效、便捷的金融服务。

（七）大力发展知识产权质押融资。加强知识产权评估、登记、托管、流转服务能力建设，规范知识产权价值分析和评估标准，简化知识产权质押登记流程，探索建立知识产权质物处置机制，为开展知识产权质押融资提供高效便捷服务。积极推进专利保险工作，有效保障企业、行业、地区的创新发展。

三、拓宽适合科技创新发展规律的多元化融资渠道

（八）支持科技企业上市、再融资和并购重组。推进新股发行体制改革，继续完善和落实促进科技成果转化应用的政策措施，促进科技成果资本化、产业化。适当放宽科技企业的财务准入标准，简化发行条件。建立创业板再融资制度，形成"小额、快速、灵活"的创业板再融资机制，为科技企业提供便捷的再融资渠道。支持符合条件的科技企业在境外上市融资。支持科技上市企业通过并购重组做大做强。推进实施并购重组分道制审核制度，对符合条件的企业申请实行豁免或快速审核。鼓励科技上市企业通过并购基金等方式实施兼并重组，拓宽融资渠道。研究允许科技上市企业发行优先股、定向可转债等作为并购工具的可行性，丰富并购重组工具。

（九）鼓励科技企业利用债券市场融资。支持科技企业通过发行企业债、公司债、短期融资券、中期票据、中小企业集合票据、中小企业集合债券、小微企业增信集合债券、中小企业私募债等产品进行融资。鼓励和支持相关部门通过优化工作流程，提高发行工作效率，为科技企业发行债券提供融资便利。对符合条件的科技企业发行直接债务融资工具的，鼓励中介机构适当降低收费，减轻科技企业的融资成本负担。继续推动并购债、可转债、高收益债等产品发展，支持科技企业滚动融资，行业收购兼并和创投公司、私募基金投资和退出。

（十）推动创业投资发展壮大。发挥政府资金杠杆作用，充分利用现有的创业投资基金，完善创业投资政策环境和退出机制，鼓励更多社会资本进入创业投资领域。推动各级政府部门设立的创业投资机构通过阶段参股、跟

进投资等多种方式，引导创业投资资金投向初创期科技企业和科技成果转化项目。完善和落实创业投资机构相关税收政策，推动运用财政税收等优惠政策引导创业投资机构投资科技企业，支持符合条件的创业投资企业、股权投资企业、产业投资基金发行企业债券；支持符合条件的创业投资企业、股权投资企业、产业投资基金的股东或有限合伙人发行企业债券。鼓励发展天使投资。

（十一）鼓励其他各类市场主体支持科技创新。支持科技企业通过在全国中小企业股份转让系统实现股份转让和定向融资。探索研究全国中小企业股份转让系统挂牌公司的并购重组监管制度，规范引导其并购重组活动。探索利用各类产权交易机构为非上市小微科技企业提供股份转让渠道，建立健全未上市科技股份公司股权集中托管、转让、市场监管等配套制度。加快发展统一的区域性技术产权交易市场，推动地方加强省级技术产权交易市场建设，完善创业风险投资退出机制。支持证券公司直投子公司、另类投资子公司、基金管理公司专业子公司等，在风险可控前提下按规定投资非上市科技企业股权、债券类资产、收益权等实体资产，为不同类型、不同发展阶段的科技企业提供资金支持。

四、探索构建符合科技创新特点的保险产品和服务

（十二）建立和完善科技保险体系。按照政府引导、商业保险机构运作、产寿险业务并重的原则，进一步建立和完善科技保险体系。加大对科技保险的财政支持力度，鼓励有条件的地区建立科技保险奖补机制和科技再保险制度，对重点科技和产业领域给予补贴、补偿等奖励和优惠政策，充分发挥财政资金的引导和放大作用，促进科技保险长效发展。支持符合条件的保险公司设立专门服务于科技企业的科技保险专营机构，为科技企业降低风险损失、实现稳健经营提供支持。

（十三）加快创新科技保险产品，提高科技保险服务质量。鼓励保险公司创新科技保险产品，为科技企业、科研项目、科研人员提供全方位保险支持。推广中小科技企业贷款保证保险、贷款担保责任保险、出口信用保险等

新型保险产品，为科技企业提供贷款保障。加快制定首台（套）重大技术装备保险机制的指导意见，建立政府引导、市场化运作的首台（套）重大技术装备保险机制和示范应用制度，促进首台（套）重大技术装备项目的推广和科技成果产业化。

（十四）创新保险资金运用方式，为科技创新提供资金支持。根据科技领域需求和保险资金特点，支持保险资金以股权、基金、债权、资产支持计划等形式，为高新区和产业化基地建设、战略性新兴产业的培育与发展以及国家重大科技项目提供长期、稳定的资金支持。探索保险资金投资优先股等新型金融工具，为科技企业提供长期股权投资。推动科技保险综合实验区建设，在更好地服务科技创新方面先行先试，探索建立综合性科技保险支持体系。

五、加快建立健全促进科技创新的信用增进机制

（十五）大力推动科技企业信用示范区建设。鼓励各地依托高新区和产业化基地，因地制宜建设科技企业信用示范区，充分利用金融信用信息基础数据库等信用信息平台，加大对科技企业信用信息的采集，建立和完善科技企业的信用评级和评级结果推介制度，为金融机构推广信用贷款等金融产品提供支持。充分发挥信用促进会等信用自律组织的作用，完善科技企业信用示范区管理机制，逐步建立守信激励、失信惩戒的信用环境。

（十六）积极发挥融资性担保增信作用。建立健全政府资金引导、社会资本参与、市场化运作的科技担保、再担保体系。支持融资性担保机构加大对科技企业的信用增进，提高融资性担保机构服务能力。鼓励科技企业成立联保互助组织，通过建立科技担保互助基金，为协会成员提供融资担保支持。支持融资性担保机构加强信息披露与共享，开展同业合作，集成科技企业资源，进一步增强融资担保能力。

（十七）创新科技资金投入方式。充分发挥国家科技成果转化引导基金的作用，通过设立创业投资子基金、贷款风险补偿等方式，引导金融资本和民间投资向科技成果转化集聚。进一步整合多种资源，综合运用创业投资、

风险分担、保费补贴、担保补助、贷款贴息等多种方式，发挥政府资金在信用增进、风险分散、降低成本等方面的作用，引导金融机构加大对科技企业的融资支持。

六、进一步深化科技和金融结合试点

（十八）加快推进科技和金融结合试点工作。完善"促进科技和金融结合试点工作"部际协调机制，总结试点工作的成效和创新实践，研究制定继续深化试点工作的相关措施，适时启动第二批试点工作，将更多地区纳入试点范围。及时宣传和推广试点地区典型经验，发挥试点地区的示范作用。加大资源条件保障和政策扶持力度，进一步调动和发挥地方深化试点工作的积极性与创造性。鼓励地方因地制宜、大胆探索、先行先试，不断拓展科技与金融结合的政策和实践空间，开展具有地方特色的科技和金融结合试点工作建设。

（十九）推动高新区科技与金融的深层次结合。建立完善高新区管委会、金融机构和科技企业之间的信息沟通机制，通过举办多种形式的投融资对接活动，加强科技创新项目和金融产品的宣传、推介，推动高新区项目资源、政策资源与金融资源的有效对接。支持银行业金融机构在风险可控的前提下，在业务范围内综合运用统贷平台、集合授信等多种方式，加大对高新区建设和小微科技企业的融资支持。发挥高新区先行先试的优势，加快构建科技金融服务体系，鼓励金融机构开展各类金融创新实践活动。

七、创新政策协调和组织实施机制

（二十）综合运用多种金融政策工具，拓宽科技创新信贷资金来源。充分运用差别存款准备金动态调整机制，引导地方法人金融机构加大对科技企业的信贷投入。发挥再贴现支持结构调整的作用，对小微科技企业票据优先予以再贴现支持。支持符合条件的银行发行金融债专项用于支持小微科技企业发展，加强对小微科技企业的金融服务。积极稳妥推动信贷资产证券化试点，鼓励金融机构将通过信贷资产证券化业务腾挪出的信贷资金支持科技企业发展。

（二十一）加强科技创新资源与金融资源的有效对接。探索金融资本与国家科技计划项目结合的有效方式和途径，建立科技创新项目贷款的推荐机制，支持国家科技计划项目的成果转化和产业化；建立国家科技成果转化项目库，引导和支持金融资本及民间投资参与科技创新；指导地方科技部门建立中小微科技企业数据库，与金融机构开展投融资需求对接；开展面向中小微科技企业的科技金融培训，培育科技金融复合型人才。

（二十二）建立科技、财政和金融监管部门参加的科技金融服务工作协调机制。健全跨部门、跨层级的协调沟通和分工负责机制，加强科技、财政、税收、金融等政策的协调，形成推进科技金融发展的政策合力。依托科技部门与金融管理部门、金融机构的合作机制，将科技部门在政策、信息、项目、专家等方面的综合优势与金融机构的产品、服务优势结合起来，实现科技创新与金融创新的相互促进。

（二十三）探索建立科技金融服务监测评估体系。人民银行各分支机构可根据辖区实际情况，按照地方科技部门制定的科技企业认定标准与名录，推动各金融机构研究建立科技金融服务专项统计制度，加强对科技企业贷款的统计与监测分析，并探索建立科技金融服务的专项信贷政策导向效果评估制度。

2014 年 1 月 7 日

中国人民银行关于做好家庭农场等新型农业经营主体金融服务的指导意见（节选）

（银发〔2014〕42号）

......

二、切实加大对家庭农场等新型农业经营主体的信贷支持力度。各银行业金融机构对经营管理比较规范、主要从事农业生产、有一定生产经营规模、收益相对稳定的家庭农场等新型农业经营主体，应采取灵活方式确定承贷主体，按照"宜场则场、宜户则户、宜企则企、宜社则社"的原则，简化审贷流程，确保其合理信贷需求得到有效满足。重点支持新型农业经营主体购买农业生产资料、购置农机具、受让土地承包经营权、从事农田整理、农田水利、大棚等基础设施建设维修等农业生产用途，发展多种形式规模经营。

三、合理确定贷款利率水平，有效降低新型农业经营主体的融资成本。对于符合条件的家庭农场等新型农业经营主体贷款，各银行业金融机构应从服务现代农业发展的大局出发，根据市场化原则，综合调配信贷资源，合理确定利率水平。对于地方政府出台了财政贴息和风险补偿政策以及通过抵质押或引入保险、担保机制等符合条件的新型农业经营主体贷款，利率原则上应低于本机构同类同档次贷款利率平均水平。各银行业金融机构在贷款利率之外不应附加收费，不得搭售理财产品或附加其他变相提高融资成本的条件，切实降低新型农业经营主体融资成本。

四、适当延长贷款期限，满足农业生产周期实际需求。对日常生产经营和农业机械购买需求，提供1年期以内短期流动资金贷款和1至3年期中长期流动资金贷款支持；对于受让土地承包经营权、农田整理、农田水利、农业科技、农业社会化服务体系建设等，可以提供3年期以上农业项目贷款支持；对于从事林木、果业、茶叶及林下经济等生长周期较长作物种植的，贷款期限最长可为 10 年，具体期限由金融机构与借款人根据实际情况协商确定。在贷款利率和期限确定的前提下，可适当延长本息的偿付周期，提高信贷资金的使用效率。对于林果种植等生产周期较长的贷款，各银行业金融机构可在风险可控的前提下，允许贷款到期后适当展期。

五、合理确定贷款额度，满足农业现代化经营资金需求。各银行业金融机构要根据借款人生产经营状况、偿债能力、还款来源、贷款真实需求、信用状况、担保方式等因素，合理确定新型农业经营主体贷款的最高额度。原则上，从事种植业的专业大户和家庭农场贷款金额最高可以为借款人农业生产经营所需投入资金的 70%，其他专业大户和家庭农场贷款金额最高可以为借款人农业生产经营所需投入资金的 60%。家庭农场单户贷款原则上最高可达 1000 万元。鼓励银行业金融机构在信用评定基础上对农民合作社示范社开展联合授信，增加农民合作社发展资金，支持农村合作经济发展。

六、加快农村金融产品和服务方式创新，积极拓宽新型农业经营主体抵质押担保物范围。各银行业金融机构要加大农村金融产品和服务方式创新力度，针对不同类型、不同经营规模家庭农场等新型农业经营主体的差异化资金需求，提供多样化的融资方案。对于种植粮食类新型农业经营主体，应重点开展农机具抵押、存货抵押、大额订单质押、涉农直补资金担保、土地流转收益保证贷款等业务，探索开展粮食生产规模经营主体营销贷款创新产品；对于种植经济作物类新型农业经营主体，要探索蔬菜大棚抵押、现金流抵押、林权抵押、应收账款质押贷款等金融产品；对于畜禽养殖类新型农业经营主体，要重点创新厂房抵押、畜禽产品抵押、水域滩涂使用权抵押贷款业务；对产业化程度高的新型农业经营主体，要开展"新型农业经营主体 + 农户"等供应链金融服务；对资信情况良好、资金周转量大的新型农业经营主体要积极发放信用贷款。人民银行各分支机构要根据中央统一部署，主动参与制定辖区试点实施方案，因地制宜，统筹规划，积极稳妥推动辖内农村土地承包经营权抵押贷款试点工作，鼓励金融机构推出专门的农村土地承包经营权抵押贷款产品，配置足够的信贷资源，创新开展农村土地承包经营权抵押贷款业务。

七、加强农村金融基础设施建设，努力提升新型农业经营主体综合金融服务水平。进一步改善农村支付环境，鼓励各商业银行大力开展农村支付业务创新，推广 POS 机、网上银行、电话银行等新型支付业务，多渠道为家庭农场提供便捷的支付结算服务。支持农村粮食、蔬菜、农产品、农业生产资料等各类专业市场使用银行卡、电子汇划等非现金支付方式。探索依托超市、农资站等组建村组金融服务联系点，深化银行卡助农取款服务和农民工银行卡特色服务，进一步丰富村组的基础性金融服务种类。完善农村支付服务政策扶持体系。持续推进农村信用体系建设，建立健全对家庭农场、专业大户、农民合作社的信用采集和评价制度，鼓励金融机构将新型农业经营主体的信用评价与信贷投放相结合，探索将家庭农场纳入征信系统管理，将家庭农场主要成员一并纳入管理，支持守信家庭农场融资。

八、切实发挥涉农金融机构在支持新型农业经营主体发展中的作用。农村信用社（包括农村商业银行、农村合作银行）要增强支农服务功能，加大对新型农业经营主体的信贷投入；农业发展银行要围绕粮棉油等主要农产品的生产、收购、加工、销售，通过"产业化龙头企业＋家庭农场"等模式促进新型农业经营主体做大做强。积极支持农村土地整治开发、高标准农田建设、农田水利等农村基础设施建设，改善农业生产条件；农业银行要充分利用作为国有商业银行"面向三农"的市场定位和"三农金融事业部"改革的特殊优势，创新完善针对新型农业经营主体的贷款产品，探索服务家庭农场的新模式；邮政储蓄银行要加大对"三农"金融业务的资源配置，进一步强化县以下机构网点功能，不断丰富针对家庭农场等新型农业经营主体的信贷产品。农业发展银行、农业银行、邮政储蓄银行和农村信用社等涉农金融机构要积极探索支持新型农业经营主体的有效形式，可选择部分农业生产重点省份的县（市），提供"一对一服务"，重点支持一批家庭农场等新型农业经营主体发展现代农业。其他涉农银行业金融机构及小额贷款公司，也要在风险可控前提下，创新信贷管理体制，优化信贷管理流程，积极支持新型农业经营主体发展。

九、综合运用多种货币政策工具，支持涉农金融机构加大对家庭农场等新型农业经营主体的信贷投入。人民银行各分支机构要综合考虑差别准备金动态调整机制有关参数，引导地方法人金融机构增加县域资金投入，加大对家庭农场等新型农业经营主体的信贷支持。对于支持新型农业经营主体信贷投放较多的金融机构，要在发放支农再贷款、办理再贴现时给予优先支持。通过支农再贷款额度在地区间的调剂，不断加大对粮食主产区的倾斜，引导金融机构增加对粮食主产区新型农业经营主体的信贷支持。

十、创新信贷政策实施方式。人民银行各分支机构要将新型农业经营主体金融服务工作与农村金融产品和服务方式创新、农村金融产品创新示范县创建工作有机结合，推动涉农信贷政策产品化，力争做到"一行一品"，确保政策落到实处。充分发挥县域法人金融机构新增存款一定比例用于当地贷款考核政策的引导作用，提高县域法人金融机构支持新型农业经营主体的意愿和能力。深入开展涉农信贷政策导向效果评估，将对新型农业经营主体的信贷投放情况纳入信贷政策导向效果评估，以评估引导带动金融机构支持新型农业经营主体发展。

十一、拓宽家庭农场等新型农业经营主体多元化融资渠道。对经工商注册为有限责任公司、达到企业化经营标准、满足规范化信息披露要求且符合债务融资工具市场发行条件的新型家庭农场，可在银行间市场建立绿色通道，探索公开或私募发债融资。支持符合条件的银行发行金融债券专项用于"三农"贷款，加强对募集资金用途的后续监督管理，有效增加新型农业经营主体信贷资金来源。鼓励支持金融机构选择涉农贷款开展信贷资产证券化试点，盘活存量资金，支持家庭农场等新型农业经营主体发展。

十二、加大政策资源整合力度。人民银行各分支机构要积极推动当地政府出台对家庭农场等新型农业经营主体贷款的风险奖补政策，切实降低新型农业经营主体融资成本。鼓励有条件的地区由政府出资设立融资性担保公司或在现有融资性担保公司中拿出专项额度，为新型农业经营主体提供贷款担保服务。各银行业金融机构要加强与办理新型农业经营主体担保业务的担保机构的合作，适当扩大保证金的放大倍数，推广"贷款＋保险"的融资模式，满足新型农业经营主体的资金需求。推动地方政府建立农村产权交易市场，探索农村集体资产有序流转的风险防范和保障制度。

......

2014 年 2 月 13 日

中国人民银行　财政部　银监会　证监会
保监会　扶贫办　共青团中央关于全面做好
扶贫开发金融服务工作的指导意见(节选)

（银发〔2014〕65号）

......

（四）实施范围。

本意见的实施范围为《中国农村扶贫开发纲要（2011—2020年)》确定的六盘山区、秦巴山区、武陵山区、乌蒙山区、滇桂黔石漠化区、滇西边境山区、大兴安岭南麓山区、燕山—太行山区、吕梁山区、大别山区、罗霄山区等区域的连片特困地区和已经明确实施特殊政策的西藏、四省藏区、新疆南疆三地州，以及连片特困地区以外的国家扶贫开发工作重点县，共计832个县。

二、重点支持领域

（一）支持贫困地区基础设施建设。加大贫困地区道路交通、饮水安全、电力保障、危房改造、农田水利、信息网络等基础设施建设的金融支持力度，积极支持贫困地区新农村和小城镇建设，增强贫困地区经济社会发展后劲。

（二）推动经济发展和产业结构升级。积极做好对贫困地区特色农业、农副产品加工、旅游、民族文化产业等特色优势产业的金融支持，不断完善承接产业转移和新兴产业发展的配套金融服务，促进贫困地区产业协调发展。

（三）促进就业创业和贫困户脱贫致富。积极支持贫困农户、农村青年致富带头人、大学生村官、妇女、进城务工人员、返乡农民工、残疾人等群体就业创业，加大对劳动密集型企业、小型微型企业及服务业的信贷支持，努力做好职业教育、继续教育、技术培训的金融服务，提升就业创业水平。

（四）支持生态建设和环境保护。做好贫困地区重要生态功能区、生态文明示范工程、生态移民等项目建设的金融服务工作，支持结合地方特色发展生态经济，实现贫困地区经济社会和生态环境可持续发展。

三、重点工作

（一）进一步发挥政策性、商业性和合作性金融的互补优势。充分发挥农业发展银行的政策优势，积极探索和改进服务方式，加大对贫困地区信贷支持力度。鼓励国家开发银行结合自身业务特点，合理调剂信贷资源，支持贫困地区基础设施建设和新型城镇化发展。继续深化中国农业银行"三农金融事业部"改革，强化县事业部"一级经营"能力，提升对贫困地区的综合服务水平。强化中国邮政储蓄银行贫困地区县以下机构网点功能建设，积极拓展小额贷款业务，探索资金回流贫困地区的合理途径。注重发挥农村信用社贫困地区支农主力军作用，继续保持县域法人地位稳定，下沉经营管理重心，真正做到贴近农民、扎根农村、做实县域。鼓励其他商业银行创新信贷管理体制，适当放宽基层机构信贷审批权限，增加贫困地区信贷投放。积极培育村镇银行等新型农村金融机构，规范发展小额贷款公司，支持民间资本在贫困地区优先设立金融机构，有效增加对贫困地区信贷供给。继续规范发展贫困村资金互助组织，在管理民主、运行规范、带动力强的农民合作社基础上培育发展新型农村合作金融组织。

（二）完善扶贫贴息贷款政策，加大扶贫贴息贷款投放。充分发挥中央财政贴息资金的杠杆作用。支持各地根据自身实际需求增加财政扶贫贷款贴息资金规模。完善扶贫贴息贷款管理实施办法，依照建档立卡认定的贫困户，改进项目库建设、扶贫企业和项目认定机制，合理确定贷款贴息额度。优化扶贫贴息贷款流程，支持金融机构积极参与发放扶贫贴息贷款。加强对扶贫贴息贷款执行情况统计和考核，建立相应的激励约束机制。

（三）优化金融机构网点布局，提高金融服务覆盖面。积极支持和鼓励银行、证券、保险机构在贫困地区设立分支机构，进一步向社区、乡镇延伸服务网点。优先办理金融机构在贫困地区开设分支机构网点的申请，加快金融服务网点建设。各金融机构要合理规划网点布局，加大在金融机构空白乡镇规划设置物理网点的工作力度，统筹增设正常营业的固定网点、定时服务的简易服务网点（或固定网点）和多种物理机具，并在确保安全的前提下，开展流动服务车、背包银行等流动服务。严格控制现有贫困地区网点撤并，提高网点覆盖面，积极推动金融机构网点服务升级。加大贫困地区新型农村金融机构组建工作力度，严格执行新型农村金融机构东西挂钩、城乡挂钩、发达地区和欠发达地区挂钩的政策要求，鼓励延伸服务网络。

（四）继续改善农村支付环境，提升金融服务便利度。加快推进贫困地区支付服务基础设施建设，逐步扩展和延伸支付清算网络的辐射范围，支持贫困地区符合条件的农村信用社、村镇银行等银行业金融机构以经济、便捷的方式接入人民银行跨行支付系统，畅通清算渠道，构建城乡一体的支付结算网络。大力推广非现金支付工具，优化银行卡受理环境，提高使用率，稳妥推进网上支付、移动支付等新型电子支付方式。进一步深化银行卡助农取款和农民工银行卡特色服务，切实满足贫困地区农民各项支农补贴发放、小额取现、转账、余额查询等基本服务需求。鼓励金融机构柜面业务合作，促进资源共享，加速城乡资金融通。积极引导金融机构和支付机构参与农村支付服务环境建设，扩大支付服务主体，提升服务水平，推动贫困地区农村支付服务环境改善工作向纵深推进。

（五）加快推进农村信用体系建设，推广农村小额贷款。深入开展"信用户"、"信用村"、"信用乡（镇）"以及"农村青年信用示范户"创建活动，不断提高贫困地区各类经济主体的信用意识，营造良好农村信用环境。稳步推进农户、家庭农场、农民合作社、农村企业等经济主体电子信用档案建设，多渠道整合社会信用信息，完善信用评价与共享机制。促进信用体系建设与农户小额信贷有效结合，鼓励金融机构创新农户小额信用贷款运作模式，提高贫困地区低收入农户的申贷获得率，切实发挥农村信用体系在提升贫困地区农户信用等级、降低金融机构支农成本和风险、增加农村经济活力等方面的重要作用。积极探索多元化贷款担保方式和专属信贷产品，大力推进农村青年创业小额贷款和妇女小额担保贷款工作。

（六）创新金融产品和服务方式，支持贫困地区发展现代农业。各银行业金融机构要创新组织、产品和服务，积极探索开发适合贫困地区现代农业发展特点的贷款专项产品和服务模式。大力发展大型农机具、林权抵押、仓单和应收账款质押等信贷业务，重点加大对管理规范、操作合规的家庭农场、专业大户、农民合作社、产业化龙头企业和农村残疾人扶贫基地等经营组织的支持力度。稳妥开展农村土地承包经营权抵押贷款和慎重稳妥推进农民住房财产权抵押贷款工作，进一步拓展抵押担保物范围。结合农户、农场、农民合作社、农业产业化龙头企业之间相互合作、互惠互利的生产经营组织形式新需求，健全"企业＋农民合作社＋农户"、"企业＋家庭农场"、"家庭农场＋农民合作社"等农业产业链金融服务模式，提高农业金融服务集约化水平。

（七）大力发展多层次资本市场，拓宽贫困地区多元化融资渠道。进一步优化主板、中小企业板、创业板市场的制度安排，支持符合条件的贫困地区企业首次公开发行股票并上市，鼓励已上市企业通过公开增发、定向增发、配股等方式进行再融资，支持已上市企业利用资本市场进行并购重组实现整体上市。鼓励证券交易所、保荐机构加强对贫困地区具有自主创新能力、发展前景好的企业的上市辅导培育工作。加大私募股权投资基金、风险投资基金等产品创新力度，充分利用全国中小企业股份转让系统和区域性股权市场挂牌、股份转让功能，促进贫困地区企业融资发展。鼓励和支持符合条件的贫困地区企业通过发行企业（公司）债券、短期融资券、中期票据、中小企业集合票据及由证券交易所备案的中小企业私募债券等多种债务融资工具，扩大直接融资的规模和比重。

（八）积极发展农村保险市场，构建贫困地区风险保障网络。贫困地区各保险机构要认真按照《农业保险条例》（中华人民共和国国务院令第629号）的要求，创新农业保险险种，提高保险服务质量，保障投保农户的合法权益。鼓励保险机构在贫困地区设立基层服务网点，进一步提高贫困地区保险密度和深度。鼓励发展特色农业保险、扶贫小额保险，扩大特色种养业险种。积极探索发展涉农信贷保证保险，提高金融机构放贷积极性。加大农业保险支持力度，扩大农业保险覆盖面。支持探索建立适合贫困地区特点的农业保险大灾风险分散机制，完善多种形式的农业保险。拓宽保险资金运用范围，进一步发挥保险对贫困地区经济结构调整和转型升级的积极作用。

（九）加大贫困地区金融知识宣传培训力度。加强对贫困地区县以下农村信用社、邮储银行、新型农村金融机构及小额信贷组织的信贷业务骨干进行小额信贷业务和技术培训，提升金融服务水平。对贫困地区基层干部进行农村金融改革、小额信贷、农业保险、资本市场及合作经济等方面的宣传培训，提高运用金融杠杆发展贫困地区经济的意识和能力。各相关部门、各级共青团组织、金融机构、行业组织、中国金融教育发展基金会等社会团体要加强协同配合，充分发挥"金融惠民工程"、"送金融知识下乡"等项目的作用，积极开展对贫困地区特定群体的专项金融教育培训。鼓励涉农金融机构加强与地方政府部门及共青团组织的协调合作，创新开展贫困地区金融教育培训，使农民学会用金融致富，当好诚信客户。

（十）加强贫困地区金融消费权益保护工作。各金融机构要重视贫困地区金融消费权益保护工作，加强对金融产品和服务的信息披露和风险提示，依法合规向贫困地区金融消费者提供服务。公平对待贫困地区金融消费者，严格执行国家关于金融服务收费的各项规定，切实提供人性化、便利化的金融服务。各金融机构要完善投诉受理、处理工作机制，切实维护贫困地区金融消费者的合法权益。各相关部门要统筹安排金融知识普及活动，建立金融知识普及工作长效机制，提高贫困地区金融消费者风险识别和自我保护的意识和能力。

四、保障政策措施

（一）加大货币政策支持力度。进一步加大对贫困地区支农再贷款支持力度，合理确定支农再贷款期限，促进贫困地区金融机构扩大涉农贷款投放，力争贫困地区支农再贷款额度占所在省（区、市）的比重高于上年同期水平。对贫困地区县内一定比例存款用于当地贷款考核达标的、贷款投向主要用于"三农"等符合一定条件的金融机构，其新增支农再贷款额度，可在现行优惠支农再贷款利率上再降 1 个百分点。合理设置差别准备金动态调整公式相关参数，支持贫困地区法人金融机构增加信贷投放。继续完善再贴现业务管理，支持贫困地区农村企业尤其是农村中小企业获得融资。

（二）实施倾斜的信贷政策。积极引导小额担保贷款、扶贫贴息贷款、国家助学贷款等向贫困地区倾斜。进一步完善民族贸易和民族特需商品贷款管理制度，继续对民族贸易和民族特需商品生产贷款实行优惠利率。各金融机构要在坚持商业可持续和风险可控原则下，根据贫困地区需求适时调整信贷结构和投放节奏，全国性银行机构要加大系统内信贷资源调剂力度，从授信审查、资金调度、绩效考核等方面对贫困地区给予优先支持，将信贷资源向贫困地区适当倾斜。贫困地区当地地方法人金融机构要多渠道筹集资本，增加信贷投放能力，在满足宏观审慎要求和确保稳健经营的前提下加大对贫困地区企业和农户的信贷支持力度。

（三）完善差异化监管政策。要充分借鉴国际监管标准，紧密结合贫困地区实际，不断完善农村金融监管制度，改进监管手段和方法，促进农村金融市场稳健发展。适当放宽贫困地区现行存贷比监管标准，对于符合条件的贫困地区金融机构发行金融债券募集资金发放的涉农、小微企业贷款，以及运用再贷款再贴现资金发放的贷款，不纳入存贷比考核。根据贫困地区金融机构贷款的风险、成本和核销等具体情况，对不良贷款比率实行差异化考核，适当提高贫困地区金融机构不良贷款率的容忍度，提高破产法的执行效率，在有效保护股东利益的前提下，提高金融机构不良贷款核销效率。在计算资本充足率时，按照《商业银行资本管理办法（试行）》（中国银行业监督管理委员会令 2012 年第 1 号发布）的规定，对于符合规定的涉农贷款和小微企业贷款适用 75% 的风险权重。使用内部评级法的银行，对于符合规定的涉农贷款和小微企业贷款可以划入零售贷款风险暴露计算其风险加权资产。

（四）加大财税政策扶持力度。加强金融政策与财政政策协调配合，有效整合各类财政资金，促进形成多元化、多层次、多渠道的投融资体系，充分发挥财政政策对金融业务的支持和引导作用。推动落实农户贷款税收优惠、涉农贷款增量奖励、农村金融机构定向费用补贴等政策，降低贫困地区金融机构经营成本，调动金融机构布点展业的积极性。支持有条件的地方多渠道筹集资金，设立扶贫贷款风险补偿基金和担保基金，建立健全风险分散和补偿机制，有效分担贫困地区金融风险。鼓励和引导有实力的融资性担保机构通过再担保、联合担保以及担保与保险相结合等多种形式，积极提供扶贫开发融资担保。

　　……

2014 年 3 月 6 日

中国人民银行关于切实做好家禽业
金融服务工作的通知（节选）

（银发〔2014〕69号）

一、全力保证当前家禽企业和养殖户正常生产经营的资金供应。家禽业是农业的重要组成部分，对于保障人民生活供给、稳定物价、促进农业发展和农民增收致富等都具有重要意义。人民银行各分支机构和各银行业金融机构要深入摸底排查，及时掌握疫情动态，摸清家禽企业和养殖户面临的困难，制定切实可行的应急预案和金融服务方案，全力做好家禽养殖户、专业合作社、产业化龙头企业等各类家禽生产经营主体的金融服务。

二、灵活确定贷款期限和还款方式。要按照"区别对待、分类施策"的原则，灵活确定受H7N9流感疫情影响的家禽企业和养殖户的贷款期限和还款方式。对于因H7N9疫情影响，在2013年12月1日至2014年6月30日期间到期还款困难的家禽企业和养殖户，可根据具体情况适当展期偿还，展期最长可达一年。对已发放的家禽企业和养殖户贷款，银行业金融机构不得提前抽贷。对于已审批未发放的家禽企业和养殖户贷款，银行业金融机构要及时发放，不得压贷。对家禽企业和养殖户新发放的贷款，可采取循环贷款、分段式还款、宽限期等灵活多样的还款方式，减轻其到期还贷压力。

三、合理确定贷款利率水平，降低家禽业融资成本。金融机构应根据家禽企业和养殖户的信用状况、还款能力等合理确定贷款利率水平；对于防疫到位、信用较好但在H7N9流感疫情发生期间出现利息逾期的家禽企业和养殖户，鼓励金融机构免收罚息。对以往经营管理规范、信用较高、但因流感疫情导致暂时经营困难的家禽企业和养殖户，要适当减少担保和反担保要求，降低融资成本。各金融机构在贷款利息之外不得附加收费，不得搭售理财产品或附加其他变相提高融资成本的条件。

四、建立家禽业金融服务的应急机制。银行业金融机构对于生产管理规范、信贷记录良好但暂时出现流动资金周转困难的家禽企业和养殖户，要积极开辟绿色授信通道，按照特事特办的原则，对其符合信贷条件的应急贷款需求要及时给予足额支持，应急贷款期限最长可达2年。对家禽加工、定点屠宰等环节的符合条件的信贷需求，各银行业金融机构要减少授信审批环节，提高贷款审批效率，确保贷款及时发放到位。鼓励银行业金融机构创新信贷和担保方式，对于家禽企业和养殖户应急资金需求和新建改建屠宰、冷藏、收储等专业配套设施的基础设施建设资金需求，在疫情发生期间适当加大信用贷款支持力度。

五、加大金融政策支持力度。人民银行各分支机构要在支农再贷款、支小再贷款的运用中，对家禽业贷款较多的银行业金融机构加大支持力度。扎实开展县域法人金融机构将新增存款一定比例用于当地贷款的考核工作和涉农信贷政策导向效果评估工作，提高县域法人金融机构支持家禽业发展的意愿和能力。

六、加强信贷政策和有关政策的协调配合。人民银行各分支机构要积极推动地方政府出台贴息、补贴和政策性担保措施，重点加大对家禽类龙头企业用于饲料、防疫物资、人工、农户合同商品禽货款、屠宰、收储的贷款贴息力度，切实减轻家禽企业利息负担和还贷压力。鼓励各地建立农业贷款风险补偿机制，对金融机构在扶持家禽业中承担的贷款损失给予补偿。

2014年3月10日

中国人民银行关于开办支小再贷款
支持扩大小微企业信贷投放的通知（节选）

（银发〔2014〕90号）

一、对象和用途

支小再贷款的发放对象是小型城市商业银行（按人民银行确定的标准）、农村商业银行、农村合作银行和村镇银行等四类地方性法人金融机构。用途是支持以上四类金融机构发放小微企业贷款。

二、贷款条件

（一）具有法人资格；

（二）在人民银行开设存款准备金账户；

（三）上季度末小微企业贷款增速不低于同期各项贷款平均增速、贷款增量不低于上年同期水平；

（四）可足额提供人民银行规定的合格抵押品；

（五）曾借用过支小再贷款的金融机构，借用期间符合人民银行对支小再贷款的监督管理要求；

（六）借款金融机构的财务状况健康；

（七）人民银行规定的其他条件。

三、期限和利率

支小再贷款期限设置为3个月、6个月、1年三个档次，可展期两次，期限最长为3年。支小再贷款利率在贷款基准利率的基础上减点确定，人民银行根据执行货币政策的需要适时调整减点幅度。目前暂执行利率水平为3个月3.7%、6个月3.9%、1年期4.0%。

四、限额管理

支小再贷款由人民银行总行授权分支机构发放，实行"限额管理、余额监控"。根据人民银行各分支机构对金融机构流动性需求调研情况，总行对全国增加支小再贷款额度500亿元。已发放的中小金融机构再贷款到期收回，不再新发放。人民银行各分支机构要加强对辖区内支小再贷款的限额调剂，重点向小微企业贷款投放占比高、资金相对不足的地区倾斜，优化支小再贷款的地区分布，提高限额使用效率。根据辖区内支小再贷款的实际使用和需求情况，人民银行分支机构可按规定向总行申请调整支小再贷款限额。

五、贷款方式

支小再贷款全部以抵押方式操作。抵押品管理按照《中国人民银行再贷款与常备借贷便利抵押品管理指引（试行）》执行。接受的合格抵押品包括国债、中央银行票据、国家开发银行及政策性金融债、高等级公司信用债等证券资产。由人民银行省会（首府）城市中心支行以上分支机构负责辖区内支小再贷款抵押品管理的具体操作。人民银行省会（首府）城市中心支行以上分支机构应在中央国债登记结算有限责任公司、银行间市场清算所股份有限公司开立债券托管账户并办理相关手续。人民银行总行将选择部分地区分支机构试点包括信贷资产在内的抵押方式，有关办法将另行制定。

六、审批和操作

目前暂由人民银行省会（首府）城市中心支行以上分支机构负责抵押品管理和抵押合同的签订；由金融机构法人所在地的人民银行分支机构负责支小再贷款审批发放、合同签订和资金管理。对于辖区内金融机构因发放小微企业贷款产生的流动性需求，人民银行各分支机构要按规定条件和程序通过支小再贷款及时予以满足。

（一）申请。借款金融机构向法人所在地人民银行分支机构提交支小再贷款申请，申请加盖借款金融机构公章。借款金融机构可预先备案抵押品，未预先备案抵押品或预先备案抵押品不足的借款金融机构还应同时向人民银行省会（首府）城市中心支行以上分支机构提交抵押品清单作为申请的附件，抵押品清单加盖借款金融机构公章。

（二）审批。借款金融机构法人所在地人民银行分支机构参考人民银行小微企业信贷政策导向效果评估结果对支小再贷款申请进行审批，确定支小再贷款的金额、期限、利率、付息方式和抵押品清单等。

（三）发放。对审批通过的申请，如借款金融机构法人位于省会（首府）城市，由人民银行省会（首府）城市中心支行以上分支机构与借款金融机构签订支小再贷款质押合同，并书面通知托管机构冻结抵押品，待收到托管机构质押确认书后，与借款金融机构签订支小再贷款合同，并办理资金划拨和相关会计手续。如借款金融机构法人不在省会（首府）城市，人民银行省会（首府）城市中心支行以上分支机构收到托管机构质押确认书后，通知借款金融机构法人所在地人民银行分支机构与借款金融机构签订支小再贷款合同，并办理资金划拨和相关会计手续。

（四）收回。如借款金融机构法人位于省会（首府）城市，借款金融机构按合同约定，按时足额归还本金和利息后，人民银行省会（首府）城市中心支行以上分支机构书面通知托管机构解押抵押品。如借款金融机构法人不在省会（首府）城市，借款金融机构法人所在地人民银行分支机构收回本金和利息后，于当日报告人民银行省会（首府）城市中心支行以上分支机构，省会（首府）城市中心支行以上分支机构通知托管机构解押抵押品。如支小再贷款发生逾期，人民银行省会（首府）城市中心支行以上分支机构按《中国人民银行再贷款与常备借贷便利抵押品管理指引（试行）》处置抵押品用于偿还本息。

2014 年 3 月 19 日

中国人民银行货币政策司关于发挥支农再贷款激励作用，引导贫困地区农村金融机构扩大涉农信贷投放的通知（节选）

（银货政〔2014〕4号）

一、明确支农再贷款重点支持地区。银发〔2014〕65号文规定，扶贫开发金融服务工作涉及的贫困地区共计有832个县。各分支机构要认真执行银发〔2014〕65号文的有关规定，重点加大对上述贫困地区农村金融机构的支农再贷款支持力度，引导有关农村金融机构不断改进服务方式，完善服务功能，创新金融产品，提高农村金融服务水平。

二、提高贫困地区支农再贷款比重。各分支机构要根据上述贫困地区涉农信贷资金实际需求，优化辖区内支农再贷款的地区结构，进一步加大对贫困地区农村金融机构的支农再贷款支持力度，力争贫困地区支农再贷款余额占所在省（区、市）总额的比重高于上年同期水平，引导扩大对贫困地区的涉农信贷投放。同时，要根据当地农业生产周期，合理确定支农再贷款借用期限，实现支农再贷款的借用期限与当地农业生产周期有效衔接，充分发挥支农再贷款支持贫困地区经济发展的作用。

三、执行更加优惠的支农再贷款利率。为加大对贫困地区的金融支持力度，各分支机构要按照上年末涉农贷款比例不低于70%的标准，同时综合考虑新增存款一定比例用于当地贷款考核达标情况、财务健康状况，以及专项信贷政策导向效果评估结果等因素，以在现行优惠支农再贷款利率基础上再降低1个百分点的利率，对上述贫困地区内法人农村金融机构发放（新增或展期）支农再贷款。其中，现行优惠支农再贷款利率已经比同类农村金融机构优惠支农再贷款利率低1个百分点的农村金融机构，继续执行现行优惠支农再贷款利率。

四、提高支农再贷款政策效果。各分支机构要严格按照规定的条件和程序向贫困地区农村金融机构发放支农再贷款，加强对支农再贷款投向、合规使用和政策效果的监测分析，坚决防止有关农村金融机构使用支农再贷款资金以同业拆借、同业存放、上存资金、投资和理财等方式融出资金进行套利交易，确保支农再贷款资金全部用于涉农信贷投放。

五、切实维护支农再贷款债权安全。各分支机构应鼓励采取抵押方式对贫困地区农村金融机构发放支农再贷款。要加强对有关农村金融机构资产质量、经营财务状况的动态监测，根据监测分析结果，及时采取调整农村金融机构借用的支农再贷款额度等有效措施，切实维护支农再贷款债权安全。

2014 年 4 月 15 日

湖北省人民政府

湖北省人民政府办公厅关于转发人民银行
武汉分行等部门 《湖北省农村金融服务
"十二五" 全覆盖规划纲要》 的通知（节选）

（鄂政办发〔2011〕42号）

......

（三）实施农村金融服务全覆盖的奋斗目标。用5年时间初步建立普惠的农村金融服务体系，降低金融服务门槛和金融服务成本，满足农民生活、农业生产和农村发展中对金融服务多样化、多层次的需求。

1. 增加农村金融机构网点。"十一五"末，全省共有农村银行网点2900家，在此基础上力争新增400家，其中，2013年前新增200家。

2. 增加县域信贷投入。县域存贷比每年提高2－3个百分点，2013年末县域存贷比力争达到50%，2015年末力争达到55%，存款增量部分主要用于"三农"和中小企业贷款。

3. 提高支付结算便利化程度。"十一五"末，全省具有小额现金存取和转账功能的转账电话为平均每村3户，力争2013年末增加为平均每村5户，2015年末增加为平均每村6户。目前全省ATM乡镇覆盖面为87%，力争2013年末提升到95%，2015年末提升到100%。目前全省POS机刷卡消费乡镇覆盖面为79%，力争2013年末提升到85%，2015年末提升到100%。

4. 扩大"三农"保险覆盖面。"十二五"期间，水稻、奶牛、能繁母猪、"两属两户"农房保险覆盖面达到100%，农民工意外伤害保险覆盖面达到50%，农村小额人身保险覆盖面达到80%。

5. 提升证券、期货服务"三农"水平。2013年前，全省以种养殖业或农产品加工为主业的上市公司增加3家，2015年前再增加2家。"十一五"

末，全省参与农业期货的农村经济组织有 379 个，力争 2013 年前增加到 800 个，2015 年前增加到 1100 余个。

6. 优化农村金融生态环境。"十一五"末，全省信用乡镇占比为 72%，力争 2013 年末提升到 85%，2015 年末提升到 90%。

二、大力加强农村金融基础设施建设

（四）健全农村金融机构网点。顺应城镇化发展进程，合理规划金融机构网点布局，鼓励各类金融机构加大在中心乡镇、特色乡镇和新农村社区、中心村的网点布局力度，拓展服务网络。继续深化农村金融体制改革，引导农村信用社扎根农村、做实县域。加快农业银行湖北省分行"三农"金融事业部制改革步伐，重点在信贷资金配置、信贷营销体制和激励约束机制等方面进行探索，努力形成独具特色的大型银行服务"三农"新模式。大力发展村镇银行、小额贷款公司等新型农村金融机构和准金融机构，探索建立农民专业合作资金互助机构或资金互助合作社，鼓励有条件的地区以县（市）为单位建立社区银行，加快地方法人机构发展，构建多层次的农村金融组织体系。加快保险公司农村服务网点建设，提高农村保险机构覆盖率，力争保险服务网点覆盖到每个乡镇。

（五）延伸农村金融服务窗口。引导金融机构建立金融服务联系点制度，及时为农业产业化龙头企业、新型农村合作组织提供服务。大力推广转账电话特约服务点模式，依托农业银行"金穗支付通"转账电话功能，将小额汇兑、小额现金存取等业务服务窗口延伸到村组。合理布局 ATM 和 POS 机，改善银行卡在农村地区的受理环境，满足农民持卡取现和消费需求。探索实施流动银行等新型金融服务模式，引导金融机构为边远地区农户定时定点提供基础金融服务。积极搭建县域融资平台，设立农村"金融超市"，鼓励和支持金融机构创新农村金融产品，为农村中小企业提供优质服务。继续延伸县域外汇服务窗口，适时下放部分外汇业务审批权限，提高县域贸易投资便利化程度。

三、切实增加"三农"信贷投入

（六）落实鼓励增加县域贷款考核办法。按照中国人民银行、中国银监会《关于鼓励县域法人金融机构新增存款一定比例用于当地贷款的考核办法（试行）》制定的标准，严格考核县域法人金融机构新增存款用于当地贷款的情况，对于考核达标的机构，在存款准备金率上按低于同类金融机构正常标准1个百分点执行，并优先批准其新设分支机构和开办新业务；对于达标且财务健康的机构，允许其按新增贷款的一定比例申请再贷款并享受优惠利率。推广沙洋等地存贷款挂钩办法，促进县域资金有效回流，激励县域金融机构加大对地方信贷投入。

（七）发挥金融机构融资合力。农业发展银行湖北省分行及其分支机构在做好政策性贷款业务的同时，应大力发展商业性贷款业务，支持种养殖业发展和农村基础设施建设；开发银行湖北省分行、农业银行湖北省分行及其分支机构应加大在农业产业化、农村商品流通、农村基础设施、小城镇建设、特色资源开发、农村中小企业、农民生产生活等领域的信贷投入；农村信用社应继续推广农户小额贷款，积极发展大额农贷业务，支持农村专业种养殖户及乡镇小企业发展；邮政储蓄银行湖北省分行及其分支机构、村镇银行、小额贷款公司应大力发展农村小额贷款业务；其他商业银行应积极为农业产业化龙头企业、农产品出口企业提供信贷支持。

（八）加大农村信贷产品和服务方式创新力度。大力推广"农户贷款互助担保合作社"、"农户联保贷款"、"行业协会＋联保基金＋银行信贷"、"公司＋农户"、"公司＋基地＋农户"、"专业合作社＋社员联保＋银行信贷"等贷款模式，努力提高贷款满足度，支持农村合作组织、农村小企业及农户扩大再生产和发展特色种养殖业；进一步完善"信贷＋保险"合作模式，充分挖掘林权、土地、水域、房产、农机具、订单、应收账款等农村经济资源的抵押功能，开发新的信贷产品，满足农业产业化、规模化生产的资金需求；充分利用出口退税质押、出口账户托管等方式，解决农产品出口企业流动资金不足问题；继续推进大学生"村官"创业贷款，支持大学生"村官"引导农民发家致富。

（九）降低"三农"贷款融资成本。各金融机构应按照便民惠农的原则，提高小额贷款额度，降低贷款门槛，科学制定贷款操作流程，缩短农村贷款审批时间。积极依托农村经济合作组织、农业产业化龙头企业和农村信贷信息员，加强与广大农户的联系，提高涉农贷款覆盖面。按照种养殖生产周期合理确定贷款期限，制定与当地农民收入水平、涉农金融机构收益水平、贷款风险程度相关的贷款定价机制，引导农村信贷供求实现平衡。推广公安等地做法，鼓励各级地方政府为企业融资的评估、抵押、审计等中介活动，统一购买服务，降低企业融资成本。

四、着力提高农村基础金融服务便利化程度

（十）改善农村支付清算服务。努力扩大大小额支付系统、支票影像交换系统等在农村金融机构的覆盖面，创造条件将农信银支付清算系统延伸到乡镇。加强农村金融机构内部清算网络建设，提高支付业务处理效率。进一步扩大农村地区银行卡联网通用覆盖面，积极开展农村通存通兑业务，逐步扩大代收代付业务范围。积极推动银行卡、支票、汇票等非现金支付工具在农村的普及运用，因地制宜推广手机支付、电话支付、有线电视网络支付、网上支付等新型支付手段，多渠道提高农村支付结算便利化程度。

（十一）发挥国库服务惠农便民功能。加快推广财税库银税收收入电子缴库横向联网系统，力争该系统在"十二五"期间实现全省乡镇100%覆盖，并不断提高上线缴税（费）业务量在缴税（费）业务总量中的份额。努力扩大涉农财政补贴资金国库直拨试点范围，完善国库直接支付模式，逐步实现农业产业化龙头企业出口退税、农机购置补贴、良种补贴等资金直达企业和农户。规范银行代理国库行为，提高国库资金拨付效率。积极开展个人刷卡缴纳社保费业务，探索办理离退休人员养老金发放等涉及县域民生的国库业务。深入推进国债下乡活动，增加农村国债销售网点，不断提高农村地区国债销售数量。

（十二）优化农村人民币流通环境。合理规划货币发行库在县域的布局，

保障县域和农村地区现金供应。增加农村残损人民币兑换网点，加大原封新券投放力度，提高农村地区流通中人民币的整洁度。加强农村地区人民币反假工作，探索将反假货币工作纳入县（市）、乡镇社会治安综合治理考核体系，推动农村反假货币工作站建设；增加农村金融机构货币真伪鉴定网点，加大打击假币犯罪力度，坚决遏制"假币坑农"犯罪活动。

五、充分发挥保险、证券服务"三农"功能

（十三）推进"三农"保险发展。巩固发展水稻、奶牛、能繁母猪、"两属两户"农房及农民工意外伤害保险，努力提高保额标准；切实做好油菜、棉花保险试点，进一步扩大试点范围。大力推进农村小额人身保险，积极探索农民大病医疗保险、农户小额信贷保证保险。有效利用银行、邮政等资源，探索和规范跨行业合作的"三农"保险新模式、新机制，不断创新"三农"保险产品和服务。加大对农村企业、农业合作化组织的保险服务。进一步提高"三农"保险服务水平，降低保险定损理赔门槛，保证投保农民小灾小损及时得到补偿。

（十四）鼓励农业产业化龙头企业上市。帮助农业产业化龙头企业加深对资本市场运作规律的理解和认识，提高上市意愿。制定湖北省农业产业化龙头企业上市计划，加大对拟上市农业产业化龙头企业的辅导力度，引导其规范运作，及早满足上市条件。鼓励证券机构深入农村市场，积极为农村经济发展出谋划策。鼓励各地建立农业产业化投资基金，引导投资基金积极与农业产业化龙头企业、农业高新科技企业对接，加快农业产业资本与金融资本的融合步伐。

（十五）推动农业期货发展取得新突破。加大对农业合作组织、农业产业化龙头企业等参与农业期货市场的服务力度，增加大宗农产品市场信息传播渠道，方便农村经济组织、农户及时了解和使用期货价格。积极探索发展"农户＋股份制农业合作经济组织＋涉农企业＋期货公司"等模式，支持农户、农业合作经济组织、涉农企业利用农业期货市场发现价格、管理风险，实现规模经营和稳健经营。加强与国内主要商品期货交易所的合作交流，推

动湖北重要的农畜产品在期货市场上市，助推湖北优势农业、畜牧业持续稳定发展。

六、进一步优化农村金融生态环境

（十六）加强农村信用体系建设。积极开展金融信用县（市）、信用乡镇、农村青年信用示范户等创建活动，促进农村信用主体不断增加，信用环境不断改善。加强农村信用信息的采集、运用，推动农村信用信息共享和整合，为金融支持"三农"提供服务。推动更多乡镇金融机构网点接入征信系统，引导金融机构将征信系统查询权限下放到各乡镇网点，方便农村信用信息查询，服务农村经济金融发展。

（十七）加大农村金融知识普及力度。组织金融部门广泛开展"送金融知识下乡"活动，重点加强信贷、假币识别、残损币兑换、征信、投资和保险等金融知识的宣传；加强与组织部门的联系，依托乡村人才培育基地、技校、成人函授站等各类专业培训机构，通过发动大学生"村官"参与农村金融知识宣传培训等方式，探索农村金融知识宣传的长效机制；加强与农业、社保部门的对接联系，将金融知识培训与农技培训、农村劳动力转移培训和农民工创业扶持有机结合起来，帮助农民利用金融知识创业致富。

2011 年 5 月 4 日

湖北省人民政府办公厅转发人民银行武汉分行等部门关于实施金融支持县域经济发展 "五个一工程" 的意见（节选）

（鄂政办发〔2012〕65号）

一、实施"五个一工程"的主要目标

——扶持组建一批县域中小法人金融机构，进一步构建多元化的县域金融组织体系。努力实现三年内农村商业银行、村镇银行等中小法人金融机构在县域一级全覆盖，解决在"空白县"设立小额贷款公司的问题；促进县域非法人银行机构向县以下地区下沉网点、业务，逐步建立各有定位、功能互补、适度竞争的多层次农村金融组织体系。

——在中小企业中培育一批市场信用主体，让更多符合条件的中小企业享受优质信贷服务。继续实施中小企业信用培植工程，引导金融机构实施"审批 + 培植"的管理模式，建立企业信贷培植名录，进行定期财务辅导，开展信用增进工作，将主动发掘培植与审批跟进培植相结合，力争与金融机构新建立信贷关系的中小企业数量年均增长20%以上。

——在每个县市推广一套适合当地特色的融资模式，进一步加大金融创新力度。针对县域金融需求差异大、地域性强的特征，在全省范围内建立"一县一品，一行一品"的县域金融创新机制，进一步提高县域金融服务水平，增加县域信贷总量，努力满足县域经济多元化的融资需求。

——开展一次融资服务性收费的全面清理规范，进一步降低县域企业融资成本。对全省各地融资服务性收费进行一次全面调查和清理，规范收费项目和标准，实现融资服务收费的规范化、透明化，切实降低我省企业融资成本。

——建立一种以贷存比为核心内容的县域金融考核机制，提高政策执行的约束力。以县域贷存比为核心内容，制定合理合规、操作性强、约束有力的县域金融机构考核制度，完善考核体系配套政策，引导金融机构加大县域信贷投入力度。

二、积极扶持县域中小法人金融机构，推动县域金融组织体系建设

（一）支持农信社加快改制步伐。地方政府要积极支持农信社开展不良贷款清收和处置，按照改制标准承担政府相应的职责，落实债务，督促偿还。财税部门要认真落实国务院国发〔2003〕15 号文件精神和有关税收优惠政策，确保农信社各项扶持政策实施到位，并帮助消化隐性不良贷款和历年挂账亏损，扶持农信社化解历史包袱，尽早达到改制标准。人民银行武汉分行和湖北银监局要在对农商行等新设机构开业及机构设置管理上，提供金融管理"绿色通道"。对积极支持"三农"的农信社、农商行（农合行）给予正向激励，实施差别化管理，合理引导农信社、农商行（农合行）等县域法人金融机构资金流向"三农"。

（二）支持村镇银行、小额贷款公司等向县域下沉机构和业务。人民银行武汉分行、湖北银监局、省政府金融办加强金融机构设立新机构、新网点的管理和指导，引导新成立村镇银行的发起人对新设机构明确一定比例直接设在县以下乡镇，已成立的村镇银行只能在县以下乡镇设立二级支行；适当控制城区小额贷款公司数量，统筹解决"空白县"小额贷款公司设立问题。村镇银行和小额贷款公司要向县域下沉业务，提高对"三农"和小微企业的贷款比例，这一指标将作为加入行业协会、享受后续金融服务和优惠政策，以及支持小额贷款公司扩大营业范围和区域等的参考依据之一。

（三）支持农行"三农金融事业部"改革发展和邮储银行等县域非法人金融机构资金回流。支持农行"三农金融事业部"改革发展，进一步激发"三农金融事业部"服务"三农"的积极性。通过对"三农金融事业部"改

革的考核评估，落实差别存款准备金优惠、监管费用减免、税费奖励等政策，扩大优惠幅度和调整频度，引导农行县域"三农金融事业部"必须达到做实"六个单独管理机制"、各季新增存款用于当地新增贷款达到规定的比例、涉农贷款比重和县域网点数只增不减、电子机具投放数量保持必要的增速、不良贷款率低于3%、拨备覆盖率高于130%、成本收入比低于50%等标准，真正促进农行"三农金融事业部"强化服务"三农"意愿。

要结合农村金融服务全覆盖相关目标的推进，发挥政府主导推动协调、监管部门开展监测指导、金融机构作为工作主体积极配合实施的机制，继续推动工、中、建、交等全国性金融机构按照金融可持续发展原则，优先安排在县域新设、升格营业机构，定期了解和充分掌握县域非法人银行机构资金运营现状，建立资金回流工作机制和考核机制。特别加强对邮储银行及其分支机构金融管理和窗口指导力度，充分发挥邮储银行网点覆盖面广、系统资源丰富的优势，强化县以下机构网点功能建设，向县及县以下地区下沉信贷业务，丰富信贷产品。

三、实施"审批＋培植"服务模式，发展中小企业信用主体

（四）审批跟进培植与主动挖掘培植相结合，加大中小企业信用培植力度。各金融机构要抓紧实施"审批＋培植"服务模式，倡导"重审批更重培植"的信贷理念。将企业信用培植与信贷审批流程结合起来，对未通过审批的企业实施重点培植，分析企业未获批的原因，制定切实可行的培植措施，帮助企业尽快成为合格信贷主体。省经信委配合各金融机构做好主动挖掘培植工作，建立中小企业信贷客户培植名录。按照经济主管部门推荐、企业自荐、金融机构自主选择等方式，发掘一批符合国家产业政策、市场前景良好，但目前不具备授信条件、尚未发生信贷关系的中小企业，列为培植基本名录；已向金融机构提出信贷申请但未获批准的中小企业，列为培植重点名录。对纳入培植名录的企业，各级人民银行会同经信委等部门定期组织财务辅导；各金融机构要指定专人走访，帮助企业建立规范财务制度，提供投资顾问、理财等全方位服务。对通过培训辅导、财务状况可信、管理规范的企业，各

金融机构要开展信用增进工作，明确专人指导企业熟悉贷款流程和融资产品，逐步提高企业信用等级。力争全省与金融机构新建立信贷关系的中小企业数量年均增长 20% 以上。

（五）动态监测与考核评估相结合，提高信用培植工作的实际效果。各金融机构要建立培植企业信用信息预警机制，实时监测信用培植进展情况，对出现信用培植过缓、等级下滑的企业及时发出提示，敦促整改；对培植期内已成功发展为信贷客户或成长为大型企业，以及出现经营状况不佳、信用违约等问题的企业，及时调整出培植名录。各级政府金融办和人民银行要加强对培植工作的考核评估，建立中小企业信贷客户培植工程实施情况报备制度，由金融机构按季向人民银行报告培植工程完成情况及下季度培植工作计划，经人民银行核实后按季通报，并抄报相关金融监管部门。人民银行可利用综合评价、信贷政策导向效果评估机制，定期评估、发布各金融机构中小企业信贷客户培植的实际效果，并将评估结果作为对金融机构货币政策工具运用、系统准入、业务试点等方面的重要参照，引导金融机构切实做好中小企业信贷客户培植工作。

（六）优化县域信贷资源配置，合理扩大县域银行机构贷款审批权。各银行机构要加强信贷管理，确保县域新增存款按比例、优先用于当地发放贷款，积极满足中小企业信贷客户合理资金需求。在信贷额度分配上，县域贷款额度要与县域存款余额在全省的占比相匹配，不得通过压缩县域企业特别是中小型企业信贷投放来满足大中城市、大项目的资金需求。各银行机构要合理扩大县级分支机构的企业授信审批权，根据全省县域不同经济基础和发展情况划分等级，实施差异化授权。针对县级分支机构经营特点，简化贷款审批程序，建立符合县域企业的信用评级制度。

四、加大县域金融创新力度，推行特色融资模式

（七）大力推广信用贷款和联保贷款。各金融机构要加强与信用协会或专业合作社等信用共同体的合作，运用联保、担保基金和风险保证金等联合增信方式，发展满足信用共同体成员金融需求的联合信用贷款。中国农业银

行、中国邮政储蓄银行、农村合作金融机构和新型农村金融机构等要积极发放小额信用贷款和农户联保贷款。政策性银行、国有商业银行要大力通过批发或转贷方式间接参与小额信用贷款业务。

（八）创新贷款担保方式，扩大有效担保品范围。各金融机构要根据县域发展情况和经济特点，依照相关法律、法规，进一步扩大县域企业和商户、农户申请贷款可用于担保的财产范围，积极规范和完善担保贷款业务操作流程，建立健全贷款担保财产的评估、管理、处置机制。按照因地制宜、灵活多样的原则，探索发展大型生产设备、林权、水域滩涂使用权等抵押贷款，规范发展应收账款、股权、仓单、存单等权利质押贷款。

（九）探索发展基于订单的金融工具，提高县域信贷资源的配置效率。各金融机构要根据农业资金需求的季节性特点，围绕形成订单农业的合理定价机制、信用履约机制和有效执行机制，建立和完善农业订单贷款管理制度。提供专业化、多元化、差别化的订单农业金融服务产品，推进优质高效特色农业加快发展。

（十）稳步推进银担合作的融资模式，规范发展融资性担保业务。推动每个县市至少培育壮大一家注册资本过亿元的融资性担保公司，着力解决县域担保机构实力不足的问题。按照政府引导、社会参与和市场化运作的原则，构建多元化投资参与、多类型经营形式并存的融资担保体系。多方创造环境促进银担合作，人民银行要推动担保机构纳入征信系统和参与第三方信用评级，提高其信用建设水平；监管部门要制定指导意见来规范银担合作中担保机构门槛、担保资本放大倍数、保证金比例等事项，强化商业银行对被担保人信用辅导、评估和监督的责任以及对不良贷款追索的义务，共同防范信贷风险；各级政府要出台激励措施，鼓励各银行积极承担不低于10%的风险分担比例。加快再担保体系建设步伐，鼓励大型担保公司联合对县域融资性担保机构提供再担保，增强单个担保公司风险稀释能力。监管部门要督促担保公司加强内部管理建设，提高风险识别与评估能力，减少对反担保措施的依赖，科学简化担保评审程序、灵活评估反担保抵（质）押物，避免反担保与银行信贷审批在内容和流程上的同质化。

（十一）引进保险机制与银行信用相结合，增加融资风险的分散渠道。

各银行机构要加强与保险机构的合作，发展"信贷＋保险"融资模式。鼓励金融机构将涉农保险投保情况作为授信要素，拓宽农村小额信贷抵押担保物范围，探索开发基于保单的融资工具。在经济基础和金融环境较好的县域地区，积极探索发展小额贷款保证保险，由保险机构提供小额贷款还款保证保险，银行为投保客户发放小额贷款，地方财政为投保客户予以保费补贴或对保险公司进行补助，通过政府引导、政策推动、财政扶持、参与各方明确权利义务、严格管控风险等措施，支持小微企业、城乡创业者（含个体工商户）、农业种养大户（包括农村经济合作社）的生产性资金需求，切实解决县域农村地区抵押担保不足的问题。

（十二）积极推动企业多方开辟融资渠道，努力形成多元化融资格局。各金融机构要大力开展融资租赁业务，努力扩大银团贷款、企业联合贷款，进一步创新信贷融资模式，提高融资规模和质量。加大宣传和培植力度，积极鼓励和支持县域优质骨干企业发行短期融资券、中期票据，或运用区域集优方式发行中小企业集合票据。鼓励实力强、信用好的县域金融机构利用信息、技术优势和在银行间市场的销售渠道，为企业发行短期融资券、中期票据和中小企业集合票据提供增信和承销服务。

（十三）推进县域资本市场建设，发挥证券期货服务县域的作用。加大县域龙头企业上市和债券融资后备资源发掘力度，通过业务培训、债券产品推介、媒体宣传等形式，切实做好企业直接融资的培育指导工作。推动湖北优势农畜产品在期货交易所挂牌上市。引导辖内期货公司积极服务县域企业开展农产品套期保值活动，探索农产品期货服务"三农"的运作模式。加大期货市场知识宣传普及力度，促进涉农企业和农业生产合作社通过农产品期货套期保值，引导农业种植结构调整，促进农业产业化；增加大宗农产品市场信息传播渠道，支持农村经济组织运用期货市场规避市场风险、提高收益。

五、清理规范融资服务性收费，降低县域融资成本

（十四）清理和规范企业融资服务性收费。对全省融资服务性收费开展一次全面调查和清理，厘清企业融资过程中不合理的收费情况，包括政

府有关部门收取的抵押登记费、公证费、评估费、环评费等，中介机构收取的抵押物评估费、财务审计费、担保费、保险费等，银行机构收取的贷款受理手续费、财务顾问费、理财咨询费等费用。在此基础上，各地要制定出台企业融资服务性收费减免政策和征收管理办法，规范收费价目名录，做到收费项目和标准公开透明，切实降低企业融资成本，优化县域融资环境。

（十五）认真落实企业融资服务性收费减免政策。各地行政部门要将企业办理融资服务性收费工作纳入县（市、区）行政服务中心，实行"一站式"阳光操作。加大检查监督，向企业发放《融资服务性收费监督卡》，明确收费项目、收费标准。对企业反映的融资性乱收费、超标准收费等金融消费者权益纠纷加大调处力度。鼓励有条件的地方采取政府买单方式，减轻企业融资成本。鼓励各地在贯彻落实企业融资服务性收费政策前提下，结合实际进一步实施"财政减税＋部门免费＋银行增贷"工作模式，增加减免项目，加大财政补贴，切实做好金融支持县域企业融资成本降低工作。

六、加强县域金融考核力度，提高政策执行约束力

（十六）建立以县域贷存比为核心内容的县域金融机构考核办法。以县域存量贷存比和增量贷存比为主要考核内容，与《湖北省农村金融服务"十二五"全覆盖规划纲要》主要目标、湖北省金融信用市州县评定指标相结合，建立统一有效、设置合理、易于操作、约束有力的考核制度和实施办法，组织对各县域金融机构进行考核并通报考核结果。各县域金融机构存量贷存比要达到55%以上，或在上年基础上每年递增2到3个百分点，当年新增贷存比力争达到70%。各级政府和金融监管部门要引导和督促金融机构以此为标准，提高对县域经济的信贷支持力度。

（十七）整合县域金融机构考核激励政策，强化考核体系配套政策。在对考核达标的县域金融机构实施正向激励政策的同时，对未达标的县域金融机构实施反向约束政策。各级政府将贷存比增幅、贷款增幅、发行各类债券

等考核项目纳入金融机构支持地方经济发展奖励政策中，并制定相关办法将财政性资源分配与考核项目挂钩。人民银行武汉分行将存款准备金率、再贷款、再贴现政策与考核结果挂钩；湖北银监局将新设分支机构和新开办业务申请与考核结果挂钩；省政府金融办将各金融机构县域贷存比与金融机构考核奖励挂钩。

2012 年 9 月 14 日

湖北省人民政府关于进一步支持
农业产业化龙头企业快速发展的意见(节选)

（鄂政发〔2013〕8 号）

一、目标任务

力争用3—5 年的时间，建设一批与龙头企业对接的专业化、标准化、规模化、集约化生产基地，打造一批科技与管理创新能力强、精深加工水平高、在全国同行业领先的大型龙头企业，形成一批基础设施完善、上中下游产业配套、功能互补的龙头企业聚集区，培育一批产品竞争力强、市场占有率高、消费者口碑好的知名品牌，实现让全国人民"喝长江水、吃湖北粮、品荆楚味"的目标。

二、建设高标准农业板块基地

按照规模化、标准化、集约化的要求，进一步加强农业板块基地建设。围绕优质稻、棉花、双低油菜、生猪、家禽、淡水产品、食用菌、果茶蔬等优势特色产品，将分散的小规模产区实行跨乡镇、跨县市集中连片。大力发展"一村一品"、"一县一业"和优质专用品种，促进农业板块基地专业化。全面建设种植业示范园、畜禽养殖标准化示范场和水产健康养殖示范场，采用标准化生产技术和质量管理体系，发展有机、绿色和无公害农产品，促进农业板块基地标准化。进一步开展中低产田改造、高标准基本农田、粮食生产基地、棉花生产基地、标准化规模养殖基地等项目建设，不断提高农业机械化和自动化水平，促进农业板块基地集约化。加强农业板块基地与龙头企业有效对接，充分发挥龙头企业在建设农业板块基地和保障农产品有效供给中的作用。

三、培育行业领军龙头企业

继续深入推进"四个一批"工程。以打造优势产业链为抓手，支持一批优势特色产业领军型龙头企业，以资本、品牌、技术、市场等为纽带，通过兼并重组、产权转让、增资扩股、合资合作、发行债券、上市融资等方式，瞄准全国一流目标，快速成长为大型企业或企业集团。鼓励龙头企业引进国内外先进工艺技术和生产加工设备，加快对现有设备设施的技术改造升级，发展农产品精深加工，不断延长产业链条，提高产品附加值，提升企业竞争力。推动龙头企业向优势区域集群集聚，形成上下游产业（企业）紧密协作、产业链相对完整、辐射带动能力较强、基础设施、仓储物流、市场信息和检验检测等资源共享、综合效益明显提升的农业产业化园区。每个行业、每个园区，都要打造优势产业链。积极组织龙头企业参加国内外经贸洽谈和展示展销活动，引导龙头企业充分利用国际国内两个市场、两种资源，鼓励和支持有条件的龙头企业走出去投资办厂，带动农产品和农业技术出口、劳务输出；同时，积极开展招商引资，引进一批国内外大企业、大项目。要依托大龙头和大品牌，运用市场化手段，推动同一地区同类品牌整合，形成一批规模大、市场占有率高、国内外叫得响的品牌。

四、加快科技创新与人才建设

充分利用我省科教资源丰富的优势，鼓励引导龙头企业加大科技研发投入，建立研发机构，发挥高校（科研院所）农业科技创新力量作用，加强校（研）企合作，支持高校（科研院所）与龙头企业开展协同创新，联合共建技术创新平台，开展农产品加工关键技术攻关，提升自主创新能力。支持省级以上龙头企业申报国家级和省级高新技术企业、技术研发中心和博士后科研工作站。农产品种植养殖、加工和流通等科研项目的申报，必须是龙头企业需要且带共性的问题，必须有重点龙头企业组织或者参与；各类农业技术推广项目，要将龙头企业作为重要的实施主体；对龙头企业取得的国家发明专利、获得的国家级科技成果等，要给予奖励。龙头企业的经营管理者和员工培训要优先纳入"阳光工程"、"雨露计划"、"农村实用人才培训"等人才培训工程，要优先申报"农村实用拔尖人才"，不断壮大职业经理人队伍，培养一批具有全球视野和战略眼光的企业家。对龙头企业引进的高端技术和管理人才，一律享受当地政府人才引进待遇；对龙头企业培养的技术和经营管理骨干，在学历教育和学习进修方面给予支持，在职称评定方面可以实行特殊评审；对高校毕业生到龙头企业就业，符合条件和相关政策规定的，享受学费补偿和国家助学贷款代偿等政策。

五、完善农企利益联结机制

不断探索农企利益联结的有效模式，大力推行"龙头企业＋专业合作社＋农户"等农业产业化经营组织形式，完善定单、合同、按交易量或按股分红等多种形式的利益联结机制。不断规范订单合同双方的基本权利、责任和义务，提高龙头企业与农户的诚信意识和合同履约率。鼓励龙头企业为基地订单农户开展农资采购、农机作业、生产技术、疫病防治、市场信息等服务，提供生产资金小额信贷担保，与农户建立风险保障机制。支持龙头企业领办或参办农民专业合作经济组织，支持农民专业合作社和农户以土地承包经营权、资金、技术等生产要素入股龙头企业，促进龙头企业与农民建立紧密型利益联结机制。龙头企业要强化社会责任，依法经营，确保产品质量安全，积极吸收农民工就业，保护资源环境，支持社会公益事业。各级农业产业化主管部门，要把带动农户规模和效果作为各级龙头企业监测评价的重要指标。

六、优化龙头企业发展环境

支持有条件的龙头企业从事政策性收储业务，新增粮棉油储备计划，重点向省级以上龙头企业倾斜。对龙头企业审批事项，实行一条龙服务。建立和完善土地流转市场和机制，推动土地经营权向种植养殖大户和龙头企业集中；对龙头企业项目建设用地，市、县要拿出一定的用地指标，优先安排，优先审批，各项费用按当地最低标准执行；龙头企业以出让方式取得的国有土地使用权，实行全额征收土地出让金，省、市财政按国家相关政策规定给予一定比例的奖励支持；对龙头企业投资1亿元以上的大项目用地，在符合省级土地利用计划准入条件的前提下，可向省政府申请使用省级土地利用计划。在粮食、棉花、生猪、家禽、水产、水果等大宗农产品生产领域进行政策性保险试点。加强宏观规划和指导，防止低水平重复建设、产能过剩和恶性竞争。

七、加大财政扶持与金融支持

进一步整合现有支农涉农项目资金，充分发挥农业综合开发、农业板块基地建设、农产品精深加工专项、土地整理、重大科技专项、农产品加工园区产业发展调度资金等专项资金的作用，向农业产业化龙头企业重点倾斜。从2013年开始，实施"腾飞"奖励计划，采取以奖代补方式，奖励在推进农业产业化发展、实现全国人民"喝长江水、吃湖北粮、品荆楚味"方面做出突出成绩的龙头企业和有关单位。各市（州）、县（区）也要建立稳定的财政扶持农业产业化的投入机制，安排专项资金扶持重点龙头企业。强化金融信贷支持，每年涉农贷款增幅要高于全省贷款平均增幅。搭建银政企对接平台，引导信贷资金向龙头企业倾斜。支持龙头企业参与村镇银行、小额贷款公司建设，鼓励龙头企业上市融资，支持龙头企业利用农业期货市场发现价格、管理风险。加强涉农担保体系建设，通过完善担保服务功能，吸纳龙头企业入股、社会资金参与，进一步将省农业产业化信用担保公司做大做强。

支持武汉农畜产品交易所、农牧产业投资公司和农业产业投资基金逐步做大做强，形成支持龙头企业发展的新支撑。各级政策性投资担保机构要加大对龙头企业的支持力度，放宽担保条件。各市、县要尽可能建立专业性农业产业化担保机构，为龙头企业提供贷款担保。

2013 年 2 月 6 日

湖北省推进农村金融服务全覆盖领导小组关于在全省推广实施村级惠农金融服务联系点的指导意见（节选）

（鄂农金发〔2013〕1号）

......

二、实施目标

以"布点整体推进，功能逐步完善"为目标要求，2013年末，在全省90%以上的行政村（组）设立村级惠农金融服务联系点（组），2015年末在所有行政村（组）实现联系点全覆盖。在功能设置上，优先推广通过转账电话实现的小额取现、转账汇款服务和小额零辅币调剂、人民币反假、金融知识宣传等银行基础金融服务，满足农村地区最基本的金融服务需求。有条件的行政村（组）联系点功能适时向"三农"信贷服务、"三农"保险服务和"三农"期货服务方面拓展。到2015年，力争实现将金融服务联系点建设成为农村金融服务需求和信息汇集平台的目标，为银行、证券期货、保险更好地服务"三农"发挥桥梁作用。

三、任务要求

各地在推广实施村级惠农金融服务工作的过程中，要切实加强组织管理，明确主要任务与规范要求，推动辖区村级惠农金融服务联系点建设顺利启动、快速推广。

（一）主要任务。村级惠农金融服务联系点是金融惠农工程的重要抓手，主要任务是面向一个行政村（组）范围的村民，提供基础银行服务，提供"三农"保险及"三农"期货信息收集与咨询服务，是联系农民与金融部门之间的服务纽带。

（二）明确定位。村级惠农金融服务联系点是各涉农金融机构利用终端服务机具向行政村（组）延伸服务功能的平台，不属金融机构，其终端服务机具机主不是金融从业人员，金融机构与机主为协议合作关系，不属雇用关系。

（三）工作模式。以"涉农金融机构＋金融服务联系点＋农户"为模式，设点金融机构与村委会、联系点签订三方合作协议，设点金融机构与联系点签订代办协议、风险提示与防范责任书，以联系点店主为主要责任人面向农户代办约定的各项服务功能。

（四）服务内容。联系点提供的基础银行服务内容包括：通过转账电话的小额现金取款、非现金转账汇款、公共事业费用代缴、账户查询，以及假币鉴别、小额零辅币兑换、金融知识宣传等七项，不得办理存款业务。具备条件的联系点与设点金融机构协商并签订合作协议后，可以将服务内容适当延伸到收集农户贷款、"三农"保险服务和农业期货服务的需求信息等领域。

（五）合理布局。各县（市、区）要按照"布局合理，疏密有度，竞争有序"的原则，统筹金融机构在行政村（组）设立联系点的分布。设点金融机构可以自愿选择合作的农村商户，原则上一村设联系点不超过三个。联系点的选址必须是在行政村（组）有固定营业场所、公共服务比较集中的地方。

四、健全长效发展的保障机制

各县（市、区）要把村级惠农金融服务联系点建设作为推进农村金融服务全覆盖的重要抓手，从政策、制度等方面给予倾斜支持，建立健全协调推进、技术支持、安全保障、考核激励等长效机制，确保各项惠农服务功能的实现。

（六）加强组织领导。按照"县市政府主导，人民银行推动，一家银行主办、其他涉农金融机构参与，职能部门协调支持，乡镇村组配合"的工作模式，县（市、区）和乡镇政府要加强对联系点建设的组织领导，明确责任分工，健全工作机制，出台实施方案，认真推动、规范开展联系点建设。各县（市、区）政府金融办、人民银行、银监办要发挥牵头作用，推动相关职能部门、乡镇、村组及金融机构积极响应，形成合力共建的良好氛围。

（七）建立协调机制。各县（市、区）要积极整合各方资源，将地方财政、工商、公安、电信、金融等部门纳入共建单位，结合当地实际制定实施方案，建立长效的协调推进工作机制。

（八）落实考核机制。各地推广村级惠农金融服务情况将纳入全省农村信用工程建设，并作为湖北省金融信用县（市、区）申报评定、湖北省农村金融服务全覆盖工作的重要考核内容。各县（市、区）要将联系点的建设推广工作与金融信用县（市、区）创建、乡镇政府绩效考核等有机结合，乡镇政府要将联系点建设作为信用村（组）、信用乡镇创建的重要内容，建立落实层层部署、层层考核的有效机制。同时还要制定和落实激励奖惩机制，对积极响应联系点建设的金融机构和联系点建设规范、推广成效好的乡镇和村委会进行评选、表彰并给予一定奖励，提高参与各方的积极性，确保金融服务联系点推广工作取得实效。

五、完善风险防控机制

村级惠农金融服务联系点是金融服务向"三农"延伸的窗口，代办的业务和服务的对象都比较特殊，各地要结合本地实际，建立一套完善的风险管理和防控机制，确保联系点的健康运行。

（九）构建制度防线。按照"谁设立、谁负责"的原则，设点金融机构要将联系点的风险管理纳入自身内控评价体系，要针对联系点的各项代办业务和每项业务的操作环节制定明确的操作规程，切实构建制度防线，对超约定代办范围经营、不按规定流程操作、风险隐患较大的坚决取消其作为联系点的资格。

（十）加强日常监督。设点金融机构要针对村级惠农金融服务联系点设立专门客户管理组织，指派工作人员实行包村包点服务，采取定期对联系点进行跟踪和回访等方式，加强日常监督，落实风险管控措施，做好风险防范工作。各县（市、区）要组织对金融机构在村组开展惠农金融服务情况的专项督查，对联系点风险防控不力和缺乏日常监督的金融机构取消其设点资格。要设立投诉电话，对遭到投诉较多的联系点在调查核实后也要取消其设点资格，保证农村金融消费者合法权益。

（十一）强化技术支持。设点金融机构对联系点的各类终端服务机具、设备负有投放、安装和维护的职责，保障联系点硬件设施的正常运行。当地公安部门要将联系点作为地方治安联防的重点部位，制定安防措施，切实保证各联系点的安全。

（十二）加强培训宣传。设点金融机构要加强对联系点业务代办人员的业务培训和风险教育，提高代办人员自身素质、金融素养和风险法制意识，严防操作风险和道德风险。要加大对联系点功能建设的宣传和指导，对有条件的行政村（组）要鼓励和引导其适时拓展金融基础业务以外的服务内容，加大"三农"信贷服务、"三农"保险服务、"三农"期货服务等相关金融知识的普及力度，提高农民的金融意识和运用金融知识发家致富的能力。

2013 年 4 月 16 日

湖北省人民政府关于
加快多层次资本市场建设发展的若干意见

（鄂政发〔2013〕35号）

各市、州、县人民政府，省政府各部门：

为充分发挥资本市场优化资源配置、引导社会资本和推动科技创新的作用，努力扩大全省社会融资总规模，提高企业直接融资比重，降低实体经济发展的融资成本，现就加快我省多层次资本市场建设发展提出如下意见：

一、我省多层次资本市场建设发展的总体要求

多层次资本市场建设发展是我省金融市场体系建设和武汉区域金融中心建设的重要任务，是金融改革和金融创新的重要突破口。各级政府要组织推动企业分步实现在不同层次市场间的挂牌、转板和上市，构建企业运用多层次资本市场的立交桥，初步建成功能齐全、相互衔接、优势互补、层次分明、运行有序、良性循环的多层次资本市场体系。鼓励和引导企业充分利用国际国内资本市场，根据自身特点选择在国内主板、中小板、创业板市场和境外上市，打造一批行业龙头企业；扩大"全国中小企业股份转让系统"试点范围，完善武汉股权托管交易中心功能，积极开展券商柜台交易业务试点，鼓励更多优质企业在场外市场挂牌；发展天使投资、创业投资、股权投资等风险投资，培育创业创新体系；鼓励企业通过债券市场融资、利用保险资金，提高直接融资比重；吸引证券期货公司、会计师事务所、律师事务所等中介机构落户发展，增强行业整体实力；逐步建立门类齐全的资本要素市场，发挥交易场所聚集市场资源和服务实体经济的功能。

到"十二五"期末，全省上市公司数量超过130家，通过资本市场融资总额突破1500亿元，证券化率和直接融资占社会融资规模的比重争取达到全国平均水平；全省期货交易额占全国比重达到8%，全省直接融资总规模达到3000亿元。

二、我省多层次资本市场建设发展的主要任务

（一）推进企业境内外上市。

鼓励上市公司做大做优做强。提高上市公司质量，推进上市公司并购重组和再融资，打造行业龙头企业，提高产业集中度。深化与沪、深交易所的战略合作，大力培育上市后备企业资源，建立市场化筛选和培育上市后备资源的工作机制，形成"改制、入库、托管、挂牌、上市"的新路径。全省力争每年新增境内外上市企业10家以上，每年新增报证监会企业20家以上，新增报湖北证监局辅导企业30家以上，省级重点培育拟上市后备企业保持在50家以上。

（二）推进企业在全国中小企业股份转让系统挂牌。

不断增加东湖高新区企业在"全国中小企业股份转让系统"挂牌企业数量。各市、州、县政府要抢抓全国中小企业股份转让系统扩大到全国的机遇，鼓励和引导企业规范改制，为全国中小企业股份转让系统培育更多的优质企业资源。全省力争3年内在全国中小企业股份转让系统挂牌企业数量达到200家以上。

（三）加快区域性场外市场建设步伐。

支持武汉股权托管交易中心创新发展。引进上海证券交易所、深圳证券交易所，以及长江证券、天风证券等证券公司，共同参与武汉股权托管交易中心的建设，加强交易中心专业人才队伍建设，吸引省内外企业进行股权托管和挂牌转让，促进股权与资本对接，推进企业股权与资本双向流转。各市州县政府要组织地方企业到武汉股权托管交易中心托管、挂牌，借助市场化金融服务平台，解决中小企业融资难问题。武汉股权托管交易中心要力争3年内挂牌企业数达到500家以上，为广大投资机构提供更多的、可供遴选的

投资标的。支持长江证券和天风证券公司积极开展柜台交易业务试点。进一步拓展区域性场外市场的业务外延，打造华中地区有影响力的场外市场交易平台。

（四）推进股权集中登记托管。

认真实施《关于规范开展企业股权集中登记托管工作的意见》（鄂政办发〔2012〕31号），做好非上市股份公司和部分有限责任公司股权的集中登记托管。已办理股权集中登记托管且成长性好的企业，优先纳入省级拟上市重点后备企业资源库。整合我省现有的股权登记托管机构，充分发挥武汉股权托管交易中心的作用。加强武汉股权托管交易中心与中国证券登记结算有限责任公司合作，提高武汉股权托管交易中心的公信力和影响力，吸引更多的投资机构投资我省实体经济。到"十二五"期末，实现全省非上市股份制企业登记托管全覆盖目标。

（五）规范发展资本要素市场。

按照省、市两级政府共建共管的原则，充分发挥好国家批准保留的11家交易场所的功能。引进国家相关金融市场参与我省资本要素市场建设，把我省要素市场逐步建设成为立足湖北、辐射中部和长江中游城市群的交易市场。省政府金融办负责按照国家有关规定做好各类资本要素市场的统筹协调和政策、业务监管，各要素市场主管部门和有关市州政府负责交易场所的日常监管和风险防控。

武汉股权托管交易中心要与各市州紧密合作，吸引更多企业到股权托管中心挂牌交易，并探索建立区域性股权交易市场与"新三板"、创业板、中小板相衔接的机制和通道；武汉金融资产交易所要在严密防范风险的同时，坚持开放办所，加快产品创新，加强会员发展，拓展业务领域，争取"十二五"末交易规模达到3000亿元以上；武汉农畜产品交易所要加强与大连、郑州商品期货交易所的合作，紧密联系农业产业化龙头企业，积极探索和推出有区域特色的农畜产品交易品种；武汉光谷联合产权交易所要在做好国有产权交易的同时，积极开展覆盖多种经济成分的各类产权交易；湖北华中文化产权交易所要积极稳妥发展，创新文化产权协商议价交易模式；湖北碳排放权交易中心要按照国家开展碳排放权交易试点的要求，积极组织开展碳排放权交易，探索开展能效市场产品交易、节能减排综合服务、碳金融创新产品开发及碳交易投融资服务、碳交易市场咨询和培训等；湖北环境资源交易中心要积极组织开展排污权交易；武汉农村综合产权交易所要大力推进农村产权要素市场建设，以武汉农村综合产权交易所为龙头打造全省统一的农村产权交易平台。武汉知识产权交易所、武汉城市矿产交易所、武汉航运交易所要立足武汉、服务全省、辐射中部，创新发展。

积极创造条件，探索设立有湖北特色的药品、林权、水权、贵金属等生产要素交易平台，丰富要素市场类型，服务实体经济发展。

（六）大力发展创业投资和股权投资。

充分发挥创业投资和股权投资在聚集社会资本、完善企业治理结构、促进科技创新、推动产业转型等方面的作用，推动其与市场主体紧密结合。支持创业投资企业发展，鼓励和引导社会资金加大对省内中小型科技企业的投资力度。鼓励各市州政府建立创业投资引导基金和产业并购基金，引导和鼓励各类股权投资企业和股权投资管理企业入驻发展，帮助企业完成股份制改造，推动企业建立规范的现代企业制度，培育行业龙头企业，带动地方经济转型和产业升级。各国家级和省级高新技术产业开发区要积极探索设立天使投资基金，培育创业企业团队。武汉东湖国家自主创新示范区要充分利用"先行先试"政策优势，积极试行股权激励和科技成果转化奖励、科技金融改革创新、境内外资本流通、创新财政税收等多项优惠政策，充分发挥资本的聚集效应，积极推进股权资本化、智力资本化、资产证券化，全力打造东湖"资本特区"。

（七）积极发展债券市场。

加快培育发债主体，扩大债券融资规模，优化融资结构。鼓励优质大中型企业发行公司债、可转债、企业债和中期票据、短期融资券等各类债务融资工具，扩大直接融资规模。支持全省重点产业的优质企业在国内外发行各类债券，各地要积极探索设立政府主导的风险偿债基金，为发债企业提供有效的增信手段，建立有效的风险防范和缓释机制。鼓励中小型企业发行中小企业集合票据、中小企业集合债券、私募债，利用武汉金融资产交易所和武汉股权托管交易中心等发行中小企业集合融资产品和私募债券产品，拓宽融资渠道。争取地方政府自行发债试点，通过发行债券筹集建设资金推动地方重大基础设施项目。积极推进符合条件的保障房建设和棚户区改造企业发行非公开定向债务融资工具。在全省推广"区域集优"债务融资模式，各级政府要通过设立中小企业直接债务融资发展基金，支持更多中小企业以区域集优方式实现直接债务融资。鼓励银行、证券、信托等金融机构在各自法定经营范围内开展债券发行、承销和结算业务，支持地方法人金融机构申请债务融资工具承销商资格。大力发展资产证券化，鼓励我省金融机构开展创新，充分发掘基础资产项目，设计适度打包增信、风险可控的信贷资产证券化及企业资产证券化产品推向市场。

（八）充分利用期货市场。

充分利用期货市场价格发现和规避风险的基本功能，促进产业发展方式转变，引导企业实现规模经营、集约化经营和标准化生产。支持湖北企业申请设立交割品牌与交割仓库。支持长江期货、美尔雅期货等期货法人机构壮大规模，鼓励全国期货公司来鄂设立经营网点，在湖北投放新的业务和产品，服务地方实体经济发展。加强与郑州商品交易所、大连商品交易所等相关期货交易所的合作，积极争取在我省设立稻谷、棉花、玉米、钢材等期货品种的现货交割仓库。

（九）培育发展中介服务机构。

支持长江证券、天风证券等证券公司总部机构增强资本实力，拓展业务领域，开展产品业务创新，在省内增设经营网点，提升公司实力和核心竞争力。大力引进证券公司和基金公司，鼓励在鄂设立区域总部或分支机构；鼓励证券、保险等金融机构通过发行次级债等形式扩充资本；吸引会计师事务所、律师事务所、审计事务所、资产评估机构、资信评级机构等中介机构落户发展，增强行业整体实力。积极培育和发展具有市场竞争力和影响力的会计审计、资产评估、信用评级和法律等专业服务机构，培育几家大型融资性担保机构，规范发展证券、期货等投资咨询服务机构；鼓励发展各类投资、理财机构，引进和培育一批金融资讯信息服务机构。建立资本市场中介机构服务评价体系和诚信档案，逐步形成机构集聚、功能完善的资本市场中介服务体系。3年内全省争取设立2家基金公司，培育2-3家规模大、实力强的期货经营机构进入全国前列，证券分公司达到 20 家左右，证券营业部达到 200 家左右。

三、强化多层次资本市场建设的保障措施

（一）加强组织领导，完善"绿色通道"。

坚持统一组织领导，加强统筹协调。省政府成立省资本市场建设工作领导小组，省政府分管省长任组长，省政府金融办、湖北证监局、人行武汉分行、湖北银监局、湖北保监局、省发改委、省经信委、省监察厅、省科技厅、省农业厅、省商务厅、省财政厅、省环保厅、省国土厅、省地税局、省工商局等部门为成员单位，制订和完善促进多层次资本市场发展的产业规划、财税扶持、工商管理、挂牌企业培育等政策措施，营造良好发展环境。领导小组办公室设在省政府金融办。

全面建立企业在主板、中小板、创业板上市和在"新三板"、区域股权交易中心等场外市场上挂牌的"绿色通道"，完善具体制度。企业在改制、资产重组、挂牌申报等过程中涉及的土地、房屋、税务、工商、环保和项目立项等各项审批或备案确认，各相关部门要按照"一企一议"的办法，简化手续，特事特办。进一步强化有关部门在推进企业上市、挂牌、引导金融机构支持要素市场发展过程中的职责，落实领导分级负责制、首问负责制、限时办结制和责任追究制等制度，简化流程，缩减时限，提高办理的质量和效率。各地、各部门职责落实情况作为省政府考核和表彰资本市场建设发展的主要依据。

（二）加大扶持力度，培育市场主体。

1. 支持企业上市。继续落实《省人民政府关于推进企业上市的若干意见》（鄂政发〔2008〕42 号）和《省人民政府关于进一步加快资本市场发展的若干意见》（鄂政发〔2011〕20 号）各项优惠和奖励政策。省内地方上市公司成功开展并购重组，并入资产且实现融资的，由企业所在地政府给予一次性奖励。省级重点培育的后备上市企业（指由省上市领导小组公布的纳入省级重点培育后备上市企业名册且与保荐机构、会计师事务所、律师事务所

签订了上市辅导协议，并支付了相关费用的企业）和"全国中小企业股份转让系统"、武汉股权托管交易中心挂牌企业，以其变更为股份公司前一年上缴的所得税、增值税、营业税地方分享部分为基数，3年内上缴所得税、增值税、营业税地方分享部分环比增长的部分奖励给企业，其资产评估增值部分应缴纳企业所得税的，在纳税后，地方分享部分的50%奖励给该企业，以上奖励资金由市、州、县财政按税收分成比例列支出用于支持该企业发展。

2. 支持企业在场外市场挂牌。各市、州、县政府要对进入全国中小企业股份转让系统和武汉股权托管交易中心挂牌的企业给予奖励和扶持，让企业基本实现"零成本"挂牌，充分调动企业利用多层次资本市场发展的积极性。省级财政采取"以奖代补"方式，根据各市、州、县在全国中小企业股份转让系统和武汉股权托管交易中心挂牌企业数量以及各地奖励力度，对企业所在市、州、县实行激励性转移支付，具体办法由省财政厅商省政府金融办制定。今后，省级新增拟上市重点后备企业，应主要从全国中小企业股份转让系统和武汉股权托管交易中心挂牌企业中遴选产生。鼓励和引导省内拟申请在主板和创业板上市、进入"全国中小企业股份转让系统"挂牌以及发行私募债的企业，首先在武汉股权托管交易中心托管和挂牌，加强信息披露，先行规范，提高质量。

3. 支持资本要素市场建设。市州政府要将资本要素市场发展纳入当地资本市场建设发展考核体系，制定鼓励要素市场创新发展和企业充分利用资本要素市场加快发展的奖励办法，在资本注入、项目对接、网点建设、人才引进等方面给予支持。各地对经省政府批准设立的资本要素市场可按照辖区内新设金融机构给予支持和优惠，高管人员可享受金融机构同等待遇。各资本要素市场主管部门要加大日常监管和扶持力度，研究出台专业性配套措施，支持资本要素市场依法独立运作，指导其在规范发展的基础上大胆创新发展。

4. 支持创业投资和股权投资发展。认真落实《省人民政府关于促进股权投资类企业发展的若干意见》（鄂政发〔2011〕23号）的各项优惠政策。

5. 支持债券发行主体培育。按照《省人民政府办公厅关于转发省政府金融办省发改委省财政厅〈湖北省债券融资奖励办法〉的通知》（鄂政办函〔2012〕99号）规定，对各类债券的发行主体和中介机构，在融资成功后给予一次性奖励。

6. 支持中介机构培育发展。各级政府要对新设立或新迁入的证券公司、期货公司、会计师事务所、律师事务所和资本评估、资信评级、信用担保等法人机构或分支机构，给予一次性落户奖励。

（三）强化工作职责，实行目标考核。

制定《湖北省推进资本市场建设工作目标考核办法》，将各市州政府和省政府有关部门推进资本市场建设工作纳入政府目标责任考核和金融工作绩效评价考核系统。对企业上市、并购重组、上市公司再融资、债券融资、引进股权投资机构、企业股份制改造、股权集中登记托管、"全国中小企业股份转让系统"企业挂牌、区域股权托管交易中心企业挂牌，以及制定配套政策、落实奖励扶持和加强宣传培训等方面进行年度目标考核。具体考核办法由省政府金融办会同省发改委、湖北证监局等有关单位研究制定。

（四）建设诚信市场，防范市场风险。

严厉打击内幕交易和非法证券活动。坚持惩防并举，对参与非法证券活动的不法机构和个人加大打击力度。各地、各部门要加强制度建设，做好内幕信息知情人登记管理。建立会商机制，加强信息交流，建立各级政府金融办与国家金融监管部门、证券期货交易所的不定期会商机制，加强监管合作，共同防范风险。加强宣传教育，强化各级政府服务资本市场建设职能部门的专业队伍建设，加大对从业人员和企业相关人员的培训力度，提升行业自律，优化市场主体，树立诚信理念，营造资本市场发展的良好氛围。

2013 年 8 月 3 日

湖北省人民政府办公厅关于加强支小支农金融服务促进实体经济健康发展的意见（节选）

（鄂政办发〔2014〕38 号）

一、发挥金融整体功能，做实金融支小支农服务工作

（一）培育一批符合贷款条件的小微企业和涉农信贷主体。组织全省各金融机构集中开展信贷营销活动，对小微企业和涉农主体（农业产业化龙头企业、农民合作社、家庭农场和专业大户等新型农业经营主体）金融需求情况进行全面摸底调查，在此基础上大力开展"审批＋培植"的信贷服务。对于符合信贷条件的企业，及时足额发放贷款，满足其合理资金需求；对于经营前景好但暂时不满足信贷条件的企业，建立培植档案、实施信贷辅导、规范财务管理，逐步提高信用等级，促其达到授信门槛。全年力争实现新增信贷客户数比上年增长 20% 以上，新增贷款金额比上年增长 20% 以上，小微企业贷款和涉农贷款增幅高于同期全省贷款增幅，增量高于上年同期水平。

（二）帮扶一批守信用、有前景的小微企业和涉农主体。强化金融对新型农业经营主体的支持和服务能力，根据差异性需求和季节性特点，量身定制金融产品，简化信贷流程，满足经营主体融资需求。对于符合国家产业政策、守信用、有前景，但暂时面临困难的小微企业和涉农主体，采取政府经济主管部门推荐、地方政府金融办组织金融机构遴选的方式，共同确立帮扶名录。实行"一企一策"，由金融机构制定具体融资方案，政府相关部门提出相关配套政策措施，支持名录内企业解决融资困难。建立定期监测通报制度，确保帮扶措施落实到位。各金融机构要综合考虑企业信用、风险、经营

状况及银企合作周期长短等因素，尽可能给予利率定价优惠，主动让利企业。借用支小再贷款发放小微企业贷款的金融机构，要严格按照"保本微利"的原则，合理确定贷款利率浮动幅度。

（三）推广一批见效快、可复制的信贷产品和金融服务模式。依托县域金融创新产品评审推广、监测报备机制，推广"助保贷"、"助农贷"等银政企合作模式，发挥政府风险补偿金、企业助保金对小微企业的增信作用；鼓励在风险可控的前提下，开办"微小富业贷"等无抵押经营性小额贷款和"融易贷"等信用贷款业务；借鉴"连连贷"产品相关做法，探索开展"贷款到期无需偿还本金、到期循环续贷"等还款方式创新；继续推广"双基双赢合作贷款"等信贷模式；积极稳妥推进土地承包经营权抵押贷款试点，不断扩大知识产权、动产、应收账款、股权、仓单、订单等质押贷款规模；开展农户宅基地使用权、林权、水域滩涂使用权等抵质押贷款试点；推广中征应收账款融资服务平台和动产融资登记系统，支持小微企业开展动产融资业务；鼓励金融机构研发、借鉴、推广符合当地经济及产业特色的信贷产品和金融服务方式，推动部分地区小微企业、涉农主体金融服务经验做法在全省更广范围内取得实效。

（四）支持一批企业开展直接融资。加大小微企业和涉农主体上市培育力度，鼓励更多符合条件的优质企业在中小板、创业板和境外上市融资。积极稳妥扩大小微企业和涉农主体发行短期融资券、中小企业集合票据、中小企业区域集优集合票据等非金融企业债务融资工具规模，力争全省通过债务融资工具、公司债、企业债融资总量较上年增长10%以上。支持符合条件的金融机构发行小微企业专项金融债和"三农"专项金融债。加大债券融资宣讲推介力度，推动更多市州实现债券融资"零的突破"。引导和鼓励更多小微企业和涉农主体在区域性股权交易市场挂牌融资，探索建立区域性股权交易市场与"新三板"相衔接的机制和通道，力争3年内武汉股权托管交易中心挂牌企业数量达到1000家以上。鼓励各金融机构大力开展区域性股权交易市场挂牌企业股权质押融资，支持小微企业和涉农主体在区域性股权交易市场和金融资产交易市场发行私募债。鼓励涉农企业通过农产品期货市场进行套期保值。大力发展创业投资和私募股权投资，支持符合条件的创业投资企业、股权投资企业、产业投资基金发行企业债券。

（五）加强和改进金融机构服务小微企业和涉农主体信贷管理。鼓励金融机构设立小微企业专营机构，建立专业化服务团队，下放小微企业贷款审批权限，优化业务流程，推广"信贷工厂"等模式，提高小微企业贷款审批和发放效率。对于涉及多家金融机构贷款的企业，基本存款账户开户行应加强与其他金融机构的联系沟通、信息共享，避免因个别金融机构抽贷、压贷、停贷，导致企业资金链断裂。对于多头贷款、参与民间借贷的小微企业，应加强相关监测工作，及时进行风险提示。

（六）用好用足各项金融预调微调政策。贯彻落实人民银行"定向降准"政策，让所有符合"定向降准"条件的金融机构享受到政策支持。灵活运用差别准备金动态调整工具，对支小支农贷款达到一定比例要求的地方法人金融机构，适当调整其合意贷款宽容度。积极运用支小支农再贷款政策工具，支持金融机构做大支小支农贷款规模。优化再贴现办理程序，运用选择性再贴现工具，对出票人或贴现人为省内小微企业和涉农主体的商业汇票优先予以办理。对民族贸易和民族特需用品定点生产企业继续实行比正常一年期流动资金贷款利率低 2.88 个百分点的优惠利率政策。利用定向支持的政策环境，引导金融机构加大向上"争份额"工作力度，争取其总行在新增小微企业和涉农主体信贷资源方面予以倾斜。

（七）适当放宽小微企业不良贷款容忍度。探索建立小微企业授信尽职免责机制，完善小微企业贷款风险管理，适当放宽小微企业不良贷款容忍度，发挥好差别风险容忍度对小微信贷业务的支撑作用。银行业金融机构小微企业贷款不良率高出全辖各项贷款不良率 2 个百分点以内的，该项指标不作为当年外部监管评级和内部业绩考核的扣分因素。

（八）增强保险支小支农服务功能。鼓励保险机构创新资金运用安排，通过投资企业股权、基金、债权、资产支持计划等多种形式，为小微企业和涉农主体发展提供资金支持。大力发展小微企业科技保险、贷款保证保险和信用保险、小微企业财产保险和责任保险以及内外贸信用保险。完善小微企业出口信用保险投保平台，增加财政对出口信用保险扶持资金的投入，对投保小微企业推出零门槛、零限制、保障全面、操作简便的出口信用保险服务。积极发展"三农"保险，提高水稻保险保障水平，扩大棉花、油菜、森林等保险试点范围，扩大农村小额人身保险覆盖面，推广生猪价格指数保险、菜篮子工程保险、渔业保险、农产品质量保证保险、农房保险等新型险种。建立财政支持的农业保险大灾分散机制，为县域和"三农"提供风险保障。

（九）改进小微企业和涉农主体跨境融资服务。支持小微企业和涉农主体开展跨境人民币结算和融资。执行统一的中外资企业外保内贷政策，在符合条件的情况下，允许中外资企业自行签约并在净资产的1倍内办理担保履约。向有真实需求的小微企业和涉农主体提供多样化的贸易融资产品。用好用活湖北省短期外债指标，便利小微企业和涉农主体跨境贸易融资。

二、加强政策配套支持，改善金融支小支农服务环境

（十）加快发展服务小微企业和涉农主体的金融组织体系。支持、鼓励金融机构向下延伸机构网点和业务，推动农合机构、村镇银行等农村中小金融机构坚持支农支小市场定位，鼓励有条件的地区向行政村下延服务网点和设施。支持民间资本发起设立自担风险的金融租赁公司和消费金融公司等非银行金融机构，鼓励发展融资租赁公司，丰富小微企业金融服务机构种类。引导小额贷款公司按照小额分散原则，加大对小微企业和涉农主体贷款，适时推进小额贷款公司资产证券化试点。继续开展村级惠农金融服务联系点建设，为农村居民提供小额取款、转账汇款、公用事业费用代缴、账户查询、假币鉴别、小额零辅币兑换、金融知识宣传等基础性金融服务，在保证电话银行数量只增不减的基础上，扩展电话银行业务范围，增加交易笔数和金额，年底前实现全省建成1000个标准化联系点的目标。

（十一）增强融资性担保机构的担保能力。健全政府资金引导、社会资本参与、市场化运作的小微企业和涉农主体担保体系。充分发挥"湖北省支持实体中小企业发展基金"作用，增强各县市政府出资融资性担保机构的实力，为中小微企业提供融资担保服务。各市州县政府要参股或控股一家融资性担保公司，增强服务小微企业和涉农主体的能力。探索建立政府主导的省

级再担保公司。推动银行与担保机构、保险公司合作，逐步扩大合作范围，不断提高担保放大倍数。支持融资性担保机构加强信息披露与共享，开展同业合作，探索联盟式经营、集团化发展，不断增强融资性担保机构服务能力。加强对融资性担保公司的绩效考核和评估，引导融资性担保机构加大对小微企业和涉农主体的融资支持。

（十二）加大对金融支小支农的财税政策支持力度。继续落实县域金融机构涉农贷款增量奖励、新型农村金融机构定向费用补贴政策。各市州县政府要积极创造条件设立小微和涉农信贷风险补偿基金。鼓励地方政府设立续贷周转金，为小微企业还旧贷新提供便利，降低小微企业和涉农主体融资成本。进一步完善新设立金融机构奖励政策，加大对县域金融机构和农村基层营业网点的支持力度。落实民贸民品贷款、扶贫贷款、创业就业小额担保贷款、大学生村官创业贷款等贴息政策。在规定的期限内对金融机构与小微企业签订的借款合同免征印花税。抓紧兑现"新三板"和武汉股权托管交易中心挂牌企业奖励政策。对农村信用社、村镇银行、农村资金互助社、由银行业机构全资发起设立的贷款公司、法人机构所在县市区及其以下地区的农村合作银行和农村商业银行按3%税率征收营业税。进一步落实"新三板"挂牌高新技术企业个人所得税分期缴纳政策。对符合条件的中小企业信用担保机构，从事中小企业信用担保或再担保业务取得的收入三年内免征营业税；免税期限已满，仍符合条件的，可继续申请。符合条件的中小企业信用担保机构按照不超过当年年末担保责任余额1%的比例计提的担保赔偿准备，以及不超过当年担保费收入50%的比例计提的未到期责任准备，允许在企业所得税税前扣除。

（十三）加快便利融资的各类要素市场建设。探索设立有湖北特色的农村综合产权、林权、碳排放权、排污权等生产要素交易平台和大宗商品交易平台。尽快建立棚户区改造省级统贷平台。加快推进农村土地承包经营权的确权、登记、颁证工作，搭建、完善农村土地经营权流转平台，培育规范化流转市场，为扩大农村土地承包经营权抵押贷款试点工作创造条件。

（十四）大力推进服务小微企业和涉农主体的信用体系建设。贯彻落实《湖北省小微企业信用体系建设试验区创建工作意见》（鄂信用文〔2014〕1

号），选择基础好、条件相对成熟、小微企业集聚效应明显的地区开展小微企业信用体系试验区创建工作。深入开展以"普惠金融服务示范区"和"社会信用建设示范区"为主要内容的柴湖"新农金试点"，加快推进县市农村信用体系建设试验区创建，以信用体系建设为突破口引导农村金融资源优化配置。

（十五）优化小微企业和涉农主体支付结算服务。加快扩展电子支付渠道和支付工具的覆盖面，拓展网上支付、移动支付和转账电话等新型电子支付业务，强化在线支付功能，提高小微企业和涉农主体资金周转效率。拓展电子商业汇票业务网点覆盖面，加快金融IC卡推广，改善银行卡受理环境，加快推进"惠民一卡通"工程，为小微企业和涉农主体创造安全便捷的支付环境。

（十六）规范融资性收费行为。简化金融服务手续，推行通俗易懂的合同文本，严格执行国家商业银行服务价格政策，规范服务收费行为，严禁在提供金融服务时附加不合理条件和额外费用。对小微企业免征管理类、登记类、证照类行政事业性收费。推动各地将小微企业办理融资服务性收费工作纳入县（市、区）行政服务中心，建立融资服务性收费"明白卡"，实行"一站式"阳光操作，融资服务中不得强制或指定会计事务、资产评估等中介服务，不得重复进行评估等服务并收取费用。加强对会计师事务所、律师事务所、资产评估公司等中介机构的监督管理，规范收费行为，防止不正当竞争。加强对融资性担保公司的监管，督促融资性担保公司将融资性担保费率控制在合理水平。

（十七）主动防范和化解金融风险。加强司法部门与金融部门联动，严厉打击非法集资、非法证券、高利贷等非法金融活动和恶意逃废债、贷款欺诈行为。加强民间融资管理，促进民间融资规范发展。对于出现信贷风险的企业，地方政府要早介入、早协调、早作为，避免信贷风险进一步传导、扩大，确保不发生区域性、系统性风险，维护金融稳定。

（十八）开展金融债权案件清理执行专项活动。加大金融积案执结力度，对近年来未执结的金融债权胜诉案件清理摸底，锁定基数，按月监测通报执结进展，力争专项执行活动实际执结率不低于90%，切实维护金融债权，盘活金融资产存量，提高金融机构支小支农的资金实力。

三、强化监督检查，确保金融支小支农工作取得实效

（十九）督促各类信贷签约协议落实到位。对全省金融服务"早春行"、重点项目银企对接、中小企业银企合作、新兴产业重点企业银企对接等活动所签订的贷款协议，加强协议落实情况的监测和督查通报，督促金融机构及时兑现协议承诺，力争应放贷款履约率达100%。

（二十）督促政策性支小支农信贷资金真正用于小微企业和涉农主体。对全省49家符合"定向降准"条件的金融机构开展贷款真实性核查，确保"定向降准"所释放的流动性切实用于对小微企业和涉农主体的信贷投入。督促金融机构建立支小再贷款资金使用台账，并加强检查，确保支小再贷款资金全部用于发放小微企业贷款，其加权平均利率低于运用其他资金发放的同期同档次小微企业贷款加权平均利率。

（二十一）加强对小微企业和涉农主体融资性收费行为的监督检查。开展金融机构不合理收费和高收费行为专项治理行动；组织在全省范围内开展融资性中介机构收费行为检查，重点检查对小微企业和涉农主体的违规收费行为。向小微企业和涉农主体发放"融资服务性收费监督卡"，加大对融资服务性收费的社会监督。

（二十二）加强小微企业、涉农主体信贷政策导向效果评估及结果运用。将小微企业信用客户培植工作纳入对金融机构的综合评价和信贷政策导向效果评估，将小微企业贷款覆盖率、综合金融服务覆盖率和申贷获得率纳入监测指标体系，对银行机构按月进行监测，按季考核和通报。督促上一年度小微企业、涉农主体信贷政策导向效果评估结果为"勉励"档的金融机构落实整改措施。同时，将小微企业信贷政策执行情况与综合执法检查、金融市场准入、货币政策工具运用等挂钩，不断加强金融机构对小微企业、涉农主体信贷政策的响应力和执行力。

（二十三）加强小微企业、涉农主体信贷资金风险的监测评估。密切关注小微企业和涉农主体资金链状况以及异常经营行为，加强信贷资金管理与

风险监测，防止不良贷款集中出现。切实落实重大事项和重要信息报告制度，认真开展稳健性自评估和风险压力测试，做好风险研判、排查，及时处理好支小支农信贷服务中出现的苗头性、倾向性问题。

2014 年 7 月 2 日

中国人民银行武汉分行

中国人民银行武汉分行　湖北省农业厅
关于实施新型农业经营主体
主办行制度的意见（节选）

（武银〔2014〕39号）

一、实施新型农业经营主体主办行制度的总体要求

（一）主要内容。按照"分县实施、分类主办、分层服务、稳步推进"工作机制，以湖北县域为单位，对经政府主管部门确认且尚未与金融机构建立主办行关系的农业产业化龙头企业、农民合作社、家庭农场和专业大户四类新型农业经营主体，由农业发展银行、邮政储蓄银行、农业银行、农信社四家涉农金融机构，根据自身业务特点和分类主办工作要求，与其主动对接，建立稳定的主办行关系，对口开展金融服务，积极发展信贷关系。

（二）工作目标。通过推行主办行制度，实现湖北省县域新型农业经营主体金融服务全覆盖，并力争取得"两个提升，两个突破"实效。

——新型农业经营主体信贷客户培植力度明显提升。新型农业经营主体信贷客户数逐年稳定增长，每年各主办行新型农业经营主体信贷客户总数较上年增长10%。

——对新型农业经营主体信贷投放力度明显提升。实现新型农业经营主体信贷增长"两个高于"目标，即每年新增贷款总额高于上年水平，贷款余额增速高于全省各项贷款平均增速。

——在创建政银协力支农工作平台上取得突破。依托主办行工作机制，深化政银企三方协作与互动，充分发挥人民银行和政府部门的政策优势，探

索货币政策、财税政策、产业政策等协同配合、政府资金与金融资金结合的有效途径，通过政策激励，引导银行积极落实主办行制度，调动其开展涉农金融服务的积极性和主动性。

——在现代农业金融服务改革创新上取得突破。各主办行要适应现代农业发展要求，加快改革进程。农业发展银行进一步凸显支农政策性职能定位，邮政储蓄银行切实下沉信贷服务，农业银行继续深化"三农金融事业部"改革，农信社不断完善法人治理结构。同时有针对性地创新信贷管理体制、融资模式、信贷产品和服务方式，特别是在农村土地承包经营权抵押贷款等方面取得实质性进展。

二、实施新型农业经营主体主办行制度的重点工作

（一）分县实施。新型农业经营主体主办行制度以县域为单位组织开展，实施对象是经湖北省各级政府农业、经管部门确认的县域农业产业化龙头企业、农民合作社、家庭农场和专业大户等四类新型农业经营主体。湖北省农业厅负责对新型农业经营主体分县（市、区）分类名录的组织采集和审核汇总，人民银行武汉分行据此逐级下达至所在地人民银行分支机构，同时抄送各主办行省级机构。人民银行各地分支机构负责将当地新型农业经营主体分类名录向辖内涉农金融机构提供。各级农业、经管部门负责对当地新型农业经营主体分类名录定期更新、完善，在报送上级主管部门的同时，向同级人民银行提供。

（二）分类主办。新型农业经营主体主办行制度实行分类主办工作机制，即一家涉农金融机构负责一类新型农业经营主体，具体分工为农业发展银行主办农业产业化龙头企业，邮政储蓄银行主办农民合作社，农业银行主办家庭农场，农信社主办专业大户。

新型农业经营主体分类名录下达后，主办行县域机构与新型农业经营主体按照双向选择、自主自愿的原则进行主动对接，确立主办行关系。

经双向选择未建立主办行关系的经营主体名单，由当地人民银行分支机构调查掌握后，向对应主办行分别提供。主办行应依照分类主办工作机制主

动介入，在接到名单后一个月内，完成与经营主体的对接和主办行关系的确立工作。

新型农业经营主体分类名录定期更新后，尚无主办行的新增经营主体，由金融机构依据分类主办工作机制，按照上述工作流程与其建立主办行关系。

（三）分层服务。各主办行要针对新型农业经营主体实际情况，分层级开展相关金融服务，主要措施如下：

——基础服务。主动向经营主体宣讲金融知识、提供服务信息、推介金融产品、开展相关培训，增强其信用意识。优化服务、简化流程，积极提供上门服务、"贴身"服务、"一站式"服务等。积极开展便捷支付结算服务，如推广POS机、网上银行、转账电话等支付业务和银行卡、电子汇划等非现金支付方式。

——客户培植。银行和经营主体确定主办关系后，主办行应主动跟进，开展辅导、培植，针对经营主体个体和行业特征，分类指导，提供差异化服务，帮助其在财务指标、营运管理等方面尽快达到授信条件，积极发展信贷关系。

——产品创新。各主办行要按照"宜场则场、宜户则户、宜企则企、宜社则社"原则，灵活确定承贷主体和授信方式。根据农业生产周期实际需求，适当延长本息偿付周期，在风险可控前提下，允许贷款到期后适当展期，同时建立绿色通道，优化审贷流程，确保"操作快捷、简便易行、时效性强"。拓展抵质押担保物范围，开展农机具、厂房、农产品、存货、订单、保单、仓单、现金流、应收账款、农业科技专利权、林权、水域滩涂使用权、土地承包经营权等抵质押贷款。推广运用"企业＋农民合作社＋农户"、"企业＋专业大户"、"企业＋家庭农场"等农业产业链金融服务模式，积极开展联保、联贷、信用贷款等业务。

——信用建设。各主办行要积极配合和推进农村信用体系建设，建立新型农业经营主体客户信用档案或数据库，并将新型农业经营主体信息分批纳入征信系统。逐步将四类新型农业经营主体纳入信用评定范围，按照"先评级—后授信—再用信"的程序，根据不同的信用等级进行差异化授信，对信用等级较高的经营主体，在同等条件下实行优先贷款、利率优惠、额度放宽、手续简化等措施。对信用评级符合标准的经营主体，给予信用贷款支持并探索扩大信用贷款额度，支持新型农业经营主体开展多种形式的信用合作。鼓励新型农业经营主体积极开展省级、国家级龙头企业认定、示范农场、示范社和种养能手创建活动，不断提高信用等级。

三、实施新型农业经营主体主办行制度的配套措施

（一）组织领导。人民银行武汉分行、湖北省农业厅将联合成立湖北省新型农业经营主体主办行工作领导小组，负责指导、督促全省新型农业经营主体主办行制度实施和相关工作推进。各地市人民银行中心支行要负责组织、指导辖内人民银行、涉农金融机构推进该项工作；各县市支行要具体负责，组织、督促和考评辖内涉农金融机构相关工作开展；未设立人民银行的县、区，由地市中支直接负责该项工作。

四家主办行要成立由省级机构分管领导主抓，相关部门、专业人员组成的工作专班，督促基层机构积极主动开展该项工作。每年1月底前，依据年度金融支农工作重点，结合自身主要服务对象、产品业务特点、内部机构设置等情况，科学编制本行年度支持新型农业经营主体主办工作计划，具体包括服务内容、产品推介、客户培植、创新情况和工作目标等，并以正式文件下发至各级分支机构，同时报人民银行武汉分行和省农业厅备案。

各相关部门之间、相关部门同主办行之间要加强信息沟通和工作协作，协调解决工作中的重点、难点问题，形成支持新型农业经营主体发展的工作合力。

（二）政策扶持。各级政府及相关部门要切实加大对新型农业经营主体和主办银行的政策支持力度。加快推进对新型农业经营主体的确认和注册登记，形成完备分类名录，做好对新型农业经营主体分类名录的定期更新工作。积极改善县域金融生态，加强农村信用创建，抓紧做好农村产权确权登记颁证、农村土地经营权流转平台建设等工作，为农村土地承包经营权、农民住房财产权抵押贷款等项试点工作创造有利条件。整合各类涉农资金，创新投入方式，发挥政府资金在信用增进、风险分散、降低成本等方面的作用，引

导金融机构加大对新型农业经营主体的信贷支持。加强农业担保体系建设，增强各级农业担保公司实力，大力发展农业保险，强化银担、银保合作。综合运用奖励、贷款贴息、补助等多种方式支持涉农金融机构服务新型农业经营主体。落实县域金融机构涉农贷款增量奖励、农村金融机构定向费用补贴、农户贷款税收优惠等项政策。现阶段可考虑安排一定资金用于奖励落实主办行制度较好的金融机构。

（三）监测督导。主办行制度实施后，各级人民银行、农业、经管部门将组成工作专班，定期对工作进展及成效进行检查验收。建立湖北省新型农业经营主体主办行工作监测统计制度，对主办行工作进展情况实行按季监测、按年评比通报。监测、评比的主要内容包括：专项扶持政策制定情况、已提供金融服务和产品内容及创新情况、新型农业经营主体客户培植及信用建设情况、专项信贷投入增长情况等。主办行相关工作情况，将作为人民银行开展信贷政策导向效果评估、"两管理、两综合"工作考评等项工作的重要依据。对工作成效突出的主办行县域机构，人民银行将其作为重点扶持对象，在差别存款准备金、再贷款、再贴现等货币政策工具运用上予以倾斜支持。在落实新型农业经营主体主办行制度等成绩突出的地方适时组织召开现场会。

2014 年 4 月 4 日

中国人民银行武汉分行关于推进村级
惠农金融服务联系点建设工作的意见 (节选)

（武银〔2014〕73 号）

一、发挥联系点综合服务功能，促进现代农业发展

（一）发挥联系点的代理金融服务功能，扩大惠农服务范围。人民银行湖北辖内各级行要加强示范联系点建设，完善联系点功能，将农村反假货币工作站与联系点建设相结合，督促银行机构依托联系点为农户开展人民币真伪鉴别，做好农村地区残损币、零辅币兑换等服务，防范"假币坑农"等犯罪活动。标准化示范联系点要达到"八有标准"（有服务点牌匾、操作流程图、代理服务公示栏、转账电话、人民币反假机具、保险箱、服务台账和宣传展架等），实现"七项功能"（具备小额取现、账户查询、转账汇款、公共事业费用代缴、假币鉴别、小额零辅币兑换、金融知识宣传等）。2014 年底前，每个乡镇至少建设 1 个示范联系点，湖北省要建成 1000 个左右示范联系点。

（二）发挥联系点的服务平台功能，服务新型农业经营主体。人民银行湖北辖内各级行要支持鼓励银行机构和支付机构依托联系点开展符合农村实际的新兴支付业务试点。要在农产品生产、加工、交易发达行政村，选择农资连锁店、饲料批发店、农副产品批发店、"万村千乡"综合超市等为联系点，以家庭农场、专业大户、农民合作社、产业化龙头企业等四类新型农业经营主体为主要对象，试点推广网上支付、手机支付等新兴支付产品。先期选择荆州、黄冈、恩施、荆门、随州等市州，进行手机支付试点，条件成熟

后进一步推广运用。

（三）发挥联系点的宣传辐射功能，畅通政农、银农沟通渠道。人民银行湖北辖内各级行要探索建立以联系点为中心的农村金融知识宣传网络，组织相关金融机构和支付机构依托联系点，每年开展1次以上金融知识宣传普及活动。相关金融机构和支付机构要加强对联系点特约商户的培训与指导，以联系点为前沿阵地宣传涉农信贷、货币反假、征信等知识，依托联系点实现对农户的"一对一服务、面对面帮扶"。

二、完善联系点支付业务功能，满足农户基础金融服务需求

（一）鼓励各类支付服务主体参与联系点建设。农业银行、邮储银行、农村信用社等涉农银行机构要依托乡镇营业网点，积极开展联系点建设，加强联系点的业务指导和风险管理。中国银联湖北分公司要利用成员机构点多面广的优势，在联系点推广便农惠农银行卡产品和政策性优惠业务。其他银行机构和支付机构要结合自身特点和发展实际，开发适合农村需求的支付产品，依托联系点切入农村支付服务市场。2014年底前要实现联系点在行政村的基本全覆盖。

（二）拓展联系点的业务办理范围。人民银行湖北辖内各级行要积极协调地方政府，贯彻落实鄂发〔2014〕1号文关于"积极开展改进农业补贴办法的试点试验"的要求，力争财政部门改进涉农补贴发放形式，争取将各类涉农补贴全部通过银行卡直接发放，方便农户通过联系点取款。协调通讯运营商、电力公司等公用事业单位加强与涉农银行机构合作，支持农户依托转账电话的代收代付功能，实现足不出村办理水、电、煤气、有线电视、通信等日常生活类缴费业务。2014年底前，湖北省能办理日常生活类缴费的联系点应不少于3000个。

（三）完善联系点的银行卡助农取款服务功能。人民银行湖北辖内各级行应结合地方实际，进一步完善银行卡助农取款服务功能，在综合考量农户需求与风险防控的基础上，支持有条件的联系点在小额取款、账户查询的基础上，拓展转账汇款、缴费等业务功能；适时调整银行卡助农取款服务限额，

经济相对发达的地区，取现业务每日每卡取款限额由 1000 元调整至 2000 元。相关银行机构和支付机构要加快电子机具升级改造，全面开放借记卡跨行交易功能。2014 年底前，湖北省所有联系点的电子机具应能办理跨行支付业务。

三、加强政策扶持，促进联系点可持续发展

（一）加大对联系点的政策扶持力度。人民银行湖北辖内各级行应通过地方政府，协调通讯运营商进一步加强农村地区通讯网络建设，实现偏远行政村通讯信号有效覆盖，力促通讯运营商适当减免联系点因办理支农金融服务产生的通讯费。要认真贯彻落实国办发〔2014〕17 号文精神，协调地方政府综合运用奖励、补贴、税收优惠等政策支持联系点建设，在整合和统筹使用涉农资金时，将联系点发展建设经费纳入涉农资金开支项目范围。

（二）推动农村地区支付结算服务手续费优惠政策落实。人民银行湖北辖内各级行要督促银联、银行机构和支付机构，确保银行卡交易县乡优惠政策落实。设置在"三农商户"的联系点，要严格执行刷卡交易手续费 3 折的优惠费率；设置在"三农商户"以外其他商户的联系点，要落实刷卡交易手续费 5 折的优惠费率。联系点代办的公用事业缴费、新农保及新农合缴费、查询等业务，原则上不收费。

四、加强组织领导，推进联系点规范化建设

（一）加强组织领导。人民银行湖北辖内各级行要充分借助地方政府的统一协调职责，建立政府牵头、人民银行主导、银行机构和相关部门参与的联系点建设组织架构，建立信息共享和工作协调制度，推动联系点充分发挥金融支农惠农功能。银行机构和相关部门要严格落实地方政府和人民银行的相关要求，认真做好对联系点的业务指导和统计分析，动态跟踪联系点业务开展情况，及时反映联系点建设中的困难和问题，共同促进联系点建设可持续发展。

（二）实施工作考核。人民银行湖北辖内各级行要将联系点建设作为农村信用工程建设和农村金融服务全覆盖工作的重要内容，与金融信用县市区创建、乡镇政府绩效考核等有机结合。凡有联系点发生金融风险或社会影响恶劣责任事件的乡镇，要实行"一票否决"制，并取消当年"信用乡镇"申报资格。要建立联系点建设检查制度，定期抽查联系点的运行维护及电子机具使用情况，并将联系点建设纳入湖北省银行机构综合评价体系，对因管理不善发生风险事件联系点的对应银行机构予以通报。

（三）落实安全保障。人民银行湖北辖内各级行要协调地方政府及相关部门，将联系点安全管理纳入地方重点联防、监控范围，完善安全设施建设，加大安全巡防频率，严防发生抢劫、盗窃等事件。要及时提示支付业务风险，督促防范并协调化解涉农支付风险。各银行机构和支付机构要建立联系点风险预警和应急处置机制，健全联系点特约商户信息档案，严格执行巡查巡检制度，提高特约商户风险意识，防范联系点特约商户利用终端机具进行银行卡欺诈、套现、侧录、假币兑换等违法违规行为。

2014 年 6 月 12 日

后　记

　　金融服务的最高境界是实现普惠制，也就是说所有市场主体都能够方便快捷地享受到应该得到的金融服务。党的十八届三中全会提出发展普惠金融这一改革任务，重点是为贫困人口、低收入阶层和小微企业提供全方位的金融服务，让普惠金融的阳光真正照射到县域和"三农"。

　　几年来，在湖北省委、省政府的重视和支持下，在以中国人民银行武汉分行为主的金融监管部门的推动下，在全省各级政府的主导下，湖北已经逐步构建起普惠金融服务体系框架，为支持县域经济、"三农"经济和小微企业发展作出了有益的探索和实践。各地在积极探索普惠金融工作新路子中，不断推出适合地方特色的新型信贷产品和服务方式创新，涌现出一大批富有成效的金融服务创新成果，较好地支持了县域经济、"三农"经济和小微企业的发展。

　　《金融服务创新案例选编（2012—2014）》精选了近三年来湖北各地在推动普惠金融创新、改进农村金融服务和支持县域经济、支持小微企业发展中推出的金融服务创新产品和特色做法，全面反映了各地金融服务创新的经验与收获。本书不仅详细介绍了每一种金融创新产品的业务特点和运作模式，而且对2013年以来国务院、湖北省人民政府和中国人民银行总行及中国人民银行武汉分行发布的关于金融支农支小方面的相关政策文件进行了选择性摘编，相信能对各级地方政府把握金融改革进程、推动金融服务创新带来启示，也能对全省金融部门通过加强服务创新实现管理转型、改进业务模式、塑造核心竞争力、营造良好的金融服务创新文化氛围，为实现"建成支点、走在前列"和建设"富强、创新、法治、文明、幸福"湖北的战略目标，起到引导和参考作用。

　　本书的编撰工作得到了中国人民银行领导和湖北省人民政府领导的重视

与关注，中国人民银行副行长潘功胜和湖北省人民政府副省长曹广晶在百忙中分别拨冗作序。中国人民银行武汉分行行长殷兴山、湖北省政府金融办主任刘美频确定了全书的编写方针和编写大纲，并对全书进行了认真审校；中国人民银行武汉分行副行长赵以邗、湖北省政府金融办副主任胡俊明多次召开编审会指导编撰工作；周翔、常新、刘爱华完成了组织策划、统稿修订与终校，并与黄石市金融生态办徐军和龙明、荆门市金融生态办黄锐组成编撰专班，完成了书稿的编撰、修改、校对；编委会其他同志完成了相关协助工作；各地金融生态办提供了大量基础素材。本书在出版过程中得到了中国金融出版社的大力支持，在此一并表示衷心感谢。

　　由于时间紧、水平有限，部分观点的概括提炼难免有不足，一些内容和文字尚欠深入推敲。不妥之处，敬请读者批评指正。

《金融服务创新案例选编（2012—2014）》编委会
2015 年 1 月